Découvrez l'histoire par les archives de presse

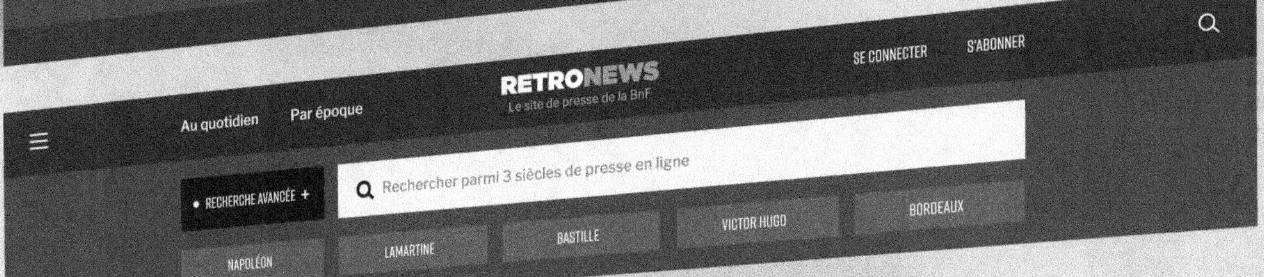

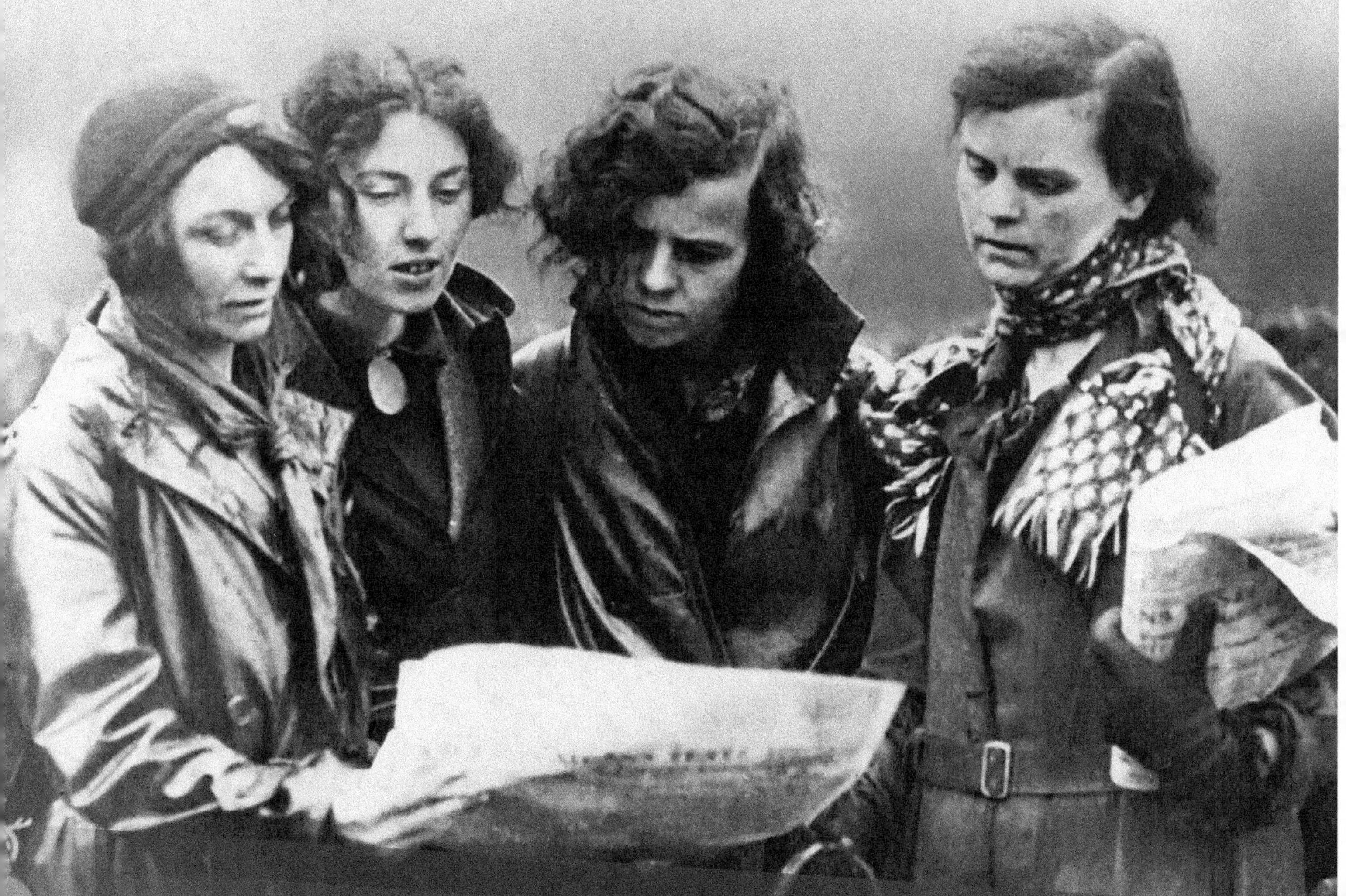

RETRONEWS
Le site de presse de la BnF

www.retronews.fr

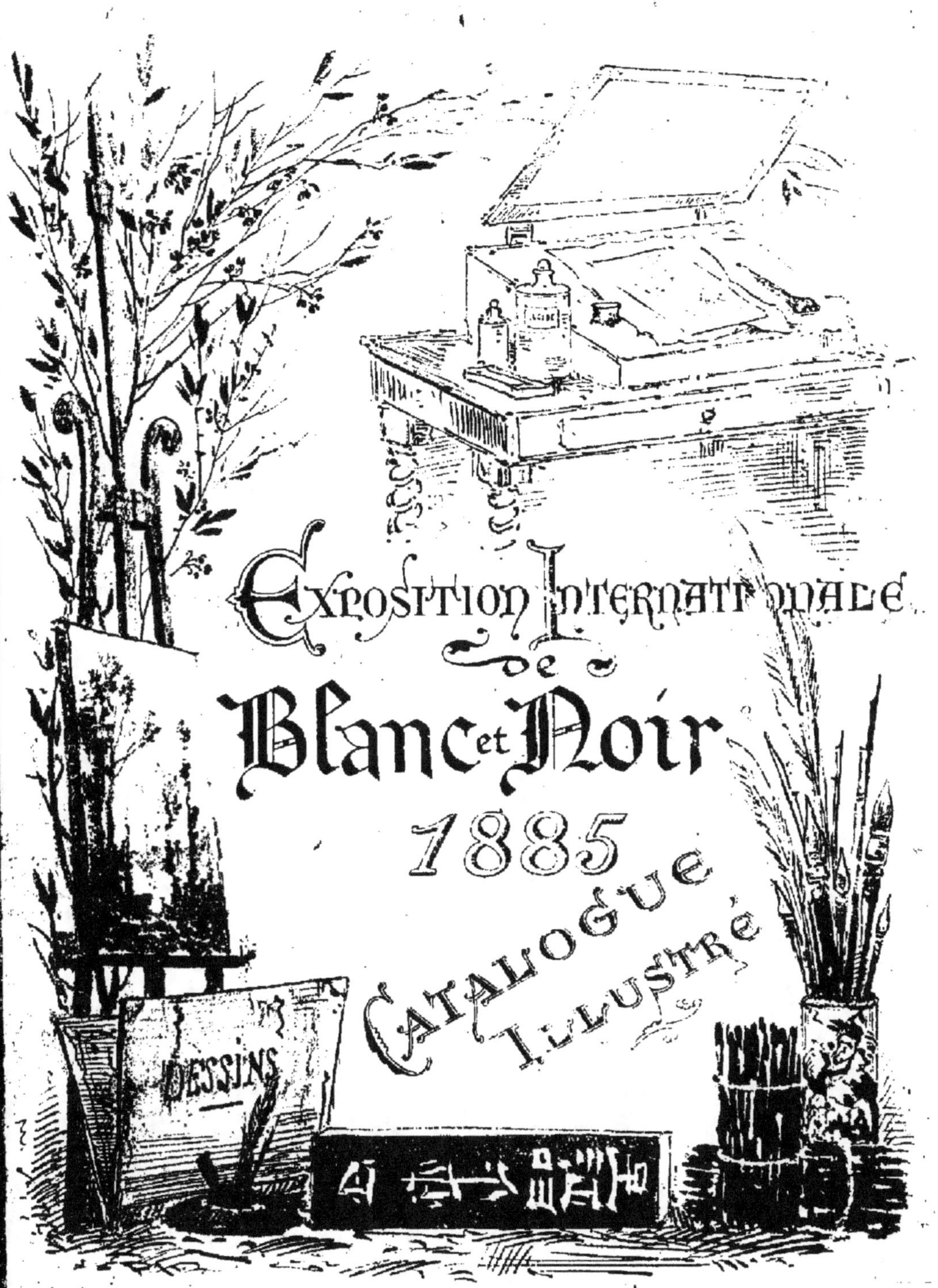

Paris

E. BERNARD & C⁰, IMP.-ÉDIT.

71, RUE LACONDAMINE

1885

EXPOSITION INTERNATIONALE

DE

BLANC & NOIR

CATALOGUE ILLUSTRÉ

DE

L'EXPOSITION INTERNATIONALE

DE

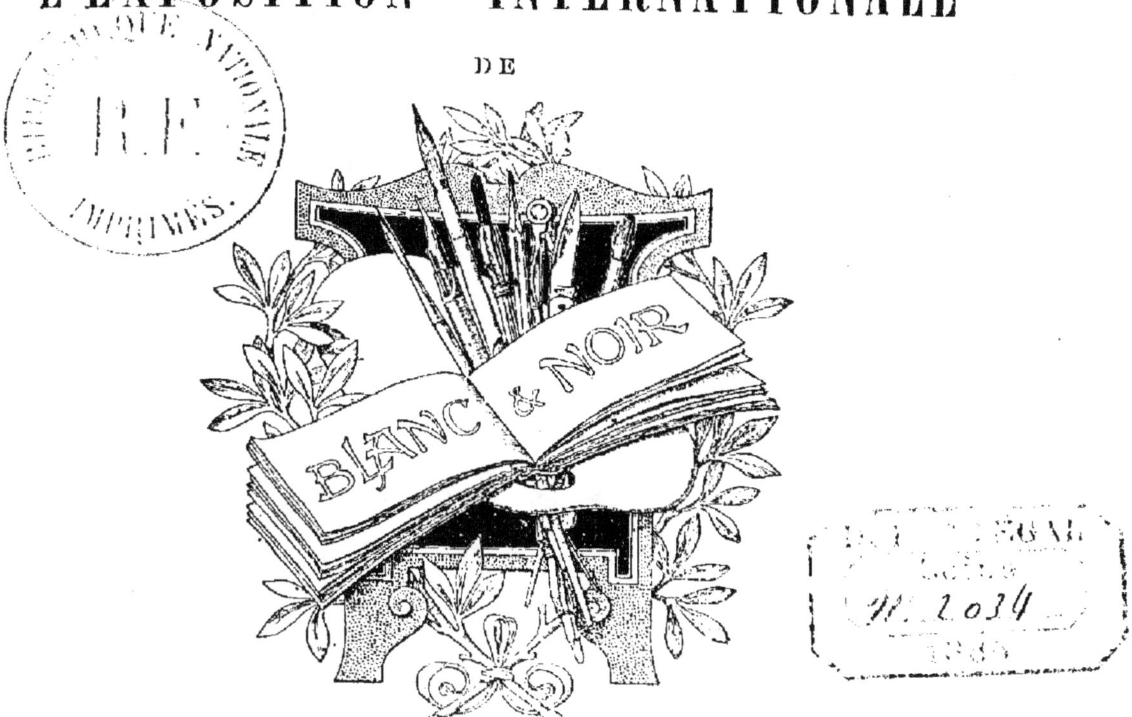

AU PALAIS DU LOUVRE

TEXTE PAR FRANÇOIS BOURNAND

PARIS

E. BERNARD et Cie, IMPRIMEURS-ÉDITEURS

71, RUE LACONDAMINE, 71.

1885

A MONSIEUR

Eugène GUILLAUME

MEMBRE DE L'INSTITUT

PROFESSEUR D'ESTHÉTIQUE ET D'HISTOIRE DE L'ART AU COLLÈGE DE FRANCE

INSPECTEUR GÉNÉRAL DE L'ENSEIGNEMENT DU DESSIN EN FRANCE

Hommage de respect et de reconnaissance pour avoir bien voulu accepter la présidence de l'Exposition internationale de BLANC et NOIR.

Son très humble et très dévoué serviteur.

E. BERNARD

INTRODUCTION

Les expositions consacrées aux arts ont toujours eu le don de nous charmer et de nous intéresser, car elles nous apprennent à connaître plus intimement les artistes et leurs œuvres.

Ces expositions ont d'ailleurs une conséquence immense, car elles excitent une émulation salutaire; elle sont l'occasion, entre chaque artiste, d'une lutte pour la beanté.

L'Exposition actuelle, consacrée au Blanc et Noir, c'est-à-dire aux dessins et aux gravures, outre l'intérêt qu'elle porte en elle même, aura pour résultats deux points importants.

En premier lieu elle nous fera connaître le degré de science, d'efforts, de travail intime et caché de chaque artiste, et, en second lieu, elle servira à montrer quel rôle important le dessin occupe dans l'histoire des arts et dans l'éducation artistique.

Qui oserait d'ailleurs nier l'intérêt de l'étude du dessin et sa supériorité sur la couleur?

Le dessin n'est-il pas l'âme même de l'art, le souffle intime des grandes idées?

Ne peut-on voir bien des choses dans un simple dessin, sans avoir recours à la couleur?

Les maîtres véritables poursuivent un idéal supérieur qui n'a pas besoin de l'éclat des couleurs pour éblouir.

Sans avoir besoin de la couleur, tel dessin nous montre la majesté d'une grande action, tel autre, le sourire attendri, la séduction frémissante, la grâce aimante de la beauté féminine.

Et quelle variété ! Tel artiste, d'une plume nerveuse, semblable à une pointe d'aquafortiste, trace de brutales hachures, de rudes contours ; tel autre, d'un tendre fusain, d'un simple morceau de charbon, poétise en touches vaporeuses, molles et adoucies, la sauvage nature.

Celui-ci nous montre les touches grasses et tendres du crayon à la mine de plomb ; celui-là le charme exquis de la vibrante et fraîche sanguine.

En consultant la nature on s'aperçoit bien que le dessin est bien supérieur à la couleur, car il nous donne la forme des objets et des êtres, et c'est la forme qui nous apprend à les reconnaître.

L'étude du dessin est d'une utilité incontestable pour les artistes ; tous en ont besoin. Un artiste qui ne sait pas dessiner n'est pas un véritable artiste ; il est un escamoteur, qui trompe et séduit par les couleurs de sa palette, mais qui ne peut pas faire une œuvre d'art véritable.

Si le sculpteur ne sait pas dessiner, que peut-il faire comme œuvre d'art ? Le dessin est chez lui de première nécessité, car dans la sculpture, la forme est tout ; mieux il saura dessiner, plus la forme qu'il représentera sera belle.

Regardez les œuvres des peintres immortels qui s'appellent Raphaël Sanzio, Léonard de Vinci, Claude Lorrain, Ingres, Gleyre, Hippolyte Flandrin et tant d'autres, et dites-moi si jamais ils auraient fait des œuvres pareilles s'ils n'avaient pas su dessiner. S'ils n'avaient eu de merveilleuses qualités de dessinateurs, Albert Durer et Rembrandt n'auraient jamais fait de si belles gravures.

C'est la pensée de ce rôle important du dessin *qui a donné à la direction du* journal Le Dessin (revue des Beaux-Arts et de l'Enseignement artistique) *l'idée de faire une* Exposition *uniquement* consacrée au Blanc et Noir.

On lira plus loin la circulaire que M. E. Bernard, directeur-administrateur, adressait dès le 1ᵉʳ février à tous ceux que cette exposition internationale devait intéresser.

Cette exposition permet de pouvoir admirer une véritable réunion d'œuvres intéressantes qui, certainement, ajouteront à la gloire de l'Ecole française contemporaine et nous mettra à même d'apprécier d'une manière plus intime les œuvres de nos maîtres et les progrès de leurs élèves.

Du reste, ces pensées que nous venons d'exprimer sont celles qui nous guident constamment dans la rédaction de notre Revue des Beaux-Arts, Le Dessin. *Faire apprécier le talent des maîtres anciens et modernes par leurs dessins, faire aimer le dessin, apprendre son histoire et connaître ses procédés, tel a* été le but qu'ont poursuivi nos devanciers et que nous continuerons nous-mêmes.

Le rédacteur en chef a même le plaisir d'anoncer qu'il s'est assuré le concours d'écrivains d'art éminents, de critiques autorisés, de professeurs connus par leur talent et leurs nombreux travaux, et qu'à partir de ce jour la Revue du Dessin va élargir son cadre.

Le Dessin *comprendra :*

Une chronique, où seront traitées toutes les questions et toutes les nouvelles artistiques qui peuvent intéresser les artistes et les amateurs, telles que expositions, concours, découvertes, travaux et publications artistiques, nouvelles, archéologie, communications, etc. ; des articles spéciaux d'enseignement artistique comprenant l'histoire de l'art antique et moderne, l'esthétique, l'archéologie, les procédés techniques des différents arts et des branches qui en dérivent, depuis l'enseignement élémentaire jusqu'aux sommets les plus élevés.

De nombreuses reproductions dans le texte et hors texte, d'après les procédés phototypiques, permettront de connaître les chefs-d'œuvre des arts de tous les peuples de l'antiquité des temps modernes et de la période contemporaine.

Rien ne sera négligé pour faire de cette Revue artistique une publication hors ligne, digne de servir de guide à tous ceux qu'intéresse l'étude des arts.

Ce sera pour nous un grand plaisir de voir les

artistes et les amateurs seconder nos efforts, car notre but en prêtant notre concours à notre exposition, en mettant toutes nos forces au service de la rédaction du Dessin, Revue des Beaux-Arts et de l'Enseignement artistique, a été de faire quelque chose qui fût à la fois utile, grand et patriotique.

FRANÇOIS **BOURNAND**

Rédacteur en chef du DESSIN.

EXPOSITION INTERNATIONALE

BLANC & NOIR

PALAIS DU LOUVRE (PAVILLON DE FLORE)

Du 15 mars au 30 avril 1885

Paris, le 1ᵉʳ Février 1885

De nos jours, on ignore trop souvent le rôle du *dessin*; on y attache trop peu d'importance. C'est ainsi qu'aux expositions annuelles, aux *Salons*, la foule, qu'enthousiasme et charme la couleur, se porte de préférence vers les tableaux ou dans les jardins remplis de statues entourées de belles fleurs, laissant désertes les salles réservées spécialement aux dessins, où se trouvent pourtant de véritables chefs-d'œuvre de nos artistes français contemporains. Nous avons parcouru souvent avec tristesse ces salles presques désertes où sont exposés de merveilleux dessins qui font honneur à l'Ecole française contemporaine.

La Direction du *DESSIN (Revue des Beaux-Arts et de l'Enseignement artistique)*, dont la mission a pour but de propager l'étude des arts du dessin et les progrès de son enseignement, encouragée par ses lecteurs et les artistes éminents qui lui prêtent leur utile concours, a résolu de faire à Paris, au commencement de l'année 1885, une *Exposition* consacrée au BLANC et NOIR.

Voici quels sont les motifs qui nous ont fortifié dans cette résolution et qui sont empruntés aux considérations les plus honorables :

La supériorité du dessin est incontestable : la nature a voulu que les objets nous fussent connus par la forme qui les dessine. Diderot le philosophe a dit : « C'est le dessin qui donne la forme aux êtres. »

L'art doit toujours commencer par l'étude du dessin.

Savoir dessiner, c'est savoir exprimer ses pensées en leur donnant une forme. Le dessin est aussi nécessaire à l'homme que la parole et l'*écriture*, qui n'est en réalité qu'une espèce de *dessin*.

Le dessin apporte à l'homme son précieux concours dans bien des circonstances; savoir dessiner, c'est savoir être utile à soi-même et se rendre utile à ses semblables. Et, sans le secours du dessin, il est évident que la civilisation humaine n'aurait jamais réalisé les progrès éclatants qu'elle a accomplis depuis les premiers siècles jusqu'à nos jours.

Ceux qui ne savent pas dessiner sont-ils véritablement artistes? *Ingres*, le *grand dessinateur*, nous devrions dire l'incomparable dessinateur, a bien su définir, en une phrase célèbre, le rôle du dessin: « *Le Dessin*, a-t-il dit, *c'est la probité de l'art.* »

Ces paroles devraient être inscrites en lettres d'or au fronton de toutes les écoles d'art, car rien n'est plus vrai. Un artiste pourra séduire la foule inconsciente par le charme de la couleur, par le choix du sujet, par l'arrangement de la composition, mais il ne sera jamais un véritable artiste s'il ne sait dessiner. Il ne s'élèvera, il ne saura donner un vrai cachet d'idéal à ses œuvres que par le dessin; et plus son dessin sera pur, irréprochable, plus son œuvre sera grande, élevée.

Raphaël, Michel-Ange, Léonard de Vinci, Claude Lorrain, Ingres, H. Flandrin et d'autres, leurs contemporains, n'auraient pas conquis une place immortelle dans l'histoire des arts s'ils n'avaient pas su dessiner.

Tel petit dessin de ces grands maîtres a plus de prix à nos yeux qu'une grande toile de peintre où la pureté du dessin est absente.

Le dessin est nécessaire à tous les artistes. Pour le sculpteur, le dessin est tout car, en dehors du travail matériel, le principal dans son œuvre sera la beauté du dessin, c'est-à-dire de la forme.

L'architecte exprime toute sa pensée par le dessin; le graveur ne peut faire une œuvre durable qu'en dessinant à la perfection.

Le dessin nous donne l'idée première de l'artiste, sa pensée intime, le rêve idéal entrevu et mis de suite sur le papier pour l'empêcher de s'envoler comme s'envolent dans l'azur éthéré les papillons aux couleurs éclatantes.

Le dessin nous fait pénétrer plus intimement dans l'âme de l'artiste, dont il nous dévoile les plus profonds secrets; car, n'est ce pas le meilleur de son cœur, l'écho intime de ses pensées, qu'il met sur le papier?

L'étude du dessin a d'ailleurs une importance considérable; c'est ce que les puissances étrangères ont fort bien compris. Nous nous rappelons les beaux dessins qu'avaient envoyés à l'Exposition universelle quelques pays étrangers, dessins exécutés par différentes classes du peuple.

La France, qui compte actuellement dans son sein les plus éminents artistes du monde et qui, malgré ses malheurs, se trouve toujours à la tête de la civilisation, ne saurait rester en arrière de ce mouvement de progrès dans les arts du dessin.

Nous avons pensé qu'il pouvait y avoir quelque chose d'utile, de grand et de patriotique à tenter.

La Direction du *DESSIN* voulant, dans la mesure de ses moyens, donner une impulsion salutaire, aider à relever l'enseignement du dessin en France, en faire aimer l'étude et rendre service à la fois aux arts et à la gloire de la patrie, a résolu de faire au centre de Paris, au mois de mars, une *Exposition internationale de BLANC et NOIR*, comprenant tous les différents genres de dessins et gravures. A cette exposition pourront prendre part, non seulement les artistes français, mais les artistes étrangers.

Un jury sera chargé de décerner entre tous des récompenses consistant en médailles et mentions, et, par contre, de refuser les œuvres qui ne seraient pas dignes d'être exposées.

Nous espérons que les artistes et le public répondront à notre appel, et, si nous avons pu faire quelque chose d'utile en cherchant à relever l'enseignement et l'étude du dessin en France, cela aura été pour nous un grand bonheur.

E. BERNARD
DIRECTEUR-ADMINISTRATEUR

RÈGLEMENT

Article premier

Une *Exposition internationale de Blanc et Noir*, faite sous le patronage de la direction du journal *Le Dessin*, revue des beaux-arts et de l'enseignement artistique, aura lieu à Paris, au *Palais du Louvre, Salle des États*, du 15 mars au 30 avril 1885.

Art. 2.

Seront compris sous la dénomination de *Blanc et Noir les ouvrages exécutés en blanc et noir* seulement, tels que : *dessins au crayon, à la plume, fusains, gravures au burin, eaux-fortes, gravures sur bois, lithographies*, etc. (Les dessins d'architecture sont exceptés.)

Art. 3.

Chaque artiste aura le droit d'envoyer *deux ouvrages* dans le genre qui lui conviendra, mais qui ne seront exposés qu'après examen du jury.

Ces ouvrages ne devront avoir figuré à aucune autre exposition.

Art. 4.

Les ouvrages devront être encadrés.

Art. 5.

Les membres du jury seront hors concours.

Le jury décernera entre tous les exposants, des *récompenses* consistant en médailles d'or, médailles d'argent, médailles de bronze et mentions honorables.

Les *ouvrages* exposés seront divisés en *trois sections* :

1re Section : **Les Dessins ;**

2me Section : **Les Fusains ;**

2me Section : **Les Gravures.**

Il sera distribué dans chacune des sections ci-dessus les récompenses suivantes :

1 Médaille d'honneur en *or* ;

2 Médailles d'*argent* de 1re classe ;

2 Médailles d'*argent* de 2me classe ;

2 Médailles d'*argent* de 3me classe ;

3 Médailles de *bronze* ;

5 Mentions honorables.

Soit en tout :

3 Médailles d'*or*, 18 médailles d'*argent*, 9 mé ailles de *bronze*, et 15 mentions honorables.

JURY D'ADMISSION & DE RÉCOMPENSE :

Président : M. Eugène Guillaume,

Dessins : MM. Français, Pille.

Fusains : MM. Maxime Lalanne, Allongé.

Gravures au burin : M. Gaillard.

Eaux-fortes : MM. Waltner, Chauvel.

Gravures sur bois : M. Pannemaker.

Lithographies : M. Vernier,

Secrétaire : M. F. Bournand.

Les ouvrages devront être adressés, le plus tard, le 5 mars, à M. E. Bernard, au Louvre (*Pavillon de Flore*).

Nous serons heureux et fiers de voir les artistes français et étrangers répondre à notre appel et nous adresser leurs meilleurs dessins, leurs plus belles gravures, et au public à nous montrer, par son empressement, qu'on possède toujours en France le goût du beau, le goût artistique qui n'a d'ailleurs jamais fait défaut chez nous.

E. BERNARD

DIRECTEUR-ADMINISTRATEUR

Notre intention était de comprendre dans notre Exposition de BLANC et NOIR une Section spéciale aux Dessins d'Enseignement, mais le temps et l'emplacement nous ont manqué cette année. En 1886, nous donnerons à cette Section une très grande importance.

CATALOGUE

DE

L'EXPOSITION INTERNATIONALE

DE

BLANC & NOIR

PREMIÈRE SECTION

DESSINS

ABRAM (Paul), 23, rue Delambre, né à Vesoul (Haute-Saône), élève de Jean Gigoux.

1. — *Paysans de Pont-Aren (Finistere)*. — Dessin à la plume.

2. — *Portrait*. — Dessin à la plume.

ALEXANDER (Léon-Lazare), 6, rue Steinkerque, né à Saumur (Maine-et-Loire), élève de Emile Lévy.

3. — *Copie du monument à La Fontaine du statuaire Dumilatre*. — Dessin à la plume.

ALLEMAND, 242, boulevard Saint-Germain, né à Lyon, élève de son père et de MM. Cabanel et Harpignies.

4. — *La rivière, à Poncin*. — *Le Suran, à Château-rieux*. — Dessins.

AMOEDO (Rodolpho), 3, rue Viete, né à Rio Janeiro (Brésil), élève de M. Cabanel.

5. — *Figure décorative*. — Dessin.

APPIA (G.), né à Francfort-sur-Mein, 90, rue d'Assas, à Paris.

6. — *Cloître de la cathédrale de Bonn.* — Dessin.

APPIAN (Adolphe), villa des Fusains à Lyon, né à Lyon, élève de Corot et de Daubigny.

7. — *Études d'arbres.* — Crayon.

ARTIGUE (Albert-Emile), 117, rue Notre-Dame-des-Champs, né à Buenos-Ayres, élève de MM. Cabanel et Courtois.

8. — *1° Un coin de marché.* — Dessin.
9. — *2° Le portrait de la poupée.* — Dessin.

AUSBOURG (Louis D'), 3, quai Voltaire, chez M. Prévost, né à Saint-Pierre (Martinique), élève de l'école des Beaux-Arts.

10. — *Paysage.* — Dessin.

AXENFELD, (Henry), 3 bis, rue des Beaux-Arts.

11. — *Série de pochades à l'estompe (d'après nature).* — Dessins.
12. — *Trois pochades à l'estompe (d'après Rembrandt).* — Dessins.

BALLA (Julio), 223 bis, rue du faubourg Saint-Honoré, né à Rio de Janeiro, élève de son père, de Signol et Cabanel.

13. — *Étude.* — Dessin.

BASTIEN (Mlle Marie). née à Strasbourg, boulevard Saint-Michel, 95, élève de Mme Thoret et M. Parrot.

14. — *1° Mlle M***. (étude).* — Dessin.
15. — *2° Mlle G***. (portrait).* — Dessin.

BAUCHER (Mlle Jeanne-Marie), 18, rue Hurel, née à Neuilly (Seine), élève de M. Chasssevent et de Mme Thoret, reçue professeur de la ville.

16. — *Portrait de Mme B***.* — Dessin.

BEAUMONT (Mlle Marguerite), née à Avranches, (Manche), élève de Pierre Lenordez.

17. — *Portrait de Mlle B***.* — Dessin à la plume. — (Appartient au Bulletin des Beaux-Arts).

BEAUMETZ (Étienne), rue Labruyère, 7, né à Paris, élève de Cabanel et L. Roux.

18. — *Dessin*.

BEAUMONT (Gustave DE), 86, rue Notre-Dame-des-Champs, né à Genève, élève de Gérôme et de Menn.

19. — *La messe du vendredi saint (cathédrale de Séville).* — Dessin.
20. — *Récolte de pommes de terre.* — Dessin.

BEAUVERIE (Charles), 29, rue Gabrielle, né à Lyon, élève de l'école des Beaux-Arts et de Gleyre.

21. — *Les Tuileries en 1871.* — Dessin.
22. — *Saint-Rambert-sur-Loire, Saint-Just-sur-Loire.* — Dessin.

BELLENGER (Georges), 28, rue des Écoles, Paris, né à Rouen, élève de M. Lecoq de Boisbaudran. — H. C.

23. — *Trois dessins pour l'illustration des poèmes en prose de Mme Marie Krysinsk.*
24. — *Symphonie des parfums.* — Gouache.
25. — *Portrait de Mlle M. K. de L.* — Dessin.

BERNE BELLECOUR (Etienne-Prosper), 4, rue Legendre, né à Boulogne-sur-Mer (Pas-de-Calais).

26. — 1° *Dessin à la plume.*
27. — 2° *Étude de matelots.*

BELTRAND (Tony), 17, rue Montbrun, né à Lyon, élève de Cabasson.

28. — *Les Cagnards.* — Dessin à la plume.

BENG (Joan), 2, rue Bara, né à Amsterdam, élève de Colin et Courtois.

29. — *A l'entrée des Catacombes.* — Dessin.
30. — *Aux Champs-Élysées.* — Dessin.

BERNAMONT (Mlle Clarisse), 7, rue Coëtlogon, née à Châtillon-sur-Bagneux, élève de Mme Thoret et A. Leloir.

Diplômée et professeur de la ville.

31. — *Fleurs.* — Dessin à la plume.

BERTRAND-PERRONY (Auguste), 11, rue Boissonade, Paris, né à Valence (Drôme), élève de M. Cabanel.

32. — *Un portrait de M. B***.* — Mine de plomb.

BESNARD (Paul-Albert), 17, rue Guillaume-Tell, ancien prix de Rome.

33. — *Tête (étude pour le portrait de Sir Edmond Commerwell,* — Dessin au crayon noir.

BLIGNY (Albert), 34, rue Ordener, né à Château-Thierry (Aisne), élève de M. Bonnat.

34. — *Conseils avant le duel.* — Dessin à la plume,

BIDA (Alexandre), 22, boulevard Saint-Michel à Paris, né à Beihl (Alsace). — H. C.

35. — *Ruth et Booz.* — *Le repas des moissonneurs.* — Dessins.

BICAL (Albert), rue de Furstenberg, 8, né à Paris, élève de Cabanel et Maillart.

36. — *Jeanne (portrait).* — Dessin.

BIGOT (Georges), 278, rue Saint-Jacques, né à Paris, élève de Buhot et Gérôme.

37. — *Deux personnages japonais : Un déménageur et un racommodeur.* — Dessins à la plume.

BOGOLUBOFF (Alexis), officier de la légion d'honneur, 17, rue Trézel, né à Saratow (Russie), élève de l'Académie de Saint-Pétersbourg.

38. — *L'Océan.* — Dessin.

39. — *Deux études d'après nature.* — Dessin.

BOILOT (Alfred), 19, rue des Bons-Enfants, à Paris, élève de Ulysse Butin.

40 — *Victor Hugo (allégorie).* — Dessin à la plume.

BOMBLED (Charles), 49, boulevard Clichy, né à Amsterdam, élève de Schmidt.

41. — *Un Bat-l'eau.* — Dessin à l'encre de Chine

BONOME (Mme Delphine), boulevard Denain, née à Paris.

42 — *Portrait de Mme B***.* — Dessin.

BONNEFOY (Adrien-Adolphe), 19, rue Charles V, Paris, né à Paris, élève de M. Jean-Paul Laurens.

43. — 1° *Bretagne.* — Dessin à la plume.
44. — 2° *Pages d'albums.* — Dessin à la plume.

BOUTET DE MONVEL, 17, rue Rousselet, né à Paris.

45. — *Saint Nicolas.* — Dessin.

BOSQUIER (Joseph-Charles), 9, rue de la Tour-d'Auvergne, né à Paris, élève de Debas.

46. — *Vue de Vincuil (Seine-et-Marne).* — Dessin.

BOUDIER (Raoul), 52, rue Copernic, (place d'Eylau), né à Paris, élève de A. Marx et Bonnat.

47. — *Fantaisie.* — Dessin.

BOUISSEREN (Henry), 10, rue des Vosges, né à Béziers, élève de Aimé Millet, Bonnassieux et Thomas.

48. — *Profil (étude).* — Croquis sanguine.

BOURGEOIS (Urbain), 13, rue de l'Abbaye, né à Nevers (Nièvre), élève de H. Flandrin et Cabanel.

49. — *Portrait de M^e ***.* — Dessin à la mine de plomb.
50. — *Portrait de Mlle J. D***.* — Dessin à la mine de plomb.

BOULANGER (Gustave-Rodolphe), chevalier de la légion d'honneur, 6, rue de Boulogne, né à Paris, élève de Jollivet Delaroche.

51 — *Etudes à la sanguine.*
52 — *Portrait d'enfant et tête d'étude.* — Sanguine.

BOURGEOIS (Eugène-Victor), né à Paris, 43, rue Perronnet, à Neuilly-sur-Seine.

53. — *Le château de nos pères.* — Dessin.

54. — *Le verger du roi Louis.*

Ces pendus
Suspendus,
De l'enfer attendus,
Des pendus attendent encore
Ces pendus que barque colore,
C'est le verger du roi Louis.

(Gringoire) Théodore de BAINVILLE.

BOUTRY (Julien-Louis-Camille), à Arras (place des Etats), né à Arras (Pas-de-Calais), élève de Maxime Lalanne.

55. — *Palais du Frang, face postérieure du Palais de Justice à Bruges (Belgique)* — Dessin à la plume.

BOYER (Jules), 10, rue du Paradis, né à Martel (Lot).

56. — *Une halte, (artillerie de forteresse).* — Dessin.

BRESSLER (Marie-François-René), 155, rue de Sèvres, né à Paris, élève de Lehmann-Hebert.

57. — *Le poète florentin.* — Dessin à la plume (*d'après A. Cabanel*). — (Appartient à Mlle Polonus).

BRIELMANN (Jacques-Alfred, 16, rue de Chabrol, Paris, né à Paris, élève de Lavieille.

58. — *Sous les arbres, à Meaulne (Allier).* — Dessin à la plume.

BRISSOT DE WARVILLE (Félix-Saturnin), 17, rue Neuve, à Versailles, né à Sens (Yonne), élève de L. Cogniet. — H. C.

59. — 1° *Pâturage.* — Dessin à la plume.

60. — 2° *Troupeaux de moutons.* — Dessin à la plume.

BRODART (Mme Berthe-Victorine-Constance), 2, rue Boucher, née à Paris, élève de Mme de Pelleport.

61. — *Une tête de lion.* — Dessin au crayon.

BRUNET DEBAINES (Alfred), 143, Lavender-Sweep Battersea Rise London S. W., à Paris, chez Mme P. Schaeffer, 13, rue Montmartre, né au Havre, élève de Normand Charles, L. Gaucherel et Lalanne.

62· — *Vue prise dans les jardins de la [cathédrale de Cantorbéry (Angleterre) (d'après nature).* — Dessin à l'encre de Chine.

BURNAND (Eugène), 93, avenue de Saint-Cloud, Versailles, né à Moudon (Suisse), élève de Menn et Gérôme.

63. — *Illustrations pour les légendes des Alpes-Vaudoises, par A. Ceresole (Lausanne).* — Dessin.
64. — *Croquis de Suisse et de Provence.* — Dessin.

CASSAGNE (Armand), 12, rue du Bac, né au Landin (Eure).

65. — *Le Repos.* — Dessin à la plume.
66. — *Chênes et Genévriers.* — Dessin à la plume.

CAHEN (Mlle Rosine), 9, rue Saint-Claude, née à Delme (Meurthe), élève de M. Tony Robert-Fleury.

67. — *Portrait de M. Cahen.* — Dessin.

CAPITAN (Louis), 5, rue des Ursulines, né à Paris, élève de Geslin.

68. — *Notes de voyage.* — Dessin.

CARBONNIER (Paulin), 51, rue de Paradis, né à Paris, élève de MM. Allongé, Lalanne et Harpignies.

69 — *Croquis à la plume pour une publication sur la ville de Caen.*

CAREY (Charles), 159, boulevard Saint-Germain, né à Paris, élève de Monvoisin et Tony Johannot.

70. — *Une vieille ferme, près Nogent-le-Roi.* — Dessin.
71. — *Restes du vieux château de Villiers, appelé la Justice (aujourd'hui une bergerie.)* — Dessin.

CASTERAN (de), 80, rue Taitbout, né à Toulouse, élève de Princeteau.

72 — *Étude de paysage.* — Dessin à la plume.

CASTRES (Édouard), à Étrembières, par Anne-
   masse (Haute-Savoie), né à Genève, élève de
   Baptiste Menn et Zamacoïs. — H. C.
73 — *Un Moissonneur.*
74 — *Un Soudanien.*

CHABAS (Paul), 2, place Saint-Michel, né à Nantes, élève de Bouguereau et Robert-Fleury.
75 — *Marchands fellahs.* — Dessin.

CHAIGNEAU (Ferdinand), 147, boulevard Malesherbes, né à Bordeaux, élève de Brascassat.
76 — *Intérieur de bergerie.* — Dessin à la plume.
77 — *Étude à Royat.* — Dessin au crayon noir.

CHARRIERE (Jean-Firmin), 2, boulevard Ornano,
   né à Treignac, (Corrèze).
78 — *Portrait de l'abbé X...* — Dessin.

CHOPPARD-MAZEAU (Mme Jeanne), 2, rue de
   Mailly, née à Paris, élève de Mme Thoret.

79 — *Portrait d'enfant.* — Sanguine.

CHELMONSKI (Joseph), 110, boulevard Malesherbes, né à Varsovie, élève de Gerson.

80 — *Chasseur à cheval.* — Dessin.

CLEMENTS (Mlle Gabrielle D.), hôtel Oxford-Cam-
   bridge, 13, rue d'Alger, né à Philadelphie (Etats-
   Unis), élève de Bouguereau, Robert-Fleury,
   Giaccomotti.

81 — *Carrières de Rockfart (Massachusetts).* — Dessin.
82 — *Ruisseau de Moulin (Pensylvania).* — Dessin.

CLERMONT-GALLERANDE (Adhémard-Louis de)
   98, rue d'Amsterdam, né à Chatoillenot (Haute-
   Marne), élève de M. Barrias.

83 — *Le lancier intempestif.* — Dessin.
   — *L'Hallali.* — Dessin.
   — *Une chasse royale sous la Restauration.* — Dessin.

CLOEZ (Mlle Marie), 7, rue Linné, née à Paris, élève de MM. Tony, Robert Fleury et de Madame Thoret.

86 — 1. *Portrait.* — Dessin.

87 — 2. *Assemblage de croquis (Cayeux-sur-Mer).* — Dessin.

COINDRE (Jean-Gaston), 10, rue Chanoinesse, à Paris.

88 — *Panorama de Salins-les-Bains (Jura).* — Dessin.

CONTAL (Mlle Jeanne), 52bis, boulevard Haussmann, née à Nancy, élève de M. Bellet.

89 — *Tête d'étude.* — Dessin.

COOMANS (Josehp), 9, rue du Chalet, Parc-aux-Princes, Boulogne-sur-Seine, né à Bruxelles.

90 — *Danseuse.* — Dessin au crayon.

COURJON (Louis), 3, rue Bérite, né à Anthon (Isère), élève de Allongé, Karl-Robert.

91 — *Combat de cerfs (d'après Landseer).* — Dessin à la plume.

COUTURIER (Léon), 65, rue Ampère, né à Mâcon, élève de MM. Cabanel et Danguin.

92 — *Présentation d'un cheval au dépôt de remonte. Officier de hussards.* — Dessins au crayon.

CREUSY (Mlle C.), 48, rue Meslay, Paris, élève de son père et de M. Levasseur.

93 — 1. *Portrait de Suzanne.* — Dessin médaillon.

94 — 2. *Portrait de Mme X....* — Dessin.

CRISENOY (P. DE), 30, place Napoléon, à Cherbourg.

95 — *L'escadre de l'amiral Courbet détruisant la flotte chinoise à Fou-Tcheou, le 23 août 1884.* — Dessin.

DANSE (Auguste), 3, rue des Cinq-Visages, à Mons (Belgique), né à Bruxelles, élève de Calamatta.

96 — *Portrait de Sarah Bernhardt (d'après Bastien Lepage.* — Dessin.

DANTAN (Edouard), parc de Montretout, à Saint-Cloud (Seine-et-Oise), né à Paris, élève de Pils. H.-C.

97 — *Une page d'amour d'Emile Zola.*
98 — *10 dessins encre de chine* (appartenant à M. Jouaust, éditeur).

DAUBEIL (Jules), 11, rue Boissonade, né à Paris, élève de J.-P. Laurens.

99 — *Les Chouans.* — Dessin.

DAUDENARDE (Amédée), 24, rue de l'Abbé-Grégoire, né à Paris, élève de Lequien et Best.

100 — *La rue de l'Eglise à Saint-Cloud en octobre 1870.* — Dessin.

DAVID (Charles), 70, rue Cherche-Midi, né à Paris, élève de J. Lefebvre et Boulanger.

101 — *Portrait de M. A. D...* — Dessin.
102 — *Portrait de M. le marquis de C...* — Dessin.

DEFAUT (Mlle Marie-Amélie), 19, rue Cassette, nee à Paris, élève de M. Ch. de Serres et de Mme Thoret.

103 — *Portrait.* — Dessin.
104 — *Tête d'homme (étude).* — Dessin.

DELAUNAY (Mlle Berthe-Louise), 7, rue de la Fontanelle, née à Paris, élève de Belley et de l'école professionnelle de la rue Duperré.

105 — *Portrait de M. V...* — Dessin.

DELAVEAU (Alphonse), 14, faubourg de Blois, à Romorantin (Loir-et-Cher), né à Romorantin, élève de M. Scribe.

106 — *Famille de Hans Holbein (d'après le tableau d'Holbein du musée de Bâle.* — Dessin.

DELIERRE (Auguste), 204, boulevard Saint-Germain, né à Paris, élève de Louis Cabat, Lahauze et Gaucherel.

107 — *Deux dessins pour une illustration des fables de Lafontaine.*

DELALANDE (Emile), 24, rue Mayet, né à Orléans, élève de Alfred Gerente, Weber, Didron.

108 — *Sainte-Barbe, carton de vitrail dans le style de la fin du XVᵉ siècle.* — Dessin.

DELAVAULT (Pierre), 5, rue des Beaux-Arts, né à Paris, élève de M. Cabanel.

109 — *Portrait de M. Henri Duruy.* — Dessin.
110 — *Portrait de Mᵐᵉ D...* — Dessin.

DEL SARTE (Mˡˡᵉ Marie-Magdeleine), 88, boulevard de Courcelles, né à Paris, élève de Tony Robert Fleury.

111 — *Profil de jeune homme.* — Dessin.
112 — *Tête d'étude.* — Dessin.

DEMONT (Adrien), à Montgeron (Seine-et-Oise,) né à Douai (Nord), élève de Émile Breton.

113 — *Paysage (Bretagne).* — Dessin.
114 — *Étude d'arbres (Creuse).* — Dessin.

DEMONT-BRETON (Mˡˡᵉ Virginie) à Montgeron (Seine-et-Oise), née à Courrières (Pas-de-Calais), élève de Jules Breton. — H. C.

115 — *Portrait de M. Jules Breton.* — Crayon.
116 — *Étude pour mon tableau : Les Loups de mer.* — Id.

DENISSE (Amédée), à Bry-sur-Marne, né à Montpezat (Gironde), élève de Lefebvre et Boulanger.

117 — *Le Réveil.* — Dessin.

DESHAYES (Eugène), 20, rue Saussure, né à Paris, élève de Decamps.

118 — 1° *La chûte de l'Arve.* — Dessin crayon conté.
119 — 2° *Les environs de Givarmes dans les montagnes des Vosges.* — Dessin crayon conté

DETOUCHE (Henry-Julien), 39, rue de la Tour-d'Auvergne, né à Paris, élève de son père et de Ulysse Butin.

120 — *Va-t-il bien?* — Dessin à la mine de plomb.

DESMOULINS (Fernand), 98, rue Lafontaine (Auteuil), né à Javerliac (Dordogne).

121 — *Portrait du roi d'espagne.* — Dessin à la plume.

DEVILLE (Pierre), 10, rue Gaillon, né à Paris.

122 — *Une reconnaissance de Bonaparte.* — Dessin.
  (Appartient à M. Fauré-Lepage).
123 — *En retraite!!* — Dessin.

DONZEL (Charles), 29, rue des Martyrs, né à Besançon (Doubs).

124 — *Croquis d'après nature.* — Dessin à l'encre de chine.

DORNOIS (Albert), 223, faubourg Saint-Honoré, né à Sévigny (Orne), élève de Maxime Lalanne.

125 — *Mont Saint-Michel.* — Crayon.

Dubufe fils (Guillaume), 43, avenue de Villiers, né à Paris, élève de son père et de M. Mazerole. (H. C).

126 — 1 *Etude pour la musique profane.*
127 — 2 *Etude pour la musique sacrée.* — (Diptyque destiné au Conservatoire de musique).

DUCARUGE (Léon-Pierre), 3, rue d'Isly, à Saint-Etienne (Loire), né à Lavoute-Chillac (Haute-Loire), élève de Soulary.

128 — Dessin d'après nature, mine de plomb.
129 —   Id.

DUCATILLON (Fernand Georges), 129, boulevard Saint-Germain, né à Bruxelles (Belgique), élève de Gerôme et Portaëls.

130 — *Portrait de M. Van der Saude Lacoste.* — Dessin

DUCOURNEAU, 81, Calle Alcada (Madrid), né à Bordeaux.

131 — *Portrait du duc de Fernan Nunez.* — Dessin à la plume sur opaque.
132 — *Portrait de Mme L. L.....* — Dessin à la plume sur opaque.

DUNCK, 22, rue Vavin, né à Genève.

133 — *Prise de Sfax.* — Dessin.

DUPRE (Julien), 10, boulevard Flandrin, né à Paris, élève de Pils, Laugié et Lehmann. (H. C).

134 — *Les Lapins.* — Dessin.

DUBOUCHET (Henry-Joseph, 5, rue Littré, né à Lyon, élève de Vibert.

135 — *Souvenirs d'Italie.* — Dessin.

DUFOUR (Armand), à Fontenay-sous-Bois, né à Versailles, élève de Lequien.

136 — *Le verrou de Fragonard.* — Dessin.

DUMONT-COURSELLES (Henri), 117, rue Notre-Dame-des-Champs, né à Paris, élève de Puvis de Chavannes.

137 — 1o *Le Lion amoureux* (*Fables de La Fontaine*). — Dessin.
138 — 2o *Suzanne au bain*. — Dessin.

DUPLAIS-DESTOUCHES (Antoine), à Fouras (Charente-Inférieure), né à Aurillac (Creuse).

139 — *Étude aux environs de Fouras.* — Dessin à la mine de plomb.

DUPRÉ (Mme Laure), 94, rue Lafayette, née à Paris, élève de L. Robert.

140 — *Lac du Bois de Boulogne.* — Dessin au crayon.
141 — *Petit pont de Neuilly.* — Dessin à la plume.
Vue de Saint-Cloud. — Dessin à la plume.

DUPUIS (Félix), 31, boulevard Berthier, Paris, né à Lyon (Rhône), élève de M. Léon Cogniet.

143 — *Portrait de mon cher maître Léon Cogniet.* — Dessin.

DURAND (Albert), 3, rue Richer, né à Fougères (Ille-et-Vilaine), élève de Jules Lefebvre et Boulanger.

144 — *Portrait.* — Dessin

DURAND (Mlle Jeanne), née à Paris, à la Chapelle-Saint-Ouen (Eure), et à Paris, 48, rue Jacob, élève de Foulongne.

145 — *Tête d'enfant.* — Dessin à la mine de plomb.

DURIEUX (Achille-Joseph), chez M. Durieux, rue du Cardinal-Lemoine, 61, né à Cambrai (Nord), élève de l'Académie de Cambrai.

146 — *Le Bonnet carré (maison de campagne aux environs de Cambrai).*

DUVIVIER (Albert, né à Nevers, 10, rue Pernety, Paris, élève de Pils.

147 — *La Victime du réveillon (d'après Hanotteau).* — Dessin au procédé.
148 — *Un Condottière (d'après Antonello de Messine).* — Dessin au procédé.

EBNER (Louis), 42, rue Fontaine, né à Budapest (Hongrie).

149 — *Les Haleuses.* — Dessin.

ELIOT (Maurice), 27, boulevard Clichy, né à Paris, élève de Bin et Cabanel.

150 — *Au piano.* — Dessin à la plume.

ELMERICH (Edouard), 55, rue de l'Ile-Saint-Louis, né à Colombier-Chatelot (Doubs), élève de Guérin.

151 — *Forêt de Fontainebleau.* — Dessin.

FARIN (G.), 4, rue Laferrière, né à Paris, élève de Lalanne, Humbert, Gervex.

152 — *Rotonde du Parc Monceaux* — Dessin.
Lac des Quatre-Cantons (Suisse). — Dessin.
Une route à ville d'Avray. — Dessin.
Bords de la Marne. — Dessin.
Le Pont. — Dessin.

FAVIER (Eugène-Joseph-Georges), 62, rue Monsieur-le-Prince, né à Paris, élève de Gérôme.

153 — *Portrait de M. D***.* — Sanguine.
154 — *Tête d'Etude.* — *Dessin.*

FAVIER (Mlle Jeanne-Madeleine), 1, rue Bourbon-le-Château, née à Vichy (Allier).

155 — *Le Christ au Tombeau (d'après Ribeira).* — Dessin.

FELISSIS-ROLLIN (Mlle Marie), 106 *bis*, rue de Rennes, née à Lyon, élève de Mme Thoret.

156 — *Tête de guerrier (étude).* — Dessin.

FEROGIO (Fortuné), 23, rue Rousselet, né à Marseille.

157 — *Projets de cartes de visite au noir d'ivoire.* — 4 dessins au noir d'ivoire.

FLANDIN (Mlle Marie-Noémie), 11, rue Blanche, née au château de Mondemard (Tarn-et-Garonne), élève de Mlle Hautier, MM. Boulanger. Lefebvre.

158 — *Portrait de Mme A...* — Dessin.

FLANDRIN (Paul), chevalier de la Légion d'honneur, Hors concours, 10, rue Garancière, à Paris, né à Lyon.

158 — 1° *Portrait de M. A. D..* — Dessin.
159 — 2° *Environ de Plombières (Vosges).* — Dessin.

FLOURY Lucien), 43, rue des Francs-Bourgeois, élève d'Allongé.

160 — *Souvenir des Cascades de Cerney.* — Dessin.

FORSBELG (Nils), né à Gotembourg, Suède, 15, rue Cauchois, à Paris, élève de Bonnat.

161 — 1° *L'Acrobate.* — Dessin.
162 — 2° *La mère Bilboquet.* — Dessin.

FRANÇOIS (Mlle Delphine), 148, boulevard Magenta, née à Buenos-Ayres, Amérique du Sud, élève de Prignot-

163 — *Copie d'apres Albert Durer.* — Dessin.

FRANÇAIS (Français-Louis), 139, boulevard Montparnasse, né à Plombières (Vosges). — H.-C.

164 — *Lavandières sous bois.* — Dessin.
165 — *Au bord du lac de Nemi. — Joueur de flûte sur un arbre perché.* — Dessins.

FREDERIK (Antelhme), 263, boulevard Pereire, Paris.

166 — 1° *Portrait de M. Frère-Orban, ancien ministre des affaires étrangères de la Belgique.* — Dessin.
167 — 2° *Portrait au crayon Wolff de Mme de R. sur papier Gillot.*

FROMENT (Eugène), chevalier de la Légion d'honneur, 83 *bis*, rue Notre-Dame-des-Champs, né à Paris, élève de Amaury Duval. — H.-C.

168 — *Rêverie.* — Dessin.

GAILLARD, 54, rue Madame, né à Paris, élève de L. Cognet. — H.-C.

169 — 1° *Dessin.*
170 — 2° *Dessin.*

GANBUSSEAU (Léopold), 32, rue des Dames, né à Paris, élève de M. Gérôme.

171 — *Portrait de M. L. G.* — Dessin.

GASSIES (Georges), Chailly-Barbison (Seine-et-Marne), né à Paris, élève de Drolling et Biennourry.

172 — *Cerfs dix-cors et daguet en juin (Fontainebleau).* — Dessin à la plume.

GASTU (Mlle Henriette), 55, rue du Four, née à Alger, élève de Mme Thoret.

173 — *Une tête (étude).* — Dessin.

GAUCHEREL (Léon), 18 *bis*, rue de la Glacière, né à Paris, élève de Viollet-le-Duc — H.-C..

174. — 1° *La Roche de Mlle de Fontenailles, à Arromanches.* — Dessin au crayon noir.
174 *bis* — 2° *Croquis d'Album.* — Mine de plomb.

GEOFFROY (Jean), 54, faubourg du Temple, né à Marennes.

175. — *Souvenirs d'Auvergne.* — Dessin.

GÉRARD (Gaston), 6, rue du Val-de-Grâce, né à Saint-Mandé (Seine), élève de Jules Lefebvre.

176 — *Cigale, Bacchante, Directoire, Parisienne, la Cigale et la Fourmi, Pêcheuses de la baie de Saint-Brieuc.* — Dessins.

GERMAY (Mlle Marthe-Marie-Louise de), 7, quai Voltaire, né à Auxonne (Côte-d'Or), élève de Mme Thoret.

177 — *Tête d'étude.* — Dessin.

GÉROME (Jean-Léon), boulevard de Clichy, 65, né à Vesoul, élève de P. Delaroche. — H.-C.
178 — *2 Dessins.* — Etude.

GERVEX (Henri), 62, rue de de Rome, né à Paris, élève de Cabanel, Brusset et Fromentin - H.-C.
179 — *2 Dessins.* — Etude.

GODET (Gabriel), 19, rue de Suez, né à la Guadeloupe, élève de Migette.

180 — *Fuite de Gradlon (d'après E.-V. Luminars).* — Dessin à la plume.

GOENEUTTE (Norbert), né à Paris, 3, rue Houdon.

181 — 1° *Marée basse.* — Dessin.

182 — 2° *Une lanterne*. — Dessin.

GOUGELET (Mlle Jeanne), 15, impasse Hélène, villa des Arts, née à Metz, élève de Carolus Duran et Henner.

183 — *Une chanson*. — Dessin à la plume.
184 — *Le Chat botté*.   Id.

GRABOWSKI (Woje), à Lemberg (Gallicie), né à Cracovie (Pologne).

185 — *Un Juif de Gallicie*. — Dessin à la plume.

GRANDSIRE (Eugène), chevalier de la Légion d'honneur, né à Orléans, 25, quai Voltaire, à Paris, élève de MM. Jules Noël et Jules Dupré. — H. C.

GOUBLAYE DE MENORVAL (Eugène de la), 35, boulevard Henri IV, né à Paris.

186 — *Ancien hôtel des Prévots de Paris, passage Charmagne, rue Saint-Antoine.*
Pâturage en Sologne. — Dessin.

GRAS (Félix), 7, rue de Arts, à Levallois-Perret, né à Paris, élève de Dupuis et Chauvet.

189 — *Environs de Corbeil (Seine-et-Oise), des ins d'après nature*. — 2 Sujets-dessins.

GRIMAR (François), 26, rue des Petits-Carreaux, né à Paris, élève du Duquesne.

190 — *Scène de Charlotte Corday (d'après Loudet)*. — Dessin.

GRIGNY (Jean), 52, rue Vanneau, né à Arras (Pas-de-Calais), élève de Pils.

191 — *Nourrice (étude)*. — Dessin.
192 — *Croquis parisiens*.   Id.

GRISON (Adolphe), à Champigny-la-Bataille (Seine), né à Bordeaux (Gironde).

193 — *Rue Poterie à Vitré (Bretagne)*. — *L'Étudiant*. — *Réparation à l'armement*. — Dessin.

GROLLERON (Paul), 49, rue Lemercier, né à Seignelay (Yonne), élève de M. Bonnat.

194 — 1° *Châtillon et Bagneux, 13 octobre 1870*. —

195 — *2° Officiers en observation.*
GRONDARD (Philippe), 35, rue de la Boëtie, né
à Paris.

196 — *Coin de marché.* — Dessin sépia.
GROSDIDIER (France-Etienne), rue du Fouane,
né à Soigne (Alsace-Lorraine).

197 — *Vue de l'Hôtel-de-Ville de Paris.* — Autographie.
GROSSET (Jean-Baptiste), 109, rue de Colombes,
à Asnières (Seine), né à Paris, élève de M. Pé-
quégnot.

198 — *Portrait de M. X***.* — Dessin.
GROULIER (Jules), 14, rue Bonaparte, né à Vi-
dauban (Var), élève des Beaux-Arts.

199 — *L'esclave (d'après une statue de Michel-Ange.)* —
Dessin à plume.
GUERIN DES LONGRAIS (Pierre-Charles), 174,
faubourg Saint-Denis, né à Vimoutiers (Orne,
élève de Daubigny et Maillart.

200 — *Gringoire et la Esmeralda, cour des Miracles
(Notre D me de Paris, par Victor Hugo).* — Dessins.
GUERINEAU (Abel), ex-architecte du gouverne-
ment Japonais, 11, rue Darcet, né à Angers
(Maine-et-Loire).

201 — *Petite maison de thé aux environs de Tokio (Japon)
d'après nature.* — Dessin.
GUERRAND DESTONT (Mme), 33, rue de Reuilly,
à Paris, né à Paris, élève de l'École de la rue
de Seine

202 — *Le Printemps (d'après Col).* — Dessin.
GUILLON (Adolphe-Irénée), officier d'académie,
9, rue Duperre, né àParis, élève de Jules Noël
et Gleyre.

203 — *Souvenir de Vezelay (Yonne).* — Dessin à l'encre
de Chine.
204 — *Souvenir de Mortefontaine* — id   id
HABERT (Eugène), 64 *bis*, rue Dulong, né à Paris, élève de Bonnat.
205 — *Jeune fille aux colombes* —Dessin à laplume.

206 — *Gouache.*

> Les paons ouvrent leur queue éblouissante, au fond
> Des autres que nos fleurs et nos feuillages font;
> Plus d'une nymphe y songe, et dans nos perspectives
> Parfois se laissent voir des nudités furtives.
>
> (Victor Hugo.)

HADENGUE (Louis-Michel), né à Paris, 9, rue Bochard de Saron, élève de Bonnat.

207 — *La comédie humaine.* — Dessin à la plume.

HAENEN (Frédéric de), 36 *bis*, rue Bargue, né en Hollande, élève de son père.

208 — *Une crémerie en plein vent.* — Dessin.

HÉBERT (Édouard-Ernest-Paulin, 4), rue Fourcroy (aux Ternes), né à Paris, élève de A. Dupuis.

209 — 1° *Cour du cheval blanc, à Saint-Valéry-en-Caux* — Dessin à la plume.
210 — 2° *Yport, Roscoff, Honfleur.* — Dessin à la plume.

HELBRONNER (Mme Hermance-Horace), 22, rue d'Aumale, née à Paris, élève de Chaplin.

211 — *Un petit portrait à la mine de plomb.*

HELIE (Georges), 3, boulevard du Palais, né à Paris, élève de Van Marcke.

212 — *Le Guet mis par terre.* — Dessin à la plume.
213 — *Le Guet flambé (Rabelais).* —   d°   d°

HENRIET (Frédéric), rue Pré-aux-Clercs, né à Château-Thierry.

214 — *6 croquis paysages.* — Dessin à la plume.

HENRY (Paul), 292, rue des Pyrénées, né à Paris, élève de P. Dupuis et F. Bellenger.

215 — *La chanson.* — Dessin.

HENRY (Mlle Blanche), 10, rue Lekain (Paris-Passy), née à Ribécourt (Seine-et-Oise), élève de Mme de Cool.

216 — *Tête d'étude.*

HERVIEU (Joseph), 42, rue Fontaine-Saint-Georges, né à Paris, élève des Beaux-Arts.

217 — *Une tête de Christ.* — Dessin.

218 — *Étude de vache et de taureau.* — Dessin crayon.

HILDEBRAND (Mlle Claire), née à Colmar (Alsace), 17, avenue Victor Hugo, à Paris, élève de MM. Stevens et Chaplin.

219 — 1º *Une cuisine aux environs de Fribourg (Suisse).* — Dessin à la plume.

220 — 2º *Étude.* — Dessin à la plume.

HILLEMACHER (E.-Ernest), chevalier de la Légion d'honneur, 126, rue Lafayette, né à Paris, élève de Léon Cogniet. — H. C.

221 — *Dessins sur les sujets de Shakespeare.* — Dessin à la plume.

HOFFMANN (François), 3, rue du Marché, à Levallois, né à Plancoët (Côtes-du-Nord), élève de son père et de Gérôme, école des Beaux-Arts.

222 — *Six vues de Bretagne (Côtes-du-Nord : à Plancoet, Dinan, Lamballe, Saint-Brieux (devant servir à l'illustration de la Bretagne pittoresque).* — Dessins.

HOUBRON (Frédéric), 51, boulevard Saint-Jacques, à Paris.

223 — *Imprudence.*

HAUSSULLIER (Williams), 61, boulevard Suchet, né à Paris, élève de Paul Delaroche. — H.-C.

224 — *Combat des quatre cavaliers (d'après Léonard de Vinci.* — Dessin.

225 — *Appollon et Marsyas (d'après Paul Baudry).* — Dessin.

HOUSSAY (Mlle Joséphine), 33, rue Grenelle-Saint-Germain, née à Nantes (Loire-Intérieure), élève de Robert-Fleury, Henner et Vollon.

226 — *Deux croquis, à la pierre d'Italie :*
Tête de vieille femme.
Le petit chien familier.

227 — *Portrait (à la plume).*
Dans l'atelier (lavis encre de Chine).
Espagnole jouant de la guitare (à la plume).

HUAS (Pierre), 11, rue de Châteaubriand.

228 — *Portrait de M. W****. — Dessin.
229 — *Portrait de Mlle S. F****. — Dessin.

HULLET (Michel), 18, rue Mazarine, né au Havre.

230 — *Un théière*. — Dessin à la plume.

HURTEL (Mlle Palmyre), 10, rue du Feutrier (Montmartre), née à Paris, élève de Delorme et Chazal.

231 — *Des pêcheurs (plage de Dieppe)*, — Dessin à l'encre de Chine rehaussé de blanc.

INNOCENTE (Guillaume), 25, boulevard de la Soussaye, à Neuilly sur Seine, né à Rome (Italie.

232. — *Et ne nos inducas in tentationem.*

ISBERT (Mme Camille), 15, rue La Bruyère, née à Paris, élève de Schaeffer.

233 — *Deux portraits de femme.* — Dessin à la mine de plomb.

ISTA (Victor), 76, rue d'Anjou, né à Bruxelles (de parents français), élève de M. Lambinet.

234 — *La Claise à Pressigny (Indre-et-Loire)*. — Dessin.
235 — *Souvenir de la Nièvre (Somme)*. — Dessin.

JACQUEMIN (Henry), né à Aix-en-Othe (Aube), 106, boulevard Montparnasse.

236 — *Dignité et imprudence.* — Dessin.
237 — *Château Chilon* — Dessin.

JAPHET, né à Paris, 17, rue Vintimille, élève de Cham.

238 — *Sainte-Cécile (fantaisie au lavis et mine de plomb.*

JULIEN (Louis), 13, rue Malesherbes à Lyon, né à Trévoux (Ain).

239 — *Portrait de M. T... de l'Opéra-comique.* — Crayon mine de plomb.
240 — *Portrait de M. J. peintre pastelliste.* — Crayon conté.

JUNCKER (Frédéric), 59, rue Boursault, né à Paris, élève de L. Cogniet.

241 — *Au bas de la côte (dessin au noir à l'huile).* — Dessin.

242 — *Portrait au crayon noir.* — Dessin.

KAUFFMANN (Paul-Adolphe), 25 , boulevard
   Montparnasse, né à Belfort.

243 — *Tribus soumises de Tunisie venant déposer leurs
   armes auprès des autorités françaises.* — Dessin.
244 — *Neuf dessins à la plume pour l'illustration de
   différents ouvrages.* — Dessin.

KLEIN (Jean), 16, rue de Birague, né à Riga (Li-
   vonie), élève de l'Académie de Saint-Pétersbourg.

245 — *L'ancien Hôtel-Dieu de Paris.* —Dessin à la plume.

KLUMPKE (Mlle Anna), 8, rue de la Grande-Chaumière, née à San-Francisco (Etats-Unis d'Amérique), élève de M. Tony Robert-Fleury.

246 — *Plaque fumée à la chandelle.* — Porcelaine.

LABOUR (Camille Louis), 19, boulevard de
   Reuilly, né à Decize (Nièvre).

247 — *Montagnes de l'Oberland, croquis pris au Faul-
   horn (Suisse).* — Dessin.

LACAUSSADE (Mlle Jeanne), 64, boulevard
   Saint-Michel, née à Paris, élève de M. Tony
   Robert-Fleury.

248 — 1° *Etude.* — Dessin.
249 — 2° *Une juive.* — Dessin.

LACRESSONNIÈRE, 12, rue Saint-Augustin (Asnières), né à Philippe-Auguste, élève de Giraud,
   Gérôme et Cormon.

250 — *Portrait de Mme L***.* — Dessin.
251 — *Portrait de Mlle L***.* — Dessin.

LAFONT (Mlle Marie-Caroline), (professeur de la
   Ville), 23, rue Lepic, née à Paris.

252 — *Salomé (de Henry Regnault)* —Dessin à la plume.

LAGNY (Louis-Henry), né à Paris, 60, avenue
   d'Orléans.

253 — *Fleurs de pêché.* — Dessin à la plume, d'après
   P. Beyle.

LALANDE (Mlle Louise), 17, boulevard Suchet, née au Mans, élève de M. Melin.

254 — *Chiens de Saint-Hubert.* — Dessin.
255 — *Têtes de moutons.* — Dessin

LALANNE (Maxime), 74, rue Lafayette, né à Bordeaux.

256 — *1° 4 dessins à la mine de plomb: Souvenirs d'un voyage à Trouville* — Dessin.
257 — *2° L'Exposition universelle de 1878 au Trocadéro.*

LALAUZE (Adolphe), 29, quai Bourbon, né à Rive-de-Gier (Loire), élève de Léon Gaucherel. — H. C.

258 — *Lavis pour l'illustration de Gil Blas.* — Dessins.

LALLEMAND (Charles), 7, rue Clapeyron, né à Strasbourg.

259 — *1° La Loutre.* — *Lièvre, chasse à vue.* — *Retour de chasse en Alsace* — (3 dessins à la plume).
260 — *2° Relai de chiens-courants* — Dessin à la plume.

LAMBERT (Louis-Auguste), à Chauny (Aisne), né à Ernée (Mayenne), élève de Petrucci.

261 — *Le Singe barbier (d'après Decamps).* — Dessin à la plume.

LANGLOIS (Ernest), 217, rue Saint-Honoré.

262 — *Soir d'été (Bords de l'Orne)* — Dessin à la plume.

LAPOINTE (Mlle Jeanne) 31, rue de Maubeuge, née à Paris, élève de M. Bellay.

263 — *Jeune Triganne (Tête)* — Dessin.
264 — *Rêverie (Tête)* — Dessin.

LAPOINTE (Mme Marthe-Marie), 81, r. Maubeuge, née à Paris, élève de M. Bellay.

265 — *Portrait de M. Armand Lapointe.*
266 — *Portrait de Mlle L***** — Appartient à M. L...

LARCHE (Raoul-François), 12, passage du Chantier (faubourg-Saint-Antoine), né à Saint-André-de Cubzac (Gironde), élève de Falguière et Laplanche.

267 — *Portrait de M. le comte de Saint X****.* — Crayon.

LASSELLAZ (Gustave), 13, rue Ravignan, né à
. Paris, élève de M. Lequin.
267 *bis*. — *Dessin*.

LEBAYLE (Charles), 7, rue Allain-Chartier, né à
Paris, élève des Beaux-Arts.
268 — *Mariage de Charles VII et d'Anne de Bretagne.
(Maquette d'un vitrail exécuté par M. Cham-
pigneulle, de Paris, pour l'hôtel de ville de
Vannes. —* Dessin.

LECOCQ (Mlle Henriette), 6, rue Thénard. née à
Paris, élève de Juillerat et Cassagne.
269 — *Le Barbier turc (d'après Bonnat).* — Encre de
Chine.

LECOMTE DU NOUY (Jean), chevalier de la
légion d'honneur, 20, boulevard Flandrin, né
à Paris, élève de Gérôme et Signol. — H.-C.
270 — *Portrait de Mme X***.* — Dessin.

LEGENDRE (L), commis de comptabilité à l'école
des Arts-et-Métiers, à Châlons, rue des Sept-
Moulins, 12.
271 — *Macbeth et Banco rencontrant les Sorcières.* —
Dessin à la plume.
(Shakespeare).

LEGRAIN (Georges-Albert), 173, faubourg Saint-
Martin, né à Paris, élève de Gérôme.
272 — *Graziella (étude).* — Dessin.

LEGRAIN (Jules), 6, rue de Texel, né à Paris, élève
de M. Cogniet.
273 — *Enfants et Fleurs.* — Dessin.

LEJEAUX (Mme Marthe), née Poinsignon ,
110, rue Cambronne, née à Metz.
274 — *Soupière en argent de la collection du prince
Demidoff (d'après la dessin de Kreutzberger).*
Dessin.

275 — *L'Aurore (d'après J.-L. Hamowe).* —Dessin.

LE MAINS (Gaston), 20 rue de l'Odéon, né à Tours, élève de Lehmann.

276 — (*Illustrations pour les guerres de l'Ouest*). — Dessin.

LEMAIRE (Mlle Camille), 229, faubourg Saint-Honoré, née à Évreux (Eure), élève de Maxime Lalanne.

277 — *Pont rustique*. — Dessin au crayon.

LEMAIRE (Hector), 77, rue Denfert-Rochereau, né à Lille (Nord), élève de MM. Dumont et Falguière. — H. C.

278 — 1° *Dix-huit dessins à la plume d'après nature.* — Dessins.

279 — 2° *Têtes et Figurines.* — Dessins.

LEPEC (Mme Jeanne-Madeleine, 27, boulevard de Courcelles, né à Paris, élève de Ch. Lepec.

280 — *Portrait.* — Dessin.

LE RAT (Paul-Edme) 42, boulevard Montparnasse, né à Paris, élève de Lecoq de Boisbaudran et Léon Gaucherel. — H. C.

281 — *Portrait de M. L***.* — Dessin.

LEROUX (Hector), 26, rue Lemercier, né à Verdun, (Meuse). — H. C.

282 — *3 Dessins.*

LE ROY (Adolphe-Henri-Auguste), 14, rue Mesnil, né à Paris.

283 — *Illustrations des récits de la vieille France, par Alfred Assolant.* — 6 Dessins.

Partez!

Partez, ils sont vaincus les soldats de la France!
Mon cœur pour conquérir ne vous eût pas prêtés.
Ce n'est plus la conquête, enfants, c'est la défense.
Le sol est envahi, je vous donne; partez !

(Paul Déroulède).

LEVILLAIN (Auguste-Ernest), 48, rue Brémontier, né à Paris, élève de Guiaud.

284 — *Etudes en Normandie, Verger de Jaucourt.* — Dessin.

LHERMITTE (Léon-Augustin), chevalier de la Légion d'honneur, 19, rue Vauquelin, né à Mont-Saint-Père (Aisne), élève de Boisbaudran.

285 — *Un tisserand* (appartient à M. Léon). — Dessin.
286 — *La Baignade* (appartient à M. Ch. Hayem). — Dessin.

LIARDO (Philippe), 2, route de Paris, à Asnières, né à Lionneforte (Italie).

287 — *Deux panneaux.* — Croquis.

LOGHADÈS, 137, boulevard Haussmann, né à Paris.

288 — *Études au crayon.*
289 — *Dessins à la plume.*

LONGUEVILLE (Charles), 3, rue Paul-Louis-Courier, né à Lamballe (Côtes-du-Nord).

290 — *Jardin des Tuileries.* — Dessin.
291 — *Château de Kérouan (Morbihan).* — Dessin.

LOIRE (Léon), 240, rue de Vaugirard, né à Paris, élève de MM. David d'Angers et E. Lassalle.

292 — *Études et Fusains.* — Dessin.
293 — *Il Divinatore.* — Dessin.

LURAT (Abel), 52, rue Vavin, né à Orléans, élève de Jouanin.

294 — *Un dessin d'après Carolus Duran.*

LUZEAU (Fernand-Adolphe) 81, boulevard Montpanasse, né à Cholet (Maine-et-Loire), élève de Gérôme.

295 — *Le Père Cuisinier.* — Dessin.

MAITREPIERRE (Jean-Marie-Maurice), né à Saint-Amour (Jura), instituteur public à Paris, 168, boulevard Voltaire.

296 — *Portrait de femme à la plume.*

MALLET (Joseph-Xavier), 110, rue Cambronne, né à Teil d'Ardèche élève de M. Gleyre.

297 — 1. *Le soir dans le bois.* — Dessin à la plume.
298 — 2. *Le coude de Rivière (Drôme).* — Dessin à la plume.

MARCHAL (Mlle LÉONIDE), 99, quai d'Orsay, né
à Villiers-les-Mangiennes (Meuse), élève de
Bonnat.

299 — *Un Paysan.* — Dessin.

MARQUET (Gaston), 60, rue de Clichy, né à Paris,
élève de Bin.

300 — *Croquis.* — Dessin.
301 — *Sous les pommiers.* — Dessin.
Le vieux mur. — Dessin.

MARTIN (Camille), 16, rue de Valois.

303 — *Projet décoratif.* — Dessin.

MASSYN (Mlle Anaïs), 28, rue Lacondamine,
née à Paris, élève de l'École nationale.

304 — *Portrait de mon père (d'après nature).* — Dessin.
305 — *Highlander (d'après Edouard Detaille. Bois).* —

MATOUT (L.), 11, passage Stanislas.

306 — *Moïse meurt sur la montagne de Hébo, en vue
de la terre promise.* — Dessin.
307 — *Ulysse implore la fille de roi Alcinoos.* — Dessin.

MATTHIS (Charles-Émile), né à La Walk-Wissem-
bourg (Alsace), 61, rue Monsieur-le-Prince.

308 — *Le dernier ami.* — Dessin à la plume.
309 — *Les Pèlerins de Sainte-Odile (Alsace).* — Dessin à
la plume.

MAURY (Mlle Rose), 53, rue de Seine, née à Avi-
guonet (Hte-Garonne), élève de l'École nationale de dessin des jeunes filles.

310 — *Études sans professeur.* — Dessin.

MAZEROLLE (Alexis-Joseph), 45, rue du Rocher,
né à Paris, élève de MM. Dupuis et feu Gleyre.
— H. C.

311 — *Œdipe-Roi.*
O Jupiter, qu'as-tu résolu de faire de moi ?
312 — *Œdipe-Roi, de Sophocle (série de 21 dessins nu-
mérotés).*

MEEÜS (Mlle Esther-Marie-Louise), 176, boulevard Pereire, née à Bruxelles, élève de Mlle
Clotilde Rome.

313 — *Tête d'enfant (Louis XVII).* — Dessin.
314 — *Tête d'enfant (d'après Greuze).* — Dessin.

MELLÉ Auguste-Léon), 8, rue Guénegaud, né à
Paris, élève de J. Coignet et Ch. Denoux.

315 — *Chalets en Suisse.* — Dessins à la mine de plomb.
  — *Château de la Buzardière (Sarthe).*   id.
  — *Château en ruines (effet de lune).*   id.
  — *Bords de la Marne.*   id.

MENARD (Emile-René), 3, place de la Sorbonne,
né à Paris, élève de Baudry, Bouguereau et
T. Robert Fleury.

316 — *Portrait de jeune fille.* — Crayon.

MERCADIÉ (Emmanuel-Victor), 246, boulevard
Saint-Germain, né à Waast-la-Hougue (Manche),
élève de Gaillard, Henriquel, Dupont.

317 — *Portrait de M. A C.* — Dessin.

MERCIER (Mlle Louise), 1, rue Bayard, née à
Paris, élève de son père et de J. Lefebvre.

318 — *La Cigale.* — Crayon noir et blanc.
  — *La Fourmi.*   id.

MESPLÈS (Paul-Eugène), 39, rue de Laval, né à
Paris, élève de Gérôme.

319 — *Les nations viennent rendre hommage à Victor
Hugo (Esquisse).* — Dessin.
319 bis. — *Dessins pour la Pipe cassée.* — (Appartien-
nent à M. Belin.

MERWART (Paul), 13, avenue Frochot, né en
Russie (naturalisé), élève de H. Lehmann.

320 — *Une Vision (d'après une nouvelle de Mme Ed.
Adam.* — Dessin.
321 — *Deux croquis.* — Dessin.

MINA (Mlle Fritz), née à Bruxelles, 263, boulevard
Pereire, Paris.

322 — *Portrait de M. Opta-Scailquin député belge.,*
— Dessin.

MONSIGNÉ (Louis), 130, rue d'Assas, né à
Bordeaux, élève de Pils.

323 — *Séduction.*

MONTBARD (E.), 13, Chalcst Gardens Englad's Lane Haverstock, Hill-London, né à Montbard (Côte-d'Or).

324 — *Une sortie du général Gordon à Khartoum.* — Dessin.
325 — *Sous-bois. Etudes dans le parc de Bowood, domaine du marquis de Lansdoowne.* — Dessin.

MOREL (Arthur-Pierre), 5, rue Frochot, né à Paris, élève de Pils.

326 — *Matinée (théâtre de banlieue).* — Dessin.

MORGALLET (Lucie-Laure-Claire), 48, rue Sedaine, née à Paris, élève de l'Ecole nationale et de l'Ecole professionnelle Sully.

327 — *Contemplation (d'après Bisson).* — Dessins.
 — *Heurtoir (d'après l'Art pour tous).*   id.
 — *Le Petit-Tambour (d'après Angéli).*   id.
 — *Cariatides (ordre dorique).*   id.

MORIN (Louis), 163, rue de Rome, né à Paris.

328 — *Huit dessins pour une édition de « Jeannik ».* — (Appartient à M. G. Decaux).

MOTOT (François-Adolphe, 1, rue de Buci, né à Paris.

329 — *Reproduction du groupe de Mercié. Copie.* — Dessin à la plume.

MYRBACH (Félicien), De) 102, rue d'Alsace, né à Zalescziky (Autriche), élève de l'école des Beaux-Arts de Vienne.

330 — *Mardi-gras à Spalato (Dalmatie).* — Dessin.

NEL-DUMOUCHEL (Jules), 9, rue Duperré, né au Havre, élève de Lequem, Gerôme, Baudry.

331 — *La fontaine Walace.* — Dessin.
 — *L'Amour.*   id.
 — *Le Repos.*   id.

NOEL-MASSON (Charles-Etienne). 3, rue de la Ferronnerie, né à Paris, élève de Mme Lalanne,

332 — *Paris à vol d'oiseau. (Pris sur nature du palais du Trocadéro).*

OLLIVIER (Louise), 1, rue d'Alençon, née à Rochefort-s-mer, élève de Mme Thoret.

333 — *Tête d'étude d'après nature.* — Dessin.

ORAZI (Manuel), 24, rue Bonaparte, né à Rome.
334 — *Fantaisies sur les nouvelles extraordinaires de Edgard Poe.* — Dessins.

OSBORNE-O'HAGNAN (H), 33 *bis* boulevard Clichy.

335 — *Un Ange gardien.* — Dessins au crayon noir.
336 — *Portrait de jeune fille.*   Id.

PAILLARD (Victor), 11, passage de la Visitation, à Paris, né à Hendicourt (Eure), élève de Allongé.

337 — *Six Dessins divers.* (Marbres et bronzes).

PAQUEAU (Gaston), 55, rue du Cherche-Midi, Paris,

338 — *Cosette.*

Cosette s'arrêta terrifiée.....   (Victor Hugo.)

PARADÈS (Vicente), 6, rue Fauvet, né à Valence (Espagne), élève de l'école des Beaux-Arts de Valence.

339 — *Tête de moine.* — Dessin.

PARANT (Henri), né à Paris, 45 *bis*, rue de Maubeuge, élève de MM Cholet et Aumont.

340 — *Portrait de Mme T...* — Dessin.

PARIS (Marcel), 109, rue du Cherche-Midi, né à Madrid, élève de Vierge et Maillard.

341 — *Tête d'étude.* — Dessin.

PARQUET (Gustave), 233, rue du faubourg Saint-Honoré, né à Beauvais.

342 — *Sujets de chasse.* — Dessin à la plume

PERBOYRE (Paul-Émile-Léon), 11, impasse des Belles-Feuilles, (avenue Victor-Hugo), né à Horbourg (Alsace), élève de Bonnat, Feyen-Perrin, Tony Robert-Fleury.

343 — *Artillerie aux grandes manœuvres.*

PERCY Sturdee), 66, rue de Seine, né à Londres, élève de M. Cormon.

344 — *Le repos du soir.*

PILL (Charles-Henri), 35, boulevard Rochechouart, né à Essommes (Aisne). — H. C.

344 *bis.* — 1 *Dessin.*

PICHON (Mlle Marie-Pauline), née à Paris, 31, boulevard Berthier, élève de l'École nationale et de Th. Rousseau.

345 — *Éventail Louis XV.* — Grisaille et plume.
346 — *Croquis de mon portrait peint par M. Mayeur, de l'Opéra.* — Dessin à la plume.

PLANCHET (Charles-Ernest-Maurice), 127, boulevard Saint-Germain, né à Lyon (Rhône.

347 — *Attendant la fortune (d'après Aranda).* — Dessin.

PIPART (Charles), 88, rue de Ménilmontant, né à Versailles, élève de Jean Gigoux.

348 - *Étude (Jeune fille).* — Dessin.
349 — *Étude (Tête de femme).* — Dessin.

PITARD Charles), 4, passage Gourdon, né à Rochefort (Charente Inférieure).

350 — *Portrait de M. Gambetta.* — Dessin.
(Reproduction de M. de Neuville).

POLONCEAU (Mlle Blanche), 55, rue du Cherche-Midi à Paris, élève de M. E. Rongat.

351 — *Portrait de Mlle X***.* — Dessin.

POMEY (Louis), 39, boulevard Lannes, né à Paris, élève de Willems.

352 — *Deux études dans un même cadre.* — Dessins.

PRION Louis), 10, rue Clauzel, né à Toulouse, élève de M. Cabanel. — H. C.

353 — *Hercule et Pan.* — Dessin.

Hercule l'alla prendre au fond de son terrier et l'amena devan
Jupiter par l'oreille.
(Victor Hugo, *la Légende des siècles.*)

PROFIT (Georges), 28, boulevard Saint-Germain,
né à Paris, élève de MM. Hédé Haüy, Laguil-
lormie et Lolanne.

354 — 1° *Portrait de M. le comte de R.* — Dessin.
354 bis. — 2° *A l'abreuvoir (d'après le groupe de Louis
Lefebvre.* — Dessin.

QUATRELLES (homme de lettres), 83, boulevard
Courcelles, né à Paris, élève de L. Cogniet.

355 — *A deux pas de Pierrefonds.* — Dessin à la plume.

RAVAISSON (Félix), 11, quai Voltaire, né à
Namiur, élève de M. Broc.

356 — *Etudes.* — Dessin.

REHM (Mlle Marie), 75, rue de Vaugirard, née à
Raulle, élève de MM. Carolus Duran et Henner.

357 — *Etude d'après nature.* — Dessin.

REITHOFER (Pierre), 39, rue Centrale, à Lyon.

358 — *Aix-les-Bains et le Bourget.* — Dessin à la plume.
Le Lac de la Tête d'or (environs de Lyon). — Dessin
à la plume.

RÉJEHAN (Stanislas), 10, rue des Beaux-Arts,
né à Lemberg (Galicie), élève de Bonnat, J. et P.
Laurent.

359 — *Dessins pour une illustration de Sapho, par A.
Daudet.* — Dessins.

RELIN (Mme Marie, née Calot), quai d'Anjou, 23,
née à Paris, élève de MM. Levasseur et Charles
Jalabert.

360 — *Le petit chasseur (éventail).* — Dessin.

REMY (Mme Jeanne), 18, boulevard Voltaire à
Paris.

361 — *Portrait de jeune fille de l'île de Walchrer (Pays-
Bas).* — Dessin.

RENARD (Émile), 69, rue Madame, né à Sèvres,
élève de Cabanel et César de Cok.

362 — *Tête d'étude.* — Dessin.

REVERCHON (François), caméiste, 2, rue des Acacias de l'Étoile, né à Meudon (Seine-et-Oise).

363 — *Tête de Gorgone d'après un camée antique, mine de plomb.*

RIBARZ (Rodolphe), 17, rue Duperré, à Paris, né à Vienne.

364 — 1° *Etude d'un Pinastre.* — Dessin.
2° *Une charbonnière dans les montagnes.* — Dessin.

RICHOUX (Pierre-Ernest), 53, rue des Saints-Pères, né à Paris, élève des l'école des Arts décoratifs.

365 — *La lecture diabolique. — Dessin à la plume (d'après Téniers).*

RICOUR (Jean), né à Paris, 12, rue de l'Odéon.

366 — 1° *Germinie Lacerteux à l'hôpital.* — Dessin.
2° *Moutons au parc et au Jardin des plantes.* Id.

RIEDER (Marcel), 109, rue Notre-Dame-des-Champs, né à Thann, élève de M. Cabanel.

367 — *Portrait de Mlle M***.* — Dessin.

RIOU (Edouard), chevalier de la Légion d'honneur, 58, rue Saint-Lazare, né à Saint-Servan (Ille-et-Vilaine).

368 — *Illustrations des Bucoliques de l'Eglogue;* — Dessin sur bois avant la gravure).

RIOTTOT (Adolphe), né à Paris, 21 rue de Saint-Quentin, Paris, élève de M. Fontaine.

369 — *Pont des Béchets.* — Dessin.
Hutte à Chelles. — Dessin.
Pres Pontoise. — Dessin.
Route forêt de Chantilly. — Dessin.
Aux Béchets (Loiret). — Dessin.
Aux Béchets (Loiret). — Dessin.

RISLER (Mlle Ida), 35, rue de Rome, née à Nyon, (canton de Vaud, Suisse), élève de Aubert.

370 — *Portraits et croquis.* — Dessin.

RISLER (Auguste-Charles), 16, rue Duméril, né à Cernay (Alsace), élève de Paul Delaroche.

371 — *Etude d'un enfant.* — Dessin.

ROBIDA (Albert-Jules-Alexis), 1, boulevard de Calais (Argenteuil).

372—*Composition pour l'illustration de Rabelais.*- Dessin.

ROBIQUET (Marie-Aimée), avenue de Villiers, née à Avranches (Manche).

373 — 1· *Derniers jours de Pompéï;—composition.* — Dessin.
373 bis 2· *Fragment de composition.* — Dessin.

ROCH (Mlle Anna), rue Montaigne, née à Paris, élève de Ad. Midy.

374 — *Au Sermon (d'après une aquarelle de Charlet).* — Dessin.
375 — *(Tête d'étude) d'après une aquarelle de Midy.* — Dessin.

ROCH (Mlle Lucie), 17, rue Montaigne, née à Paris, élève de Ad. Midy.

376 — *La vieille femme et l'enfant (d'après une aquarelle de Decamps).* — Dessin.

RODRIGUEZ (Gaston), 6, rue Vavin Paris, élève de M. Allongé.

377 — *La Pierre Rossignol (Anjou).* — Dessin à la plume.

ROI (Piétro), à Venise, né à Vicence (Italie).

378 — *Jeune homme de Venise d'après nature* — Dessin.

ROSIER (Henry), 14, rue du Mouton-Duvernet, né à Paris.

379 — *Au bord de l'étang de Chaville le soir.* — Dessin à la plume.

RUPPALEY (Paul), né à Caen, rue Norvins, Paris, élève de MM. Wust et Pequegnot et de Mlle Baily.

380 — *Casque italien de la Renaissance.* — Dessin.

SAFFREY (Henri), 21, rue Haute à Rueil, né à Montivilliers (Seine-Inférieure), élève de l'école municipale du Havre.

381 — *Le Tréport.* — Dessin.

SAINT-ELME GAUTIER, 148, rue de la Pompe, né à La Rochelle, élève de Gérôme.

382 — *Nature morte.* — Dessin à la plume.

SAINT-FRANCOIS (Léon), 21, boulevard Clichy, né à Clermont (Oise).

383 — *Attente.* — Dessin.
La Source. — Dessin.

SAINTIN (Jules-Emile), 56, rue du Rocher, né à Lerné (Aisne) élève de Drolling, Picot et Leboucher. — H.-C.

384 — *6 portraits d'hommes éminents américains.* — Dessins au crayon.

SAINT-YVES (Louis), né à Givry (Marne), 350, rue Saint-Jacques à Paris.

385 — *Portrait de M. B...* — Dessin.

SALVAIRE (Edouard), palais des Tuileries (pavillon de Flore), né à Alger, élève de Valette.

386 — *Le cap Gris-Nez.* — Encre de Chine.

SANDE LACOSTE (Charles-Elisée vau der) 127, boulevard Saint-Germain, né à Dordrecht (Pays-Bas), élève de A Cabanel et de l'école des Beaux-Arts d'Amsterdam et de Paris.

387 — *Un dur métier.* — Crayon.

SAUBES (Daniel-Léon), 15, rue Cauchois, né à Guiche (Basses-Pyrénées).

388 — *Portrait de M. Puvis de Chavannes, d'après le tableau de L. Bonnat.* — Dessin.

SCHEIDEKER (Paul), 174, rue de la Pompe, né à Manchester, de parents français, élève de Lehmann, Hébert, Olivier, Merson.

389 — *Au nom du roi ouvrez.* — Dessin gouache.
Alchimiste. — Dessin gouache.

SCHEUERMANN (L.), 5, rue Alfred Stevens.

390 — *Esquisses de Tirol.* — Dessins à la plume.

SCHIAFFINO (Eduardo J.), 203, boulevard d'Enfer, né à Buenos-Ayres.

391 — *Portrait (étude).* — Dessin.
Fleurs (étude). — Dessin.

SCHOMOGUE (Pierre-Edouard-Jean-Baptiste, dit Jules, 35, rue Rambuteau, né à Paris.

392 — *Deux paysages.* — Dessins à la plume.

SCHULLER (Carl), 22, rue Turgot, né à Hüssereu (Alsace), élève de Damoye et Benner.

393 — *Fleurs de printemps.* — Crayon.

SCRIBE (Léon-Ovide), rue du Grenier-à-Sel, à Romorantin (Loir-et-Cher), né à Albert (Somme), élève de De Boischevallier, Ingres et Henner,

394 — *La musique (plume)* — Dessin.
Farandole. Florence XVe siècle. — Dessin.

SEGUIN sculpteur, Narbone (Aude).

395 — *Projet de fontaine à Narbonne.* — Dessin.

SEMELLÉ (DE), 21, boulevard de Strasbourg.

396 — *2 Portraits sanguine.* — Dessin.

SERGENT (Lucien-Pierre), né à Massy, 55, avenue des Ternes, à Paris, élève de Vauchelet Pils et J. P. Laurens.

397 — *Combat sur les terrasses (Sfax, 16 juillet 1881).* — Dessin.

SERRET (Charles-Emmanuel), 240, rue Vaugirard, né à Aubenas (Ardèche), élève d'Hippolyte Flandrin.

398 — *Le banc.* — Dessin.
399 — *Petites filles au bord la mer. (Scènes d'enfants).* — Dessin.

SIMON (Mme Jeanne), 1, rue de Pontoise, née à Paris, élève de Mme Thoret.

400 — *Tête d'étude.* — Dessin.
401 — *Portrait de Mlle A.-S...* — Dessin.

SIMONNET (Lucien), 22, rue Oberkampf, né à Paris, élève de Nozal, Lefebvre, G. Boulanger.

402 — *Le Soir.* — Dessin au crayon.
403 — *Villeneuve d'Étang.* — Dessin au crayon.

SOUZA-PINTO (Jose-Julio DE ,134, boulevard Malesherbes, né à l'île Ferceira (Portugal), élève de Cabanel.

404 — *La culotte déchirée.* — Dessin.
     L'hôte inconsolable. — Dessin.
405 — *Après l'ouragan.* — Dessin.

STAUFFACHER (Jean), 166, faubourg Poissonnière, né à Saint-Gall (Suisse), élève de M. Schlatter.

406 — *Eglantines.* — Dessin à la plume.

SYLVESTRE (Joseph-Noël), 7, rue Daubigny, né à Béziers, élève de M. Cabanel.

407 — *Deux études* —

TARROUX (Achille`, 111, rue Daval, né à Fruges (Pas-de-Calais).

408 — *Baigneuse (d'après Tillier).* --- Dessin.

TAUZIN (Louis), 4, Sentier des Pierres-Blanches, Bellevue (Seine-et-Oise), né à Bordeaux, élève de M, Maxime Lalanne.

409 — 1 *Falaises et rochrs à Mers (Seine-Inférieure).* — Dessin.
410 — 2 *La Mersey à Liverpool (Angleterre).* — Dessin.

TAVERNIER DE (Mlle Marthe), 7, rue Baudin, née à Paris, élève de Mme Thoret et de M. Parrot.

411 — *Tête de vieille femme (étude).* — Dessin.

THIOLLET (Alexandre), 16, rue de Chabrol, Paris, né à Paris, élève de Drolling et Robert-Feury,

412 — *Départ des pêcheurs (dessin exécuté à l'encre pour un panneau décoratif).*
413 — *Dessin à la plume, d'après mon tableau du Salon 1884.*

THORNLEY (Georges-William), 25, rue du Cardinal-Lemoine, né à Paris, élève de Sirouy et Eug. Cicéri.

414 — *4 études.* — Dessins.

TIRARD (Anna), 22, rue Cambacérès, née à Paris.

415 — *Portrait de Mlle J. C...* — Dessin.

TOTAIN (Lucien), 31, boulevard de Strasbourg, à Boulogne-sur-Seine, né à Nantes (Loire-Inférieure), élève de l'Ecole municipale des Beaux-Arts de Nantes.

416 — *Souvenir de Lorraine (Ars-sur-Moselle).* — Dessin.

TOUPIÉ (Hippolyte), né à Précy (Oise), 3, rue de Boulogne, à Paris, élève de D. Bergeret et E. Yon.

417 — *L'étang de la Croulaye (dessin à la plume).*

UZÈS (Achille, 23, rue du Château, à Asnières, né à Reims (Marne), élève d'André Gill.

418 — *Femme de Bethléem.* — Dessin.
419 — *Tête de Juif à Jérusalem.* — Dessin.

VAFFIER (Eugène), 1, rue de Seine, né à Paris, élève de Lehmann et Olivier Merson.

420 — *Cartes pour menus.* — Dessins.

VALARCHER (Pierre-Louis), rue Notre-Dame-de-Lorette, 36, né à Paris, élève de Levasseur.

421 — *Portrait de M lle ★★★.* — Dessin.

VALTAT (Louis), 62, rue Duplessis, à Versailles, né à Dieppe.

422 — *Composition: Pêche miraculeuse.* — Dessin.

VANAISE (Gustave), né à Gand (Belgique), élève de l'Académie de Gand.

423 — 1° *Étude d'après nature.* — Dessins.
424   2°   Id.   Id.

VAN LEEMPUTTEN (Frans), rue Vander-Linden, 52, Bruy (Nord), né à Werchter (arrondissement de Louvain).

425 — *Le Ménétrier (de la collection de M. Berendès).* — Crayon noir.

VASSELON (M lle Marie), 71, rue Sainte-Anne, née à Craponne (Haute-Loire), élève de M me Thoret; MM. Carolus-Duran, Henner et Tony Robert-Fleury.

425 — 1° *Portrait.* — Dessin.
426 — 2° *Portrait.*   Id.

VAUTIER (André), 40, rue des Ecoles, né à Paris,
élève de E. Dardoize.

427 — *Six pages d'album.* — Dessins.

VENOT D'AUTEROCHE (Mlle Eugénie), née à Paris,
33, boulevard Clichy, élève de MM. Léon Cogniet, F. Barrias et Lalanne.

428 — *Portrait de M. l'abbé X, chanoine du chapitre
de Saint-Denis.* — Dessin.

VERNIER (Emile), chevalier de la Légion d'honneur, 6, boulevard .de Clichy, né à Lons-le-
Saulnier (Jura), — H. C.

429. — *Un village de pêcheurs en Cornwall.* — Dessins.

430. — *Une mine de cuivre en Cornwall (Angleterre).*

VERTHEIMER (Gustave), 75, boulevard Clichy,
né à Vienne (Autriche).

431 — *Deux études de lions.* — Mine de plomb.

VICQ (Léon), 12, rue Sainte-Marie, Paris, élève
de Bin.

432 — *Rue de l'Abreuvoir, à Montmartre.* — Dessin à
la plume.

VILLARES DECIO, né à Rio-Janeiro, (Brésil), 4
bis, rue des Beaux-Arts, à Paris, élève de M. Cabanel.

433 — *Paulo Malatesta, étude.* — Dessin.

VILLEROY (Maurice), 157, faubourg Saint-Honoré.

434 — *1 panneau.* (Etude pour Samson et Dalila). —
Dessin.

VON PARYS (Mme Gabriel), 12, rue Barge, née à
Paris.

435 — *Élude de tête (Marguerite).* — Dessin.

VORUZ (Mlle Elise), 42, fontaine Saint-Georges,
née à Lausanne (Suisse).

436 — *Portrait à la plume de M. A. V.* — Dessin.
X***

437. — *1º Dessin japonais.*

438. — *2º Dessin japonais.* — Appartenant à M. Bing,
22, rue de Provence.

WAIDMANN (Pierre), 5, rue Pétrarque, né à Re-
miremont (Vosges), élève de Français, Allongé.

439 — *Élude de ronces.* — Encre de Chine.

WALTNER (Charles-Albert), 16, avenue de Breteuil, né à Paris. — H. C.

440 — *Portrait de Mme la marquise d'Ormunde (d'après
J.-E. Millais).* — *Eaux fortes.*
Le Bénédicité (d'après Hunt).

441 — *Régrets éternels.* — Encre de Chine.

WEBER (Théodore), 37, rue des Martyrs, né à
Leipzig (Saxe), naturalisé français.

442 — *1º Bateau de Trouville.* — Dessins.

443 — *2º La chapelle Sainte-Barbe au Faouet, Bretagne.* — Dessin.

WEERTS (Jean-Joseph), chevalier de la Légion
d'honneur, 6, place Vintimille, né à Roubaix
(Nord), élève de Cabanel. — H. C.

444 — *1º Saint Didace en prière.* — Plume.

445 — *2º Moine (étude).*

WIESENER (Pierre-Felix), 24. rue Penthièvre, à
    Sceaux, né à Metz (Moselle), élève de l'école de
    dessin de Metz.

446 — *Lenore (Ballade de Burger).* — Dessin.

WILLETTE (Léon-Adolphe), 79, rue Rochechouart,
    né à Châlons-sur-Marne, élève de Cabanel.

447 — 1º *Le roman de la rose.* — Dessin.
448 — 2º *Deux pages d'amour.*
              (Appartient à M. Bastien).

WILLIAMS (Frédéric-D...), 35 *bis*, rue de Fleurus,
    né à Boston (Etat-Unis).

449 — *La sortie du troupeau.* — Dessin.

WOLF (Benjamin) 62, rue de Turenne, à Paris,
    né à Oberhaguenthal (Alsace), élève de Kelter-
    born, à Bâle.

451 — *La mère de Rembrandt (d'après Rembrandt).*

452 — *Le vieux juif polonais (d'après Rembrandt).* —
        Fumée de chandelle.

WUST (Théodore) 47, rue Blanche, né à Franc-
    fort-sur-Mein, naturalisé, élève de L. Cogniet.

452 *bis* — *Un dessin.*

DEUXIÈME SECTION

FUSAINS

AGASSIS.

453. — *2 Fusains.*

ALLONGE (Auguste), officier d'académie , 83,
rue Notre-Dame-des-Champs, né à Paris, élève
de L. Gogniet.

454. — *Sous les hêtres.*

AMBROISE (Jules-François-Achille), 28, rue Mazarine, né à Paris, élève de Harpignies.

455. — *Les bords de l'Yvette.*

ANGLADE (Jean-Paul), à Montauban (Tarn-et-
Garonne), né à Sauveterre (Gironde), élève de
Corot, à Paris, chez MM. Mary, 26, rue
Chaptal.

466. — *Le bois de Couscheyte (Gironde).*
457. — *L'entrée de Sapiac (Montauban).*

ANNALY (Mme), 14, rue de l'Eglise-Saint-Seurin,
à Bordeaux, née à Bordeaux, élève de Pe-
louse.

458 — *La lande.*

APPIAN (Adolphe), villa des Fusains, à Lyon, né
à Lyon, élève de Corot et de Daubigny.

459. — *Un canal.*
460. — *L'Etang de Frignon (Isère).*

AZAIS (Jean), 194, rue Lafayette, né à Bronque
(Aveyron), élève de Valette et Baron.

461 — *1 Fusain.*

BARABAN (Blanche), à Niort (Deux-Sèvres), née
à la Petite-Pierre (Alsace), élève de Combe-
Velluet, lauréat au concours du journal *Le
Fusain*, avril 1883.

462. — *Un lavoir à Niort.*

BARZAGHI CATTANEO, 7, rue Alfred Stevens,
né à Lugano, canton du Tessin (Suisse), élève de
Flayez et G. Bertini.

463. — *1º Moïse descendant du Mont Sinaï avec les
tables de la loi.*
464. — *2º Jésus-Christ enseignant la foi.*

BEAURY-SAUREL (Mlle A.), 122, avenue de Villiers, née à Barcelonne, élève de MM. Bouguereau, Robert-Fleury, Giacomotti.

465. — *Portrait de M® N. de R.*

BELLEL (Jean-Joseph , chevalier de la Légion
d'honneur, 10, rue Say, Paris, né à Paris, élève
de Justin Ouvrié.

466. — *Les gorges de Montpairon près Chateldon (Puy-
de-Dôme).*
467. — *Etude au fusain faite dans les bois de la Bolle
près Saint-Dié (Vosges).*

BELLENGER (Georges), 28, rue des Ecoles, Paris,
né à Rouen, élève de M. Lecoq de Boisbaudran.

468 — *1 Bigame faux.*
469. — *Berceuse macabre.*

BERTAUX (Henry), 179, rue Saint-Jacques, né à
Paris, élève de M. Rouliet.

470. — *Gros temps à Etretat.*

BERTHELEMY (Emile), 13, rue Berthe, né à
Rouen, élève de L. Cogniet.

471. — *Marine.*

BERTON (Emile), 77, rue de Miromesnil, né à
Chartrettes (Seine-et-Marne), élève d'Allongé,
Delaunay et Puvis de Chavannes.

472. — *1º Crépuscule sur la Seine.*
473. — *2º Le Loing (environ de Moret).*

BILINSKA (Anna), 27, rue de Fleurus, née à Ukraine
(Pologne), élève de Gerson, Tony Robert-
Fleury et Giacomotti.

474. — *Portrait de Mlle N. R...*

BILLOT (Achille), Lons-le-Saulnier (Jura), né à

Sellières, (Jura), élève de MM. Besson, Cogniet Léon, Robert-Fleury, J. Perrault.

475. — *Souvenirs de ma classe de dessin au lycée de Lons-le-Saulnier.*

BOCOURT (Etienne-Gabriel), 21, rue Val-de-Grâce, né à Paris.

476. — *Portrait (d'après Rembrandt).*

BOQUET (Jules), 27, rue Saint-Marc, né à Amiens, élève de M. Lalanne.

477. — *Torrent d'Argelès.*

BOURDIN (Joseph), 110, rue Vieille-du-Temple, né à Paris, élève de Bouguereau, Tony, Robert-Fleury, Gabriel.

478. — *Portrait de M. F***.*
479. — *Portrait de l'auteur.*

BRUN (Frédéric-Guillaume), 55, boulevard Saint-Marcel, né à Lempdes (Haute-Loire), élève de Maillard, de Horsin-Déon et de Courny.

480 — *Le Réveil.*

BURGAT (Eugène), 64, rue de Vouillé, Paris-Vaugirard, né à Manigod (Haute-Savoie), élève de Pils.

481 — *Fusain (d'après Hippolyte Flandrin).*

BURGERS (Henry-Jacques), chevalier de la Légion d'honneur, 17, rue de Larochefoucaud, né à Huisen en Gueldre (Hollande), élève de l'Académie des beaux-arts d'Amsterdam. (H. C.)

482 — 1° *Le Vilain*
      2° *Vue d'Etretat.*

CAHEN (Mlle Rosine), 9, rue Saint-Claude, née à Delme (Meurthe), élève de M. Tony Robert-Fleury.

483 — *Tête d'étude.*

CARRAZ (Emile), 100, rue du Goulet, à Noisy-le-Sec, né à Paris, élève de Lequen et J. André.

484 — *Mare aux fées.*

CARON (M^{mo} Anna), Cirey-sur-Blaise (Haute -
    Marne), élève de M. Lalanne, né à Cirey-sur-
    Blaise.

485 — *Le Moulin de Cirey.*
486 — *Un frêne pleureur.*

CASTEL (Amand-Eugène), 7, rue du Parc, à
    Saint-Mandé, né à Paris, élève de M. Allongé.

487 — *Un sentier dans l'Yonne.*

(Appartient à M. Miroy).

CASTRES (Édouard), chez M. Piguet, 1, rue Nou-
    velle, né à Genève.

488 — *Moissonneur Lombard.*
489 — *Soudanien dansant.*

CESBRON (Mme Élie), à Angers, représentée à
    Paris par M. Forestier, 11, avenue Mala-
    koff. (H. C.)

490 — *Portrait dè M^{mo} F*** (type angevin).*

CHAFFANEL (Eugène), 81, boulevard Montpar-
    nasse, né à Nancy.

491 — *Têtes d'expressions (Etudes).*
492 — *Têtes d'expressions (Etudes).*

CHARLET (Georges), 78, rue Montmartre, né à
    Paris, élève de M. Laporte.

493 — *Portrait.*

CHOPPARD-MAZEAU (M^{mo} Jeanne), 2, rue de
    Mailly, née à Paris, élève de M^{mc} Thoret.

494 — *La Prière (Etude).*

CHRISTOFLE (M^{mo} Marie), 58, rue de Bondy, né
    à Paris, élève de Lalanne.

495 — *Étude.*

(Appartient à M. F. de R.)

496 — *La forêt d'Orthez.*

(Appartient à M^{mo} A. B.)

CORTAZZO (Oreste), 39, boulevard Eugène à
    Neuilly (Seine), né en Italie, élève de M. Bon-
    nat.

497 — *Étude au fusain.*

COTTIN (Pierre), 3, avenue Trudaine, né à Paris, élève de Jazet.

498 — *Un fort ténor.*
499 — *Un cœur en danger.*

CRAMBADE (Mme Anaïs), 25, boulevard Barbès, née à Paris, élève de MM. Tony Robert-Fleury, Galbrun et Lalanne.

500 — *La ferme.*
501 — *Sous bois.*

CRESPELLE (Émile), 42, Grande-Rue à Chateau-Thierry (Aisne), né à Douai.

502 — *Bateaux de pêcheurs à Etretat (fusain).*
503 — *Le petit Italien* (fusain rehaussé de crayon).

DAUMONT (Émile), 6, rue Morère, Paris, né à Montereau (Seine-et-Marne), élève de Courtry.

504 — *Bords de la Seine à Gravon (Seine-et-Marne).*

DELARUE (René), à Valenciennes, élève de E. Delacroix.

504 bis — *Un fusain.*

DEL SARTE (Mlle Marie-Magdeleine), 88, boulevard de Courcelles, né à Paris, élève de Tony Robert-Fleury.
505 — *Portrait de Mme F. D.*

DESJEUX (Mme Emilie), 58, boulevard Montparnasse, né à Joigny (Yonne), élève de Vignal.

506 — *Etude à Fontainebleau.*

DIEN (Achille), 3, rue des Beaux-Arts, né à Paris.

507 — *Après une ondée.*
508 — *Lisière de bois.*

DIXWELL (Anna P.), 1, bis avenue Carnot, née à Boston (États-Unis), élève de Bouguereau, T. Robert-Fleury, Giacomotti.

509 — *Portrait de Mlle B.*** au piano.*

DOILLON-JEANNENEY (Mme Marguerite), rue Georges Genoux, à Vesoul (Haute-Saône), née à Besançon (Doubs) élève de son père, M. Jeanneney.

510 — *Dolmen à Ston-Enge (Angleterre).*
Souvenirs de Franche-Comté.

DONZEL (Charles), 29, rue des Martyrs, né à
Besançon (Doubs).

511 — *Solitude.*

DORNOIS (Albert), 223, faubourg Saint-Honoré,
né à Sévigny (Orne), élève de Maxime Lalanne.

512 — *Bas-relief de l'arc de Titus, (Titus sur un qua-*
drige que Rome conduit, est couronné par la
victoire).

513 — *Bas-relief de l'arc de Titus (cortège triomphal ;*
Juifs prisonniers ; la table des pains de propo-
sition ; le chandelier à sept branches.

DRICKONSKA (Mlle Kasimir), née à Wilna, 139,
boulevard Saint-Michel, élève de Tony Robert-
Fleury.

514 — *Tête d'étude.*

DUBOIS (Eugène), à Dinan (Côtes-du-Nord), né à
Dinan.

515 — *Un mendiant breton.*

DUCARUGE (Léon-Pierre), rue d'Isly, 3, à Saint-
Etienne (Loire), né à La Voute-Chillac (Haute-
Loire), élève de Soulary.

516 — *Dans la Drôme (souvenir de voyage).*

DUVAL (Mme Marie-Joséphine), 72, rue Madame,
née à Paris, élève de Mme Thoret.

517 — *Tête de vieillard (pensionnaire de Bicêtre ; — d'a-*
près nature).

518 — *Tête d'enfant (petit garçon blond, 10 ans ; — d'a-*
près nature).

ELIOT (Maurice), 27, boulevard Clichy, né à Paris,
élève de Bin et Cabanel.

519 — *Une lecture.*

FEYEN-PERRIN, 11, boulevard Clichy, né à Rey-
sur-Seille (Meurthe-et-oselle), élève de L. Cogniet et de Yvon. — H. C.

520 — *Portrait du général Thomassin.*

FOURNIER (Mlle Pauline Marie), 8, rue Cale-Ory,
à Lorient (Morbihan), né à Belley (Ain).

521 — *Les bords de l'Isole.*

FOX (Charles), né à Portland (Etats-unis), 6, rue
    Laromiquière, à Paris, élève de MM. Cabanel et
    Galland.

522 — *Aux montagnes blanches (Etats-Unis).*

GAYRARD (Emile), à Rodez (Aveyron).

522 bis — *Un fusain.*

GEORGET (Jean-Charles), à Farcis-les-Lis, canton
    de Melun (Seine-et-Marne).

523 — *Les bords de la Marne.*

GEBERT (André-Gaston), à Saint-Flour, né à Saint-
    Flour, (Cantal), élève de Karl-Robert.

524 — *Bords de l'Allier.*

GOGUELY (Georges), à Baume-les-Dames né à
    Baume-les-Dames.

525 — *Dans la vallée de la Loue.*

GRADIS (Raoul), 1, rue de Condé, né à Bordeaux,
    élève de MM. Lalanne, et Baudit.

526 — *Chantier à Lormont, près Bordeaux.*

GRAWITZ (Mlle Francine), 19, boulevard de No-
    gent, à Fontenay-sous-Bois, élève de Mlle Ma-
    thilde Villeneuve.

527 — *Etude d'enfant.*

GRIMAUD (Louis-Aimé), 22, rue des Belles-
    Feuilles, à Passy, né à Neuilly, élève de Picot.

528 — *Souvenir de l'ancien parc de Neuilly.*

GRONDARD (Philippe), né à Paris, 35, rue de la
    Boëtie, élève de Paul Soyer et Cormon.

529 — *Tête de jeune fille.*
    Solo.

GUILLON (Adolphe-Irénée, 9, rue Duperré, né à
    Paris, élève de Jules Noël et Gleyre.

530 — *Souvenir de Vezelay.*
531 — *Un chien de temps.*

GUILMARD (Henri), né à Versailles, 5, rue Martin,
    (Ternes-Paris), élève d'Isabey et Véron.

532 — *La Chaumière (Normandie).*

GUTTE (Jean-Baptiste), né à Paris, 3, rue Bara, élève de M. Gérôme.

533 — *Tête d'étude.*

HACQUARD (Timothée-Jules), 15, quai Malaquaïs, né à Fontaine-les-Luxeuil (Haute-Saône), élève de l'école des Arts décoratifs.

534 — *Mon portrait.*

HAVÉ (Mme Marie), 11, r. de Sèvres, née à Paris, élève de Mme Thoret.

535 — *Tête d'étude.*

HENNEQUIN (Charles), né à Charleville (Ardennes), rue Satory, 27, à Versailles, élève de MM. Picot et Schaeffer (Henri).

536 — *Torrent de Vaulonne (Saint-Raphael, Var).*
537 — *Matinée de décembre (Souvenir des Ardennes).*

HESELTINE (Arthur), à Marlotte (Seine-et-Marne), né à Londres, élève de Carolus Duran.

538 — *Tête d'une paysane.*

HEYMANN (Jules), 45, boulevard Saint-Martin, né à Paris, élève de Rapin et Vignal.

539 — *Parc Monceaux.*

HEYMANN (Mme Octavie), 45, faubourg Saint-Martin, née à Paris, élève de Feyen-Perrin, Krug et Rapin.

540 — *Portrait de M. A. M.*
541 — *Portrait de Mlle E. M.*

HOUTEER (Jules), 17, rue de la Marseillaise, à Vincennes, né à Boulogne-sur-Mer (Pas-de-Calais), élève de M. Bétencourt Edouard.

542 — *Dans la vallée heureuse (Environs de Boulogne-sur-Mer).*
543 — *Dans la vallée du Denacre (environs de Boulogne-sur-Mer).*

KRABANS G., à Paris.
544 — *1 fusain.*

IWILL (Marie-Joseph), 11, quai Voltaire, né à Paris, élève de Kurwasseg et Lansyer.
545 — *Anvers.*

KARL (Robert), 22, rue Saint-Augustin, né à Paris,
  élève de MM. Allongé et Mathieu Meusnier.

546 — 1. *Chêne et rochers (forêt de Fontainebleau).*
547 — 2. *L'île des Orties au Bas-Meudon.*

KATOW (Paul de), 10, rue Nollet, né à Strasbourg,
  élève de M. E. Delacroix.

548 — *Une rue de village.*

KOHLER (Mathieu), 2, rue Duperré, né à Nieder-
  bronn (Alsace), élève de l'école des Beaux-Arts
  de Lyon.

549 — *Bords de la Thur (Alsace).*

KOPFF (Hippolyte), capitaine, 16, avenue Tour-
  ville, né à Erstein (Bas-Rhin), élève de M. Allongé.

550 — 1 *Paysage.*
551 — 2 *Paysage.*

KRAFT (Mlle Laurence), 89, rue Legendre, née à
  à Neuilly, (Seine), élève de MM. Krug et Feyen-
  Perrin.

552 — *L'Abandonnée.*

LAFOND (Paul), né à Rouen (Seine-Inférieure),
  6, rue du Lycée à Pau, élève de Butin et
  Rouart.

553 — *Un coin de mare en hiver (Béarn).*

LAGODERIE (Mlle Marie), 8, rue de la Banque,
  née à Paris, élève de Mme Thoret.

554 — *Portrait de Mlle H.*
555 — *Portrait de Georges J.*

LALANNE (Maxime), né à Bordeaux, 74, rue Lafayette, à Paris, élève de Jean Gigoux.

556 — *Parc de Beauregard, à Villeneuve-St-Georges.*
557 — *Maquette du dessin de Bordeaux (vue prise de la
  Bastide).*

LARTURIÈRE (Ernest de), 63, boulevard Arago,
  né à Mortain (Manche).

558 — 1° *Portrait.*
559 — 2° *Étude.*

LAURENT-GSELL (Lucien), 23, rue du Montparnasse, né à Paris, élève de Cabanel.

560 — 1° *La lecture.*
561 — 2° *L'atelier cabanel à l'école des Beaux-Arts.*

LAZERYES (Jean-Raymond-Hippolyte), 37, rue Fontaine, né à Narbonne (Aude), élève des Bouchot. — H. C.

562   *Femme étude.*

LE CERF (Eugène), 50, quai des Orfèvres, né à Cherbourg (Manche), élève de Karl-Robert et Allongé.

563 — *Le Pont du Moulin (environs de Saint-Brieuc).*
564 — *La Pointe d'Omonville (Manche).*

LE CLERC (Mlle Anaïs), 7, rue Charlot, élève de de Mme Thoret et M. Bouvart.

565 — 1° *Portrait de vieillard.*
566 — 2° *Portrait d'un petit garçon.*

LECOINDRE (E), 33, rue Dauphine, né à Toulouse (Haute-Garonne), élève de Cabanel.

567 — 1° *Croquis.*
568 — 2° *Portrait de l'auteur.*

LE COMTE DU NOUY (Jean), 20, boulevard Flandrin, né à Paris, élève de Gérome et Signol.

569 — 1° *Suite d'Études au fusain.*
570 — 2° *Etude de femme.*

LEFEBVRE (Gabriel-Albert-Marie), 28, rue Leregrattier, né à Chartres (Eure-et-Loir), élève de Guillemet.

571 — 1° *L'Oise à Anvers (Seine-et-Oise).*
572 — 2° *La Côte de Grâce près Vilerville (Calvados).*

LE MAINS (Gaston), 20, rue de l'Odéon, né à Tours, élève de Lehman,

573 — *La fille du pêcheur.*

LEMAIRE (Mlle Camille), 229, faubourg Saint-Honoré, née à Evreux (Eure), élève de Maxime Lalanne.

574 — 1° *Vallée d'Auge*
575 — *Bords de la Litoire (Dordogne).*

LEMOINE - MONTIGNY (Auguste - Anne - Didier),
19 *bis*, rue Fontaine, né à Paris, élève de Boulanger et Lefebvre.

576 — 1° *Tête d'enfant.*
577 — 2° *Une mare en forêt.*

LEPELTIER (Auguste), à Luçon, 26, place des
Acacias.

578 — *Pont et Canal de Bristol.*

LEROUX (Constantin), 13, rue Ravignan, né à
Paris.

579 — *Portrait de mon ami C. M.*

LESSIEUX (Louis-Ernest), 78, rue des Fonderies,
à Rochefort-s/-Mer, né à La Rochelle, élève de
Maxime Lalanne.

580 — 1° *La Porte du Jugement à l'Alhambra de Grenade.*
581 — 2° *Souvenir du Généralife à Grenade.*

LOPÈS-SILVA (Lucien), 25, rue Condorcet, né à
Paris, élève de J. Lefebvre, Pelez, Maignan.

582 — *Intérieur de buanderie.*

LOROSTAAT-CHADWICK (Mme Emma), à Grez,
par Nemours (Seine-et-Marne).

MAHEO (Théophile-Jean-Marie), né à Dinan (Côtes-
du-Nord), à Morlaix, élève de MM. Jaegher et
P. Saint-Germain.

583 — 1° *Rivière de Huelgoat (Finistère).*
584 — 2° *Coupe de bois au Vieux Châtel près Morlaix
(Finistère).*

MANGIN (Marcel), né à Cherbourg (Manche
élève de MM. Harpignies, Jean-Paul Laurens

585 — 1° *Rochers à Capri.*
586 — 2° *Portrait de M. M...*

MARQUET (Gaston), 60, rue de Clichy, né à
Paris, élève de Bin.

587 — *Fileuse de laine.*

MARTIN (Alfred), 13, place Dauphine, né à
Lorient (Morbihan, élève de MM. Allongé et
Karl Robert.

588 — *Bords du Gouet (Côtes-du-Nord).*

MARTIN (Charles), 27, faubourg saint-Jacques, né
à Paris.

589 — *Chapelle du Brécy (Calvados)*

MATERNE (Georges), 20 avenue Trudaine, né à
Strasbourg, élève de M. Maxime Lalanne.

590. — *Vue de Trouville.*

MELAYS (Francis), 28, avenue Carnot, né à Rouen,
élève de MM. Allongé et Karl Robert.

591 — *Étang dans le parc d'Ivry (Seine).*

MERLIN (Daniel Duc Desiré), 42, rue Lemercier,
né à Audigny (Aisne), élève de J.-Paul Laurens.

592 — *Le Retour.*

MERTENS (Mlle Fernande De), 66, boulevard Notre-
Dame, à Marseille, née à Bruxelles, élève de
T. Robert-Fleury.

593 — *Souvenir de lui.*

MICHON DEL CAMPO (Mlle Jeanne), née à Melun,
129 boulevard Saint-Michel, élève de Mme Thoret.

594 — *1° Une chaumière à Criquebœuf.*
595 — *2° Portrait de M***.*

MIRIEL (Gilbert-Emile-Alfred) 15, rue du Chateau
à Brest, né à Brest.

596 — *Fusain (Paysage au).*

MONTARGIS (Pierre), 6, rue Boissonnade, né à
Paris, élève de M. Allongé.

597 — *Aux champs.*

MOREAU - NELATON (Etienlne), 73, faubourg
Saint-Honoré, né a Paris, éève de Harpignies
et A. Maignan.

598 — *1° Jané (portrait).*
599 — *2° Un tisserand.*

MOREL (Hippolyte), 28, avenue du Chemin de
Fer, à Reuil (Seine-et-Oise), né à Glasgow
élève de l'Académie de Glasgow.

600 — *1° Une vue de Paris.*
601 — *2° La rue Nausouty, à Montsouris.*

NEUHUYS (Alb.).

602 — *Fusain.*

NIEDERHAUSERN (François), à Mulhouse, né à Yverdon (Suisse).

603 — 1° *Torrent de Maderenthal. (Le pas difficile.)*
604 — 2° *En arrêt.*

NOBILLET (Auguste-Michel), 8, rue Nouvelle, né à Vitré, élève de Vernier (Emile).

605 — *Roses dans l'eau.*

ORANGE (Ernest), au Cateau Nord), né à Boulogne-sur-Mer (Pas-de-Calais), élève de MM. Bonnefoy et Colas.

606 — *Solitude (forêt de Mormal).*

OSBERT (Alphonse), 9, rue Alain Chartier, né à Paris, élève de MM. Lehmann, Bonnat, Cormon.

607 — *Etude de tête pour une fileuse.*

PAILLARD (Victor), 11, passage de la Visitation, né à Heudicourt (Eure), élève de M. Allonge.

608 — *Sous bois.*

PARFOURRU (Louis-Georges de), 94, boulevard Vaugirard, né à Caen, élève de Allongé.

609 — 1° *Environs de Cabourg.*
610 — 2° *La statue.*

PARIS (Alfred), 18, rue Nicole, né à Tarbes (Hautes-Pyrénées).

611 — 1° *Marine.*
612 — 2° *Portrait de M. L...*

PIAUD (Mlle Suzanne), 44, rue de Verneuil, née à Sahurs (Seine-Inférieure), élève de MM. Maxime Lalanne et P. Zacharie.

613 — 1° *Lecture chez le savetier.*
614 — 2° *Le souper.*

PIERDON (François), 17, rue Crussol, né à Saint-Gerand le Puy (Allier), élève de l'école de Moulins.

615 — *Matinée sur les bords de l'Abime dans l'Yonne.*

PILLARD (Mlle Elisabeth), 5, rue de l'Arbre-Sec,
né à Paris, élève de l'École nationale de Dessin,

616 — *Portrait de Mlle A.-P.*

PIOT (Jean Marie-Alphonse), 5, rue Bonaparte,
né à Paris, élève de Allongé.

617 — *Lac des Quatre-Cantons (vue prise de Brunnen
(Suisse).*

PLANTADE (Joseph), à La Villedieu du Temple
(Tarn et Garonne), né à Moissac (Tarn-et-Garonne).

618 — *Paysage.*

PRADEL (Michel), 4, impasse des.Lilas, Lyon, né
à Lyon, élève de Appian.

619 — *Rivière à Montalieu.*
620 — *Lac de Nantua.*

QUINCHEZ (Othon), à Wissous, par Antony (Seine),
né à Dunkerque, élève de MM. Lami et L. Cogniet.

621 — *Au bois de Convau-le-Louvard.*

RAFFIN(Louis Emile), 11, rue de l'Estrapade, né
à Paris.

622 — *Bords de la Bièvre à l'aqueduc d'Arcueil.*
623 — *L'Yvette, à Orsay.*

RASTOUX (Jules), 12, rue de l'Écluse, à Nîmes,
élève de Lalanne, Allongé, Appian.

624 — *Bords de Chanzac, près du Vans (Ardèche).*

REGAMEY (Félix), né à Paris, 8, rue de Solférino,
élève de M. Lecoq de Boisbaudran.

625 — *Le Serment.*

RELIN (Eugène), quai d'Anjou, 23, né à Béziers
(Hérault), élève de Ch. Jalabert.

626 — *Un Vagabond.*

RENIÉ (Jean Emile), 29, rue Singer (Paris), né à
Paris, élève de Th. Rousseau.

627 — *Matinée d'octobre en forêt (Bellecroix), forêt de
Fontainebleau.*

REY (Mlle Thérèse), née à Lausanne (Suisse), 90, rue d'Assas, à Paris, élève de Mercié et Rodin.

628 — *Une sainte soignant les martyrs.*

RIBARZ (Rodolphe), 17 rue Duperré, à Paris, né à Vienne (Autriche).

629 — *Ferme hollandaise.*

RICHARD - LAGERIE (Mlle Marie-Justine), 38, rue Fabert, né à Paris, élève de Mme Thoret.

630 — *Tête d'étude.*

RIGOLOT (Albert), né à Paris, 25, rue Brézin, élève de M. Allongé.

631 — *L'Indre à Tranger.*

ROBERTY (Georges), 45 rue d'Enghien, né à Paris, élève de G. Boulanger, Lefèbvre, et Morice.

632 — *Étude.*

ROBLEN (Mme Julia), 25, 26, rue Petit-Musc, née à Paris, élève de Mathilde Villeneuve.

633 — *Un portrait.*

SAINT-FRANÇOIS (Léon), 21, boulevard Clichy, né à Clermont (Oise).

634 — *Brumaire.*

SEIGNETTE (Armand), 2, rue de Calais, à Paris.

635 — *Paysage.*

SIMON (J.-B. Léon), 203, rue Saint-Honoré, né à Metz, élève de Migette.

636 — *Un sentier dans les roches (Étude).*
637 — *Études d'arbres. (avril).*

STORM VAN'S GRAVESANDE (Charles), à Bruxelles, 195, rue du Trône, né à Bréda (Pays-Bas).

638 — *Les Rietlanden (environs d'Amsterdam).*

TEYSSONNIÈRES (Pierre), 40 rue des Martyrs, né à Albi, élève de son père.

639 — *Près Saint-Yriex.*

THIBAULT (Mlle Pauline), 42, boulevard Magenta, née à Paris, élève de M. Maxime Lalanne.

640 — *L'Etang.*

TOUVENAINT (Marie), 14 rue des Murs de la Roquette, née à Metz, élève de Maxime Lalanne.

641 — *Sous bois (Vosges).*
642 — *Souvenir de Creuilly (Calvados.)*

TROLL (Jules), Bâle, Hardstrasse, 60, né à Genève .

643 — *Matin (dans le Jura).*
644 — *Soir d'été.*

TUYER (Louis-Edmond), 12, rue Hippolyte-Lebas né à Magny (Seine-et-Oise).

645 — *Sous bois.*

VALETTE (Louise), à La Modethaye-Longué née à Saumur.

646. — *Le Vivier, près Niort* (Deux-Sèvres).

VALTON (Edmond), né à Paris, 49, boulevard Richard-Lenoir, élève de M. F. Fossey et de Couture.

647 — *L'Auberge du Commerce, à Alençon.*

VAN LEEMPUTTEN (Frans), 52, rue Van der Linden, Bruxelles-Nord, né à Werchter (arrondissement de Louvain).

648 — *Le Journal.*

VAUTHIER (Pierre-Louis-Léger), né à Pernambouc (Brésil), 18, rue Molitor (Auteuil), Paris.

649 — 1° *Crue de la Seine au quai de la Rapée.*
650 — 2° *Un coin de quai au Havre.*

VELAY (Amédée-Joseph), 23, rue du Cherche-Midi, né à Laval (Mayenne), élève de Maxime Lalanne, A. Therst et E. Dardoize.

651 — 1. *Dans le bois de Clamart.*
652 — 2. *Les bords du Vicoin.*

VERWAEEST (Mme Berthe), 169, rue Saint-Jacques, née à Paris, élève de M. Lalanne.

653 — *La plage d'Arromanches, marée basse.*

VICQ (Léon), 12, rue Sainte-Marie, Paris, élève de
Bin.

654 — *Etude à la lampe.*

VIGNAL (Pierre), 45, rue de Babylone, né à Bordeaux, élève de Maxime Lalanne.

655 — 1. *Saint-Malo marée basse.*
656 — 2. *Retour du parc aux huîtres (Arcachon).*

VILLENEUVE (Mme Mathilde-Louise), 27, rue de
la Villette, née à Paris, élève de l'Ecole nationale
et de G. Leroux.

657 — 2 *Etudes d'après nature.*

VOUZELLE (Mlle Jeanne), née à Limoges, avenue Foucaud, 8, à Limoges.

658 — *Marguerite (portrait).*

GRAVURES

ALLEMAND, 242, boulevard Saint-Germain, né à Lyon, élève de son père et de MM. Cabanel et Harpignies.

659 — *Gravure à l'eau-forte (d'après le tableau du Louvre).*

Les Moulins par Hobbema.

APPIAN (Adolphe), villa des Fusains, à Lyon.

660 — *Eaux-fortes.*

AUFRAY DE ROC-BHIAN (Alphonse-Edouard). 11 bis, rue des Couronnes (Asnières), né à Paris; — eau-forte.

661 — 1ʳ *Chaumières normandes ;*— eau-forte.

662 — 2° *Dessous de Forêt ;* — eau-forte.

AUSBOURG (Louis) (d'), 3, quai Voltaire, chez M. Prevost, né à Saint-Pierre (Martinique), élève de l'école des Beaux-Arts.

663 — *Portrait de M*ᵐᵉ ⁎⁎⁎; — Lithographie.

BAHUET (Alfred-Louis), rue Censier, né à Paris, élève de Hebert et O. Merson.

664 — 1° *La Captive (d'après Gustave Boulanger) ;* — lithographie

665 — *Portrait de Jean-Paul Laurens (d'après lui-même);* — lithographie.

BASTARD (LÉON), 11, rue Poulet, né à Paris.

666 — *Entrée de Carrière;* — lithographie

BAUDE (CHARLES), 105, rue Notre-Dame-des-Champs, né à Paris, élève de Guillaume.

667 — 1° *Etude (d'après Ribot);* — gravure.

668 — 2° *Etude (d'après Rembrandt). — Portrait de sa mère, exposé au musée de l'Ermitage. — Saint-Pétersbourg ;d'après une photographie de Braun et Cie; Gravure sur bois.*

BELLENGER (CLÉMENT), 8, rue Crébillon, né à Paris, élève de Albert et Georges Bellenger et Daniel Vierge.

669 — 1° *Les Bûcherons (d'après un fusain de Lhermitte;* — Gravure sur bois.

670 — 2° *Bordeaux (d'après un fusain de Maxime Lalanne);* — gravure sur bois.

BERTHELEMY (EMILE), 13, rue Berthe, né à Rouen, élève de L. Cogniet.

671 — *Trois gravures eau-forte.*

BESNARD (ALBERT-PAUL). 17, rue Guillaume-Tell,

672 — 1° *Etude de femme lisant;* — eau-forte.

673 — 2° *Morte;* — eau-forte.

BIGOT (GEORGES), 278, rue Saint-Jacques, né à Paris, élève de Buhot et Gérôme.

674 — 5 *Sujets japonais;* — eaux-fortes

BILLY (DE) (CHARLES-BERNARD), 13, rue de Chevreuse, à Issy (Seine), élève de Yvon et Boilvin.

675 — 1° *L'Aurore (d'après la statue de Delaplanche;* — eau-forte.

676 — 2° *Les Odalisques au bain (d'après le tableau de Gérôme);* — eau-forte.

BOCOURT (Etienne-Gabriel), 21, rue du Val-de-Grâce, né à Paris.

677 — 1 *Ingres* ; — eau-forte.
678 — 2° *Daniel Vierge* ; — eau-forte.

BOILEAU (Alexandre), 30, rue Chevert, né à Paris, élève de Maurice Valette.

679 — *Allégorie (d'après Louis Leloir)* ; — gravure sur bois.

BOILVIN (Emile), 5, rue des Beaux-Arts, né à Metz (Alsace-Lorraine), élève de Pils et de M. Hédouin. — H. C.

680 — 1° *Un cadre de 10 gravures à l'eau-forte pour une illustration des poésies de Coppée (composition du graveur)* ; — eau-forte.
681 — 2° *Les Bibliophiles, (d'après une aquarelle de Fontany;* — eau-forte.

BOISSON (Léon), 92, rue d'Hauteville, ne à Nîmes (Gard).

682 — *La Belle Ferronnière (d'après Léonard de Vinci);* — gravure sur bois.

BOUASSE (Mlle Francine), 3, rue Garancière, née à Paris, élève de Christophe.

683 — 1 *Portrait de M. B**** ; — gravure.
684 — 2 *Un Coin d'atelier ;* — gravure.

BRUX (Mme Ve Olympe), officier d'académie, professeur à l'École nationale de dessin pour les jeunes filles, 115, rue Cherche-Midi, née à Paris, élève de Mlle Laisne et M. Pisan.

685 — 1° *Invalides jouant aux boules, d'après Gustave Doré;* — gravure sur bois.
686 — 2° *Huit gravures pour* Rabelais :
Deux gravures pour Tour du Monde;
Un dessin pour Capitaine Fracasse.

BURNEY (François-Eugène), 35, rue de Vaugirard, né à Mailley (Haute-Saône).

687 — 1° *Portrait de Mgr de Ségur, d'après Gaillard* — eau-forte

687 *bis* — 2° *Portrait d'Innocent X (d'après Vélasquez);* eau-forte,

CARBONNIER (Paulin, 51, rue de Paradis, né à Paris, élève de MM. Hliongé, Harpignies, Lalanne.

688 — *Monuments de Caen ; pour une publication de la ville de Caen.*

CHAIGNEAU (FERDINAND), 147, boulevard Malesherbes, né à Bordeaux, élève de Brascassat.

689 — Eaux-fortes.

CHAPON (LÉON-LOUIS), 63, rue Belliard, né à Paris, élève de Trichon et de l'École des Beaux-Arts.

690 — 1° *Quand même ! (d'après le groupe d'Antonin Mercié)* ; — gravure eur bois.

691 — 2° *La Nuit de Noël (composition et dessin de E. Morin)* ; — gravure sur bois.

CHAUVEL (THÉOPHILE), 55, avenue de la Grande-Armée, né à Paris, élève de Picot, Aligny et Bellel. — H.-C.

692 — *Le Lac (d'après Corot)* ; — gravure eau-forte.

CHAUVET (LÉONCE-LOUIS), 13, rue Montparnasse, né à Paris, élève de son père et M. Lachaise.

693 — *Un Coin de forêt au Mexique ;* — eau-forte.

CHOLET (JEAN-ANTOINE), 5, rue Lamartine, né à Rosières-aux-Salines (Meurthe-et-Moselle), élève de Leborne, Dubois et Picot.

694 — 1° *Portrait de Victor Hugo;* — lithographie.

695 — 2° *Portrait de Marie Magnier ;* — lithographie.

COBLENTZ (LÉONCE), 48, rue Larochefoucauld), né à Nancy.

696 — 1 *Les Filles du marquis de la Verpillière ;* — miniature sur ivoire.

697 — 2 *Portrait de Dumont, miniaturiste ;* — miniature sur ivoire.

COINDRE (JEAN-GASTON), né à Besançon (Doubs), 10, rue Chanoinesse, à Paris.

698 — *Vue de Salins-les-Bains (Jura);* — eau-forte.

CUISINIER (Edmond), 52, boulevard Saint-Marcel, né à Perpignan, élève de M. Bouguereau.

699 — 1 *Une Dame* ; — gravure.
700 — 2 *Une Femme d'Alger et une Dame* ; — gravure.

DAUMONT (Émile), 6, rue Morère, Paris, né à Montereau (Seine-et-Marne), élève de Courtry.

701 — 1° *En pays chartrain (d'après Legé), pour le Livre d'or. (Jouaust, éditeur* ; — gravure.
701 bsi 2° *Karnée (Finistère), carte de visite.*

DELIERRE (Auguste), 204, boulevard Saint-Germain, né à Paris, élève de Cabat, de l'Institut, Gaucherel et Lalauze.

702 — *Un cadre contenant 21 eaux-fortes du 1er Livre pour une illustration inédite des Fables de Lafontaine.*

F. DEPOLLIER (aîné), 55, rue des Plantes, né à Genève (français).

703 — 1° *On ne s'avise jamais de tout* ; — gravure au burin
704 — 2° *Le faucon.*   Id.

DESMOULIN (Fernand), 98, rue Lafontaine (Auteuil), né à Javerlhac (Dordogne).

705 — *Trois portraits : V. Gélin, Monselet, Chevreul ; — eau-forte.*

DÉTÉ (Eugène), 24, rue Tombe-Issoire, né à Valenciennes (Nord), élève de ∴ Smeeton Thly.

706 — *Souvenirs d'un voyage en Bessarabie* ; — gravure sur bois.

DIDIER (Adrien), chevalier de la Légion d'honneur, boulevard Montparnasse, 114, né à Gigors (Drôme), élève de Vibert, Flandrin et Henriquel.

707 — 1° *La Justice, d'après Raphaël* ; — gravure.
708 — 2° *La Vierge au coussin vert, d'après Solario* ; — gravure.

DUBOUCHET (Henry-Joseph), 5, rue Littré, né à Lyon, élève de Vibert. H. C.

709 — 1° *Gravure au burin, d'après Baudry, décoration du foyer de l'Opéra. — Sujet : Le Rêve de Sainte-Cécile* ; — gravure.

710 — *2° Trois eaux fortes pour l'illustration des romans de Mme de Tencin. (Quentin, éditeur)*; — gravure.

Mᵐᵉ DUVIVIER (CLAIRE), née Thomas, née à Vittel (Vosges), 10, rue Pernetty, élève de Emile Thomas.

711 — *1° Misère (d'après le Tableau de Thévenot. Monde illustré)*; gravure.

712 — *2° Gravure sur bois (d'après un dessin de A. Duvivier, pour la Saint-Louis). (Mame éditeur)*; — gravure.

ELSEN (ALFRED), 7, rue de la Justice, à Anvers, né à Anvers, élève de Lamorinière.

713 — *1° Bois de bouleaux*; — gravure.

714 — *2° Forêt de Fontainebleau*; — gravure.

FANTIN-LATOUR (HENRI), chevalier de la Légion d'honneur, 8, rue des Beaux-arts, à Paris, né à Grenoble (Isère), élève de son père et de M. L. de Boisbaudran.

715 — *1° Bouquet de roses*; — lithographie.

716 — *2° Rinaldo de J. Brahms*; — lithographie.

FLAMET (JACQUES-MARIE-EUGÈNE), 168, rue Saint-Martin, né à Paris, élève de Paul Delaroche, Achille Martinet et de Henriquel.

717 — *1° Jésus portant sa croix (d'après le tableau de Lesueur du musée du Louvre)*; —gravure au burin.

718 — *2° A la Cave (d'après une gouache de Gueverdo*; —gravure au burin.

FOREL (ALEXIS), 6, rue Furstemberg, né à Morges (Suisse), élève de Lefebvre, Boulanger.

719 — *1. La Cathédrale de Lausanne*; — eau-forte.

720 — *2 L'Abside de Notre-Dame.*   Id.
   Un grand chien en prairie.   Id.
   Une ferme vaudoise.   Id.
   La Grue du quai d'Orsay.   Id.

FORMSTECHER (Mᵐᵉ HÉLÈNE), 27, rue Latour-d'Auvergne), née à Paris, élève de Ed. Frère et Laguillermie.

721 — *Les Rivales (d'après W. Ollivier)*; — eau-forte.
    (Appartenant à M. B. Brooks)

FOULQUIER (Valentin), 46, rue Prony, né à Paris.

722 — 1. *L'auberge de Legouvé, cap de la Hague;* — gravure.

723 — 2. *Type de Scapin;* — gravure.

FROMENT (Eugène-Jacques), chevalier de la légion d'honneur, 83 *bis*, rue Notre-Dame-des-Champs, né à Paris, élève de M. Amaury Duval.

724 — *La Pêche;* — gravure.

GAILLARD, 54, rue Madame, né à Paris, élève de L. Cogniet. H. C.

725 — *2 gravures.*

GAREN (Georges), 6, avenue Bosquet, né à Paris, élève de Boussard.

726 — *Le nouveau hall du comptoir d'escompte (pour le* Moniteur des architectes*); eau-forte.*

GAUCHEREL (Léon), 18 bis, rue de la Glacière, né à Paris, élève de Viollet-le-Duc. H. C.

Venise (d'après Turner); — gravure.

GAUTIER (Lucien-Marcellin), rue Linné, 3, né à Aix (Bouches-du-Rhône, élève de L. Gaucherel,

727 — 1. *Abside de Notre-Dame-de-Paris;* — gravure.
2. *La Chaumière.* Id.
Le Canal (d'après Corot). Id.
Appartient à M. Paul Déroulède.

GÉRY-BICHARD (Adolphe-Alphonse), 3, boulevard Arago, né à Rambouillet (Seine-et-Oise), élève de Pils et de MM. Gaucherel et Hédouin.

728. — 1. *Plus rien (d'après Josef Israëls);* — gravure.
2. *Sganarelle — Don Garin de Navarre — L'École des femmes (d'après Jacques Léman);* — gravures.

GILLARD (Paul), 54, rue de Verneuil.

729 — *1 Eau-forte.*

GUÉRARD (Henri), né à Paris, 15, rue Bréda.

730 — 1° *Vase à vin en argent, musée de Dresde. Epée italienne (Coll Spitzer); Aiguière d'or (Coll. Thiers);* — eaux-fortes.

730 bis 2° *Attendant le pilote;*
    Le pont de Westminster;
    Retour de pêche; — eaux-fortes.

HUET (René-Paul), 64, rue d'Assas, à Paris, élève de Paul Huet et fils.

731 — 1° *La Saulaie (d'après Corot, pour les* Cent chefs-d'œuvre); — eau-forte.
    Le Ruisseau (d'après Corot, pour les Cent chefs-d'œuvre); — eau-forte.
    Bord d'un étang; — eau-forte.
    2° *Cromwell devant Charles Ier (d'après Eugène Delacroix).*
    Vallée de la Toncque (d'après Troyon, pour les Cent chefs-d'œuvre); — eau-forte.

JACQUE (Charles-Emile), 73, boulevard Clichy. — H. C.

732 — 1° *Intérieur de bergerie;* — eau-forte, tirée à 100 exemplaires (planche détruite).
733 — 2° *Daphnis et Chloé;* — eau-forte, tirée à 100 exemplaires (planche détruite).

JACQUET (Achille), 85, avenue des Ternes, né à Courbevoie (Seine), élève de Henriquel-Dupont et Pils. — H. C.

734 — 1° *Pieta (d'après M. Bouguereau);* — gravure au burin.
735 — 2° *Ophélie, Février et Octobre (d'après M. Cabanel;* — gravure au burin.

JACQUET (Jules), chevalier de la Légion d'honneur, né à Paris, 57, avenue de la Grande-Armée, élève de Henriquel Dupont. — H. C.
736 — *1814 (d'après Meissonier);* — gravure au burin.

JASINSKI (Félix), 7 rue Chomel, né à Zabkow (Pologne), élève Le de Rat.
737 — *Portrait;* — eau-forte.

KEMPLEN (Auguste), 1, place Villiers, à Levallois, né à Paris, élève de son père.
738 — *La leçon de Bébé (d'après le tableau de R. Diaqué).* gravure.

KRATKÉ (Louis), né, à Paris, 18, avenue de Breteuil, élève de Gérôme et Waltner.

739 — *La Mare (d'après Th. Rousseau)* ; — eau-forte.
(Appartenant à M. G. Petit).

LACROIX (Tristan), 55, rue du Cherche-Midi, né à Cahors (Lot).

740 — *Fantaisie sur Périgueux* ; — lithographie.

LAGUILLERMIE (Frédéric-Auguste), chevalier de la Légion d'honneur, né à Paris, rue Robert Estienne, 74, élève de Flameng.

741 — 1° *Le massacre de Scio (eau-forte, d'après Delacroix).*
2° *Les deux familles (eau-forte, d'après Munkacsy).*

LALANNE (Maxime), 74, rue Lafayette, né à Bordeaux. — H.C.

742 — 1° *2 épreuves à l'eau forte Clair de la Lune (d'après Daubigny);*
2° *Soleil couchant (d'après Daubigny);* — eau-forte.

LALAUZE (Adolphe), 29, quai Bourbon, né à Rive-de-Gier (Loire), élève de Gaucherel. — H.C.

743 — *Un cadre de huit eaux-fortes, d'après les pastels de Latour. (Musée de Saint-Quentin) :*

Mme de Mondouville.
Jean-Jacques-Rousseau.
Latour.
La Reynière.
Louis XV.
Mme de Pompadour.
Mlle Fel.
Mme Favart.

LAMOTTE (Alphonse), à Chaville (Seine-et-Oise), né au Hâvre, élève de Henriquel-Dupont. — H. C.

744 — *Les noces d'argent (d'après Adrien Moreau).*
Mignon (d'après Jules Lefebvre).
Revenda, (d'après Léopold Robert.
La source (d'après Munier).

(Gravures au burin).

LEMAIRE (Emile), né à Paris, 144, boulevard Montparnasse, élève de Ruhfel.

748 — *La sortie du bateau;* — gravure.

LE RAT, (Paul-Edme), 42, boulevard Montparnasse, né à Paris, élève de Lecoq de Boisbaudran et Léon Gaucherel. — H. C.

749 — *Un cadre 3 portraits;* eau-forte.

LEROY (Alphonse), 31, rue du Marché, à Levallois, né à Lille (Nord). — H. C.

750 — *La toilette de Vénus (peint par Titien);* gravure.

LESUEUR (Xavier-François), 20, rue Jacob, né à Paris, élève de Urbain Boupgeois, Champollion, Henriquel, Dupont et Cabanel.

751 — *Portrait de A. T...;* eau-forte.
   —   Id.   e *J. M...:* eau-forte.

LETERRIER (Paul), né à Gesvres (Mayenne), 6, rue d'Estrée à Paris, élève de M. Waltner.

752 — 1° *Lac de gardes (d'après Corot);* eau-forte.
   (Appartient à MM. Goupil et Cie).

   2° *Le retour du marché (d'après Troyon);* eau-forte.
   (Appartient à MM. Arnold et Tripp.)

LETOULA (Jules), 97, boulevard Saint-Germain. né à Paris, élève de M. Jules Laurent.

753 — 1° *Portrait de M. Hittorff (Lithographie).*

754 — 2° *Mort de Chramm (d'après Luminais). — Lithographie.*

LEVY (Gustave), 21, rue Trévise, Paris, né à Toul (Meurthe et Moselle), élève de Léon Cogniet. (H. C).

755 — 1° *Mélodie, gravure un burin (d'après le tableau d'Hébert).*

756 — 2° *Message, gravure au burin (d'après le tableau de Cabanel).*

LOUVEAU-ROUVEYRE (Mme MARIE), 3, rue du Battoir, née à Paris, élève de L. Flameng, Laguillermie, Carolus Duran.

757 — 1º *Mlle Sabine Carolus Duran (d'après Carolus Duran) ;* — eau-forte.

758 — 2º *La veille d'une exécution capitale à Rome (d'après M. Santai) ;* — eau-forte.

LOWSMTAM (LÉOPOLD), 4, Wells Road North gate Regents Park à Londres, né à Amsterdam, élève de M. Kaiser.

759 — 1ª *Réflexions eau-forte (d'après J. D. Linton, président de l'Institut de peinture à Londres*

760 — 2º *Portrait de Lord Randolph Churchill (m. p.)*

MANCHON (GASTON-ALBERT), 76, rampe Bouvreuil, à Rouen, né à Rouen, élève de Louis Lucas, Paul Baudouin.

761 — *Eau-forte (d'après Corot).*

MANESSE (GEORGES), 29, rue de l'Abbé Grégoire, né à Rouen, élève de M. Champollion.

762 — *Eaux-fortes d'après M. H. Pille.*

MANIGAUD (CLAUDE-JEAN), 218, avenue du Maine, né à Paris, élève de François Girard.

763 — *Abandonnés (d'après Bruck Lajos);* — gravure.

MARC TIBURCE (DE), 6, rue des Fossés-Saint-Bernard, né à Paris, élève de F. Gaillard.

764 — 1º *5 gravures pour une histoire de l'art en Italie;* — Gravure.

765 — 2º *gravures d'après Boucher pour illustrer les œuvres de Molière;* — gravure.

MARTIN (ALFRED-LOUIS), 39, rue Raynouard, Paris, né à Mauriac (Cantal).

766 — *Une gravure sur bois d'après un dessin de Virrge. (Tiré de Quatre-Vingt-Treize, de V. Hugo).*

MARTIN (Paul), 5, rue Mathieu, à Mâcon, né à
Mâcon, élève de T. Chauvel.

767 — *Dans la forêt de Seillon (Ain)*; — eau-forte.

768 — *Souvenirs de Malesherbes (d'après le tableau de
M. Armand Besnard)*; — eau-forte.

MASSARD (Jules), 131, rue de Rennes, membre
de la Société française des graveurs au burin,
né à Versailles, élève de Henriquel-Dupont, Pils
et L. Massard.

769 — 1. *Portrait de Mme Lebrun et de sa fille*; —
gravure.

(Commande de l'État pour la calcographie du Louvre.)

770 — 2. *Gravures pour une illustration de* Fromont
jeune et Rissler aîné. *(Édition Conquet.)*

MASSARD (Léopold), 1, rue de Barouillère. (H. C.)

771 — *Job (d'après Bonnat)*; — eau-forte.

MASSÉ (Pierre-Augustin), 67, rue Madame, né à
Blois, élève de MM. Champollion et Boilvin.

772 — 1º *Cabane de bûcherons, d'après Dameron (Musée
du Luxembourg)*; — eau-forte.

773 — 2º *Mmarée basse dans la Manche, d'après
Hagborg (Musée du Luxembourg)*; eau-forte.

MASSON (Charles-Alphonse), né à Paris, 11, avenue des Tilleuls, élève de MM. Ingres et Dé-
camps.

774 — 1º *Portrait de Rembrandt*; — eau-forte.

775 — 2º *Le Cabaret normand (d'après Ribot)*; — eau-
forte.

MAURY (Mlle Rose), 53, rue de Seine, née à Avignonet (Haute-Garonne), élève de l'Ecole nationale de dessin des jeunes filles.

776 — *La Lecture;* — eau-forte.

MELOIS (Laurent), 82, rue de Turenne, né à Paris, élève de Achille Martinet.

777 — *Une jeune mère (d'après un tableau attribué à Léonard de Vinci);* — gravure au burin.

MORDANT (Daniel), 3, rue de la Grande-Chaumière, né à Quimper, élève de Carolus-Duran et de MM. Gaucherel, Le Rat et Waltner.

778 — *Le Doreur (d'après Rembrandt, pour la collection des cent chefs d'œuvre);* — eau-forte.

NICOLLE (Émile-Frédéric), 68, rue du Champ-des-Oiseaux, à Rouen, né à Rouen, élève de Brévat et Lebel.

779 — 1. *Un Islandais à Saint-Valéry-en-Caux;* — eau-forte.

780 — 2. *Croquis normand;* — eau-forte.

NOEL MASSON (Charles-Étienne), 3, rue de la Ferronnerie, né à Paris, — élève de Maxime Lalanne.

781 — *Bords de la Marne (Paysage);* — eau-forte.

OUDARD (Félix), 10, rue du Cherche-Midi, né à Alais (Gard), élève de Normand, Allongé.

782 — *Après la pluie (gravure originale).*

783 — *Clair de lune reproduction du tableau de Harpignies.*

PAGNIER (Pierre), 10, rue Sedaine, né à Saint-Jean-des-Vignes, élève de L. Berger, J. Chevrier, E. Hédouin.

784 — *Pastorale (d'après Boucher. — Musée du Louvre);* — eau-forte.

PÉLISSIER (Jean-Joseph), 10, rue Mayet, né à Paris, élève de Signol et Gérôme.

785 — *Deux dessins à la pointe sur ivoire;* — pointe sèche.

786 — *Costume du XVIe siècle, (d'après H. Aldegrever);* — pointe sèche.

787 — *Ixion (d'après Michel-Ange);* — pointe sèche.

PANNEMAKER (Stéphane), 3, avenue d'Orléans. — H. C.

788 — *1 gravure sur bois.*

PERRET (Marius), 20, rue de Verneuil, chez M. Chassaigne de Néronde, né à Moulins.

789 — *Un souper sous la Régence;* — eau-forte.

PIGUET (Rodolphe), 1, rue Nouvelle, Paris, né à Genève.

790 — 1. *Quatre portraits pointe sèche.*

791 — 2. *Parisienne;* — eau-forte.

PILOTELLE (Georges), né à Poitiers (Vienne), 162, faubourg Poissonnière, à Paris, élève de Gleyre.

792 — *Portrait à la pointe sèche de la countess of Lonsdale ».*

RODON (Louis-Eugène), 17, passage de l'Élysée-des-Beaux-Arts, né à Grenoble (Isère).

793 — 1° *La femme qui lit (d'après Henner);* — lithographie.

794 — 2o *La jeune fille au puits (d'après E. Hébert)*; — lithographie.

PONCET (JEAN-BAPTISTE), né à Paris, 22, rue Monsieur-le-Prince, élève de Hippolyte Flandrin.

795 — 1o *Naissance de l'enfant Jésus à Béthléem*; — gravure.

796 — 2o *Adam et Eve réprimandés par Dieu*; — gravure.

PORTIER DE BEAULIEU (ADOLPHE), 23, rue Cassette, né à Paris, élève de Tassaërt.

797 — *L'Avenue des Champs-Elysées un jour de courses*; — eau-forte d'après Ed. Morin.

798 — *Saint Vincent de-Paule*; — gravure au burin.

PREVOST (ALEXANDRE), 385, rue de Vaugirard, né à Paris, élève de Lassalle.

799 — *Nature morte.*

QUOST (ERNEST), 75, rue Rochechouart, né à Avallon (Yonne). — II. C.

800 — 1o *Fleurs*; — autographie.]

801 — 2o *Fleurs*; autographie.]

RAPINE (MAXIMILIEN), 166, rue de la Plaine, à Boulogne (Seine), né à Beaune-la-Rolande (Loiret), élève de E. Salle.

802 — 1. *L'Annonciation aux bergers (gravure au burin, d'après la peinture de L. Faléro).*

803 — 2 *Les Orphelins (gravure à l'eau-forte, d'après une aquarelle de L. Deschamps, pour l'édition nationale des œuvres de Victor Hugo).*

RICARDO de LOS RIOS, 46, rue de Château-
dun, à Paris, né a Valladolid (Espagne), élève
de Pils.

804 — 1° *Portrait de Mme Chardin (d'après le pastel
Chardin); — eau-forte.*

805 — 2° *La Fantasia (d'après Fortuny) pour les cent
chefs-d'œuvre; — eau-forte.*

3° *La Dame aux camélias (d'après Besnard); —
eau-forte.*
Jacques le fataliste (d'après Leloir); — eau-forte.
Le livre d'or (d'après Bressot); — eau-forte.

ROBERT (Charles-Jules), chevalier de la Légion
d'honneur, 4, rue Dancourt, né à Chartres (Eure-
et-Loir), élève des Beaux-Arts et de M. Chapon.
— H. C.

807 — *Chatbe, Tête de colosse, Ipsambul, Messahar.*
Mariam-Ahmed.
Enfant chéri du père.
Deux garçons;
L'automne (d'après Pille);
Une rue de Jérusalem (d'après Bonnat).
Gravures.

ROUGET (François), à Bougival, né à Nan-sous-
Thil (Côte-d'Or), élève de M. Best.

808 — *Avant l'ouverture de la chasse; —* gravure au
burin.

809 — *Attaque nocturne; —* gravure au burin.

810 — *Après l'ouverture de la chasse, sujet pour le Ma-
gasin Pittoresque, (d'après les dessins de Gia-
comelli); —* gravure au burin.

RUET (Louis-Valère), 21, rue Cujas, né à Paris,
élève de Muzelle et Le Rat.

811 — *Un atelier de peintre (d'après Maurice Leloir).*
— eau-forte.

SALMON (Emile-Frédéric), 12, boulevard Soult,
à Paris, né à Paris, élève de MM. E. Hédouin et
Gaucherel.

812 — 1. *Hihglander, eau-forte (d'après Detaille);* —
gravure.

813 — 2. *Paysage, (d'après Diaz).*
Ecce homo, (bois sculpté du 15e siècle).
Hallali sur pied (d'après Melin).
Soir d'automne (d'après Emile Adan)
Dante et Matilda (d'après Maignan)
Le soir dans les hameaux du Finistère (d'a-
près Jules Breton).

SEGANTINì (Giovani), rue Saint-Georges, 8, chez
MM. Alnold et Tripp, né à Arco (Autriche).

814 — *Le Soir;* — gravure.

SÉVRETTE (Jules), né à Clermont (Oise), 35, rue
du Sommerard, Paris; élève de M. C. Courtry.

815 — *Le dernier deuil (d'après Albert Fourié);* —
Eau-forte.

STORM VAN'S GRAVESENDE (Charles) 195, rue
du Trône, à Bruxelles, né à Bréda (Pays-Bas).

816 — *Bateaux de pêche (prés Amsterdam);* — Pointe
sèche.

817 — *Entrée de forêt;* — pointe sèche.

THORNLEY (Georges-William), 25, rue du Cardinal-Lemoine, né à Paris, élève de Sirouy et
Eugène Cicéri.

818 — 1° *La mort d'Orphée (d'après Puvis de Chavannes;*
— lithographie.

819 — 2° *L'enlèvement de Psyché (d'après Prud'hon;* —
lithographie.

TINAYRE (Jean-Julien), 8, avenue du Maine, né
à Issoire (Puy-de-Dôme), élève de Morelli.

820 — *Trois gravures sur les dessins de Louis Tinayre;*
Gravure sur bois.

TINAYRE (Paul-Louis), 18 *bis*, impasse du Maine, né à Neuilly-sur-Seine.

821 — *Illustrations tirées du* Prince Zilah *(roman de de J. Claretie); —* gravure.

TOUPIÉ (Hippolyte), né à Précy (Oise), 3, rue de Boulogne, à Paris, élève de D. Bergeret et E. Yon.

822 — *Escalier sous un bois; —* eau-forte.

TOUSSAINT (Charles-Henri), 121, boulevard Saint-Michel, né à Paris, élève de MM. Brunet-Debaines, Gaucherel et Waltner.

823 — *Tête de femme*
Tête de jeune fille (d'après Fragonard)
Portrait (d'après Vanloo).
Côtes du Maroc (d'après E. Delacroix).
Paysage (d'après Corot). —
(Eaux-fortes.)

VALMON (Mlle Léonie), 9, rue de l'Arc-de-Triomphe, née à Paris, élève de Chauvel.

824 — *A Trouville (d'après Lapostolet); —* eau-forte.

VAN MUYDEN EVERT, 58, rue Jacob, né à Genève, élève de son père et de M. Gérôme.

825 — *Jument et son poulain; —* eau-forte.
Combat de taureaux romains; — eau-forte.

VAUZANGES (Louis-Marie), 66, boulevard des Batignolles, né à Tulle, (Corrèze).

826 — *Le vieux puits; —* eau-forte.
La maison du pêcheur.

VERGNES (Camille-Victor), né à Paris, 11, avenue des Tilleuls, Paris, élève de MM. L. Cognet, E. Lasalle, T. Chauvel, E. Vernier.

827 — *Esope (d'après Vélasquez); —* lithographie.

VINTRAUT (Frédéric), 78, rue de Longchamps,
né au Havre, élève de Fauxier.

828 — *Au chantier (d'après A. Bouillet);* — gravure au
burin.
(Appartient à M. Palmé, éditeur).
Le Viatique,
Voyage de la Sainte-Famille.

VION (Henri), 8, rue de L'Orient (Montmartre),
né à Paris, élève de Gérôme et Henriquel-
Dupont.

829 — *Les Amateurs (d'après Meissonier);* — eau-forte.

WALTNER, 16, avenue de Breteuil. H. C.

830 — 1. *Portrait de la marquise d'Ormunde, d'après
J.-E. Millais;* — eau-forte.
831   2. *Le bénédicité, d'après Hunt;* — eau-forte.

ZILCKEN (Philippe), 7, rue de Java (La Haye)
né à La Haye, Hollande.

832 — *Eau-forte (d'après J. Maris);* — eau-forte.

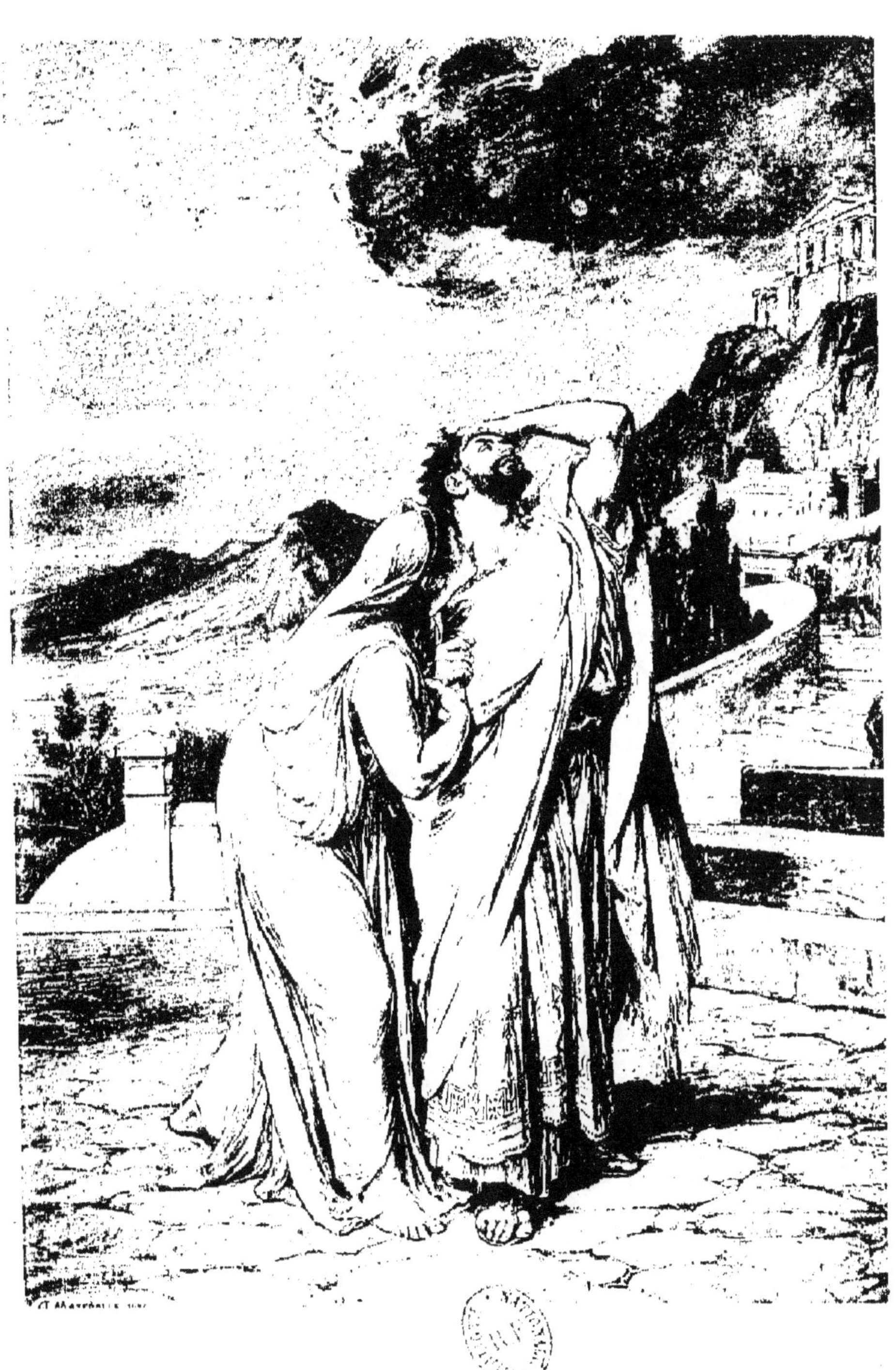

M. MAZEROLLE

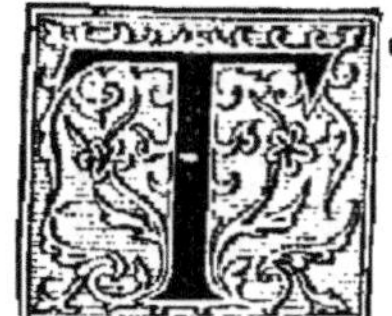OUT le monde sait que M. Mazerolle est un dessinateur de premier ordre. Il a à la fois l'habileté du faire et le sentiment de la composition décorative, qualités auxquelles il joint les dons du pittoresque et de l'effet pathétique.

On voit qu'il recherche dans l'étude de l'antiquité la beauté, la grâce et la grandeur, trois choses qu'il sait toujours rendre avec un grand talent. M. Mazerolle connaît profondément la science du dessin. Notez que dans les représentations où figurent un grand nombre de personnages, il n'y a nulle confusion ; tout a sa physionomie propre, chaque personnage son cachet individuel.

Comme les maîtres de la Renaissance, il emprunte un grand nombre de ses sujets aux scènes antiques.

Puis-je réellement parler de la suite extraordinaire de 21 dessins qu'a exposés M. Mazerolle ? Est-il possible de décrire ces compositions étonnantes faites sur un papier bleu sombre et rehaussées de blanc, ce qui leur donne encore un aspect plus saisissant ?

Qu'on lise plus loin les sujets de ces 21 dessins et qu'on les admire, ce sera là la meilleure des critiques ; tout ce que nous pouvons dire, c'est que le moindre de ces dessins-là porte la marque d'un maître.

21 DESSINS (exposés par MAZEROLLE.)

Nᵒ 1. — Sophocle.

Nᵒ 2. — Œdipe-Roi.

Nᵒ 3. — **Le grand Prêtre...** O toi qui règnes sur ma patrie, Œdipe, tu vois des suppliants de tout âge prosternés devant tes autels domestiques.....

Nᵒ 4 — **Œdipe...** Prince, mon 'allié, fils de Ménocée, quelle réponse nous apportes-tu de la part du dieu? — **Créon.** Une réponse favorable.

Nᵒ 5. — **Œdipe...** Le coupable, quel qu'il soit, je défends à tous les habitants de cette contrée, dont le gouvernement m'est confié, de l'accueillir, de lui parler, de l'admettre aux prières, aux sacrifices.... Je le maudis....

Nᵒ 6. — **Tirésias...** Je dis que tu es toi-même l'assassin que tu cherches. — **Œdipe.** Tu n'auras pas impunément répété deux fois le même outrage.

Nᵒ 7. — **Œdipe.** Holà! que viens-tu faire ici? De quel front oses-tu approcher de ma demeure, toi, mon assassin, à n'en pas douter, toi le brigand qui me vole ouvertement la puissance?....

Nᵒ 8. — **Jocaste.** Au nom des dieux, Œdipe, crois en sa parole.....

Nᵒ 9. — **Œdipe.** Comme en l'écoutant, femme, j'ai l'esprit inquiet et le cœur troublé.

Nᵒ 10. — **Œdipe.** O Jupiter! qu'as-tu résolu de faire de moi?

Nᵒ 11. — **Jocaste...** Mais rentrons au palais.

Nᵒ 12. — **Le chœur.** Voici son palais, étranger, et tu l'y trouveras; cette femme est la mère de ses enfants. — **Le Messager.** Puisse-t-elle être heureuse et ne voir autour d'elle que des heureux, l'épouse légitime d'Œdipe!

Nᵒ 13. — **Jocaste.** O malheureux! puisses-tu ne jamais connaître qui tu es...

Nᵒ 14. — **Le chœur.** Pourquoi donc, Œdipe, la reine est-elle partie transportée d'une violente douleur....

Nᵒ 15. — **La Prêtresse...** Es-tu le fils d'Apollon? car il se plaît sur tous les plateaux où paissent les troupeaux. Serait-ce le roi des Cyllènes, ou le divin Bacchus, habitant des montagnes, qui l'aurait reçu de quelqu'une de ces nymphes de l'Hélicon, avec lesquelles il aime à folâtrer?...

Nᵒ 16. — **Œdipe.** Te rappelles-tu avoir vu l'homme que voici?

Nᵒ 17. — **Œdipe.** Si tu ne veux point parler de bonne grâce, tu parleras malgré toi. **Le Serviteur.** Au nom des dieux, ne maltraite pas un vieillard.

Nᵒ 18. — **Œdipe....** O lumière je te vois pour la dernière fois....

Nᵒ 19 — **Le chœur.** Infortune cruelle à voir, la plus cruelle de toutes celles qui ont jamais frappé mes regards... **Œdipe.** Ah! Ah! malheureux! en quel lieu de la terre me portent mes pas......

Nᵒ 20. — **Œdipe....** O mes enfants, où êtes-vous? Approchez.

Nᵒ 21. — **Le chœur.** Habitants de Thèbes, ma patrie, voyez dans quel abîme de maux est tombé cet Œdipe qui devina la fameuse énigme, ce puissant roi qui ne regarda jamais avec envie la prospérité de ses concitoyens.....

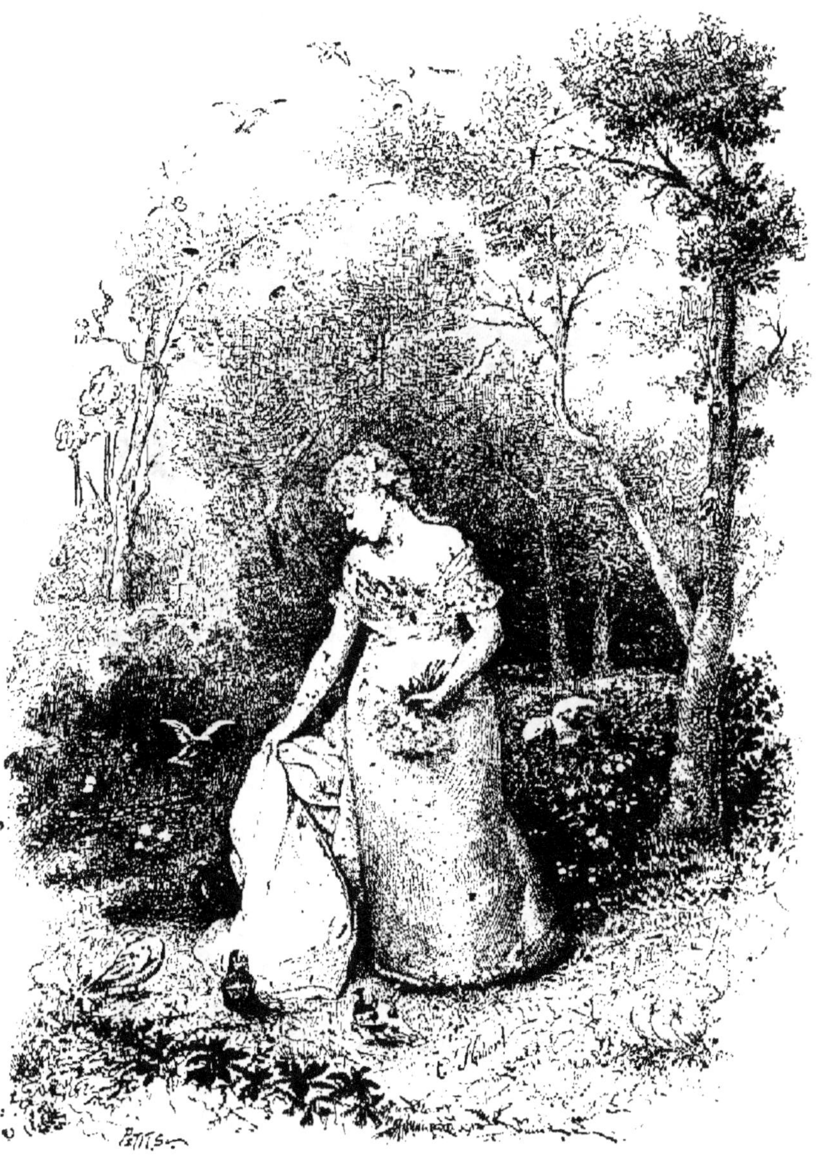

JEUNE FILLE AUX COLOMBES

A. OSBERT

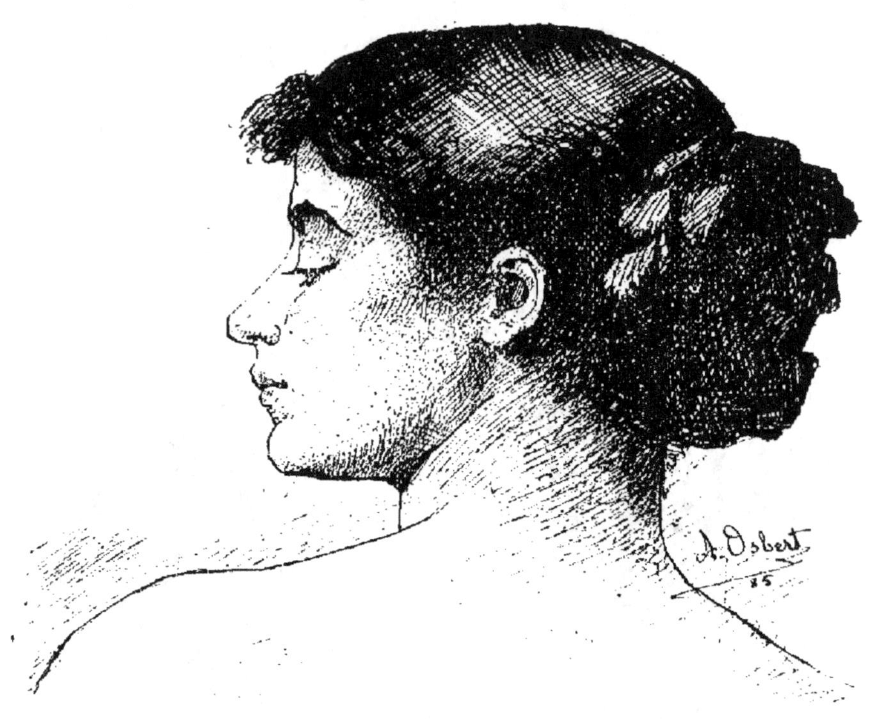

ÉTUDE DE FEMME POUR UNE FILEUSE

Paul **MERWART**

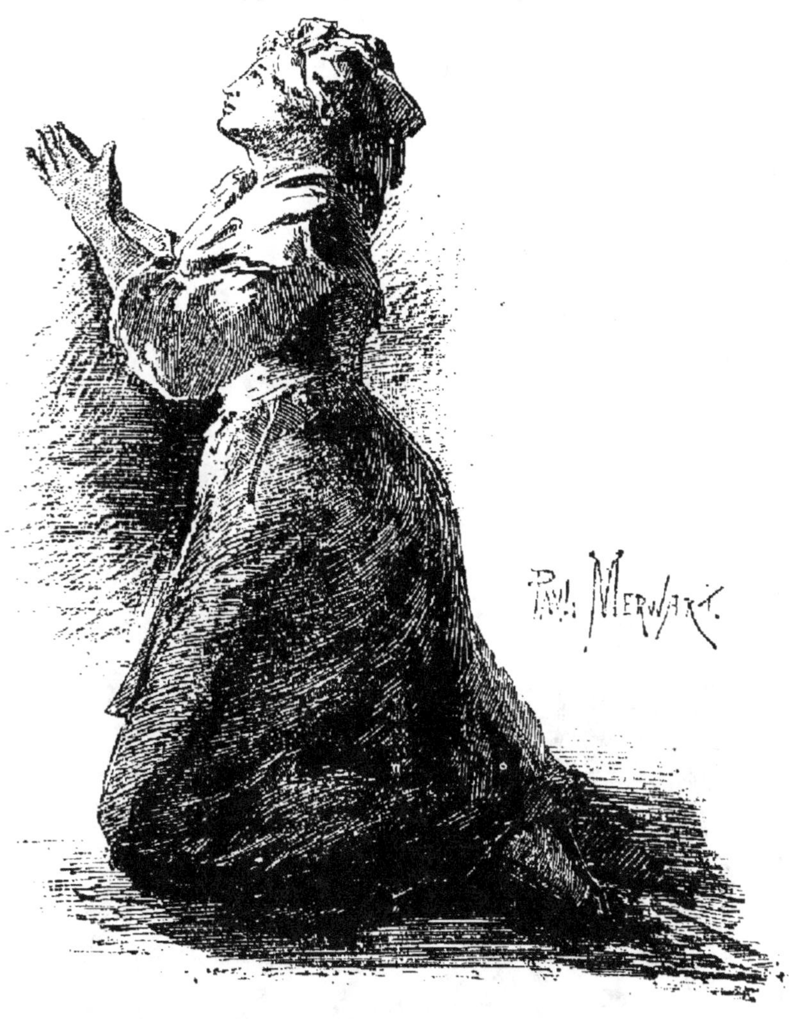

UNE VISION

D'après la nouvelle de Mme Ed. Adam.

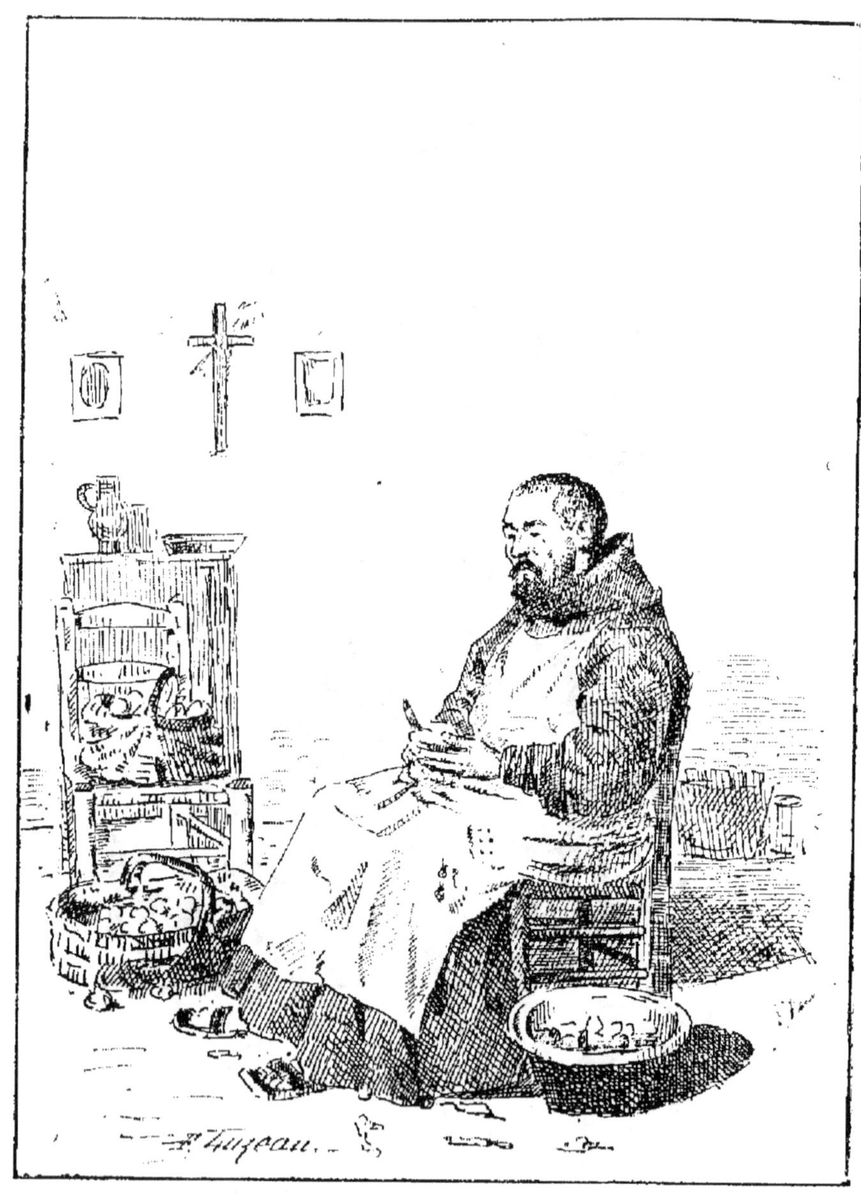

LE PÈRE CUISINIER

GROLLERON

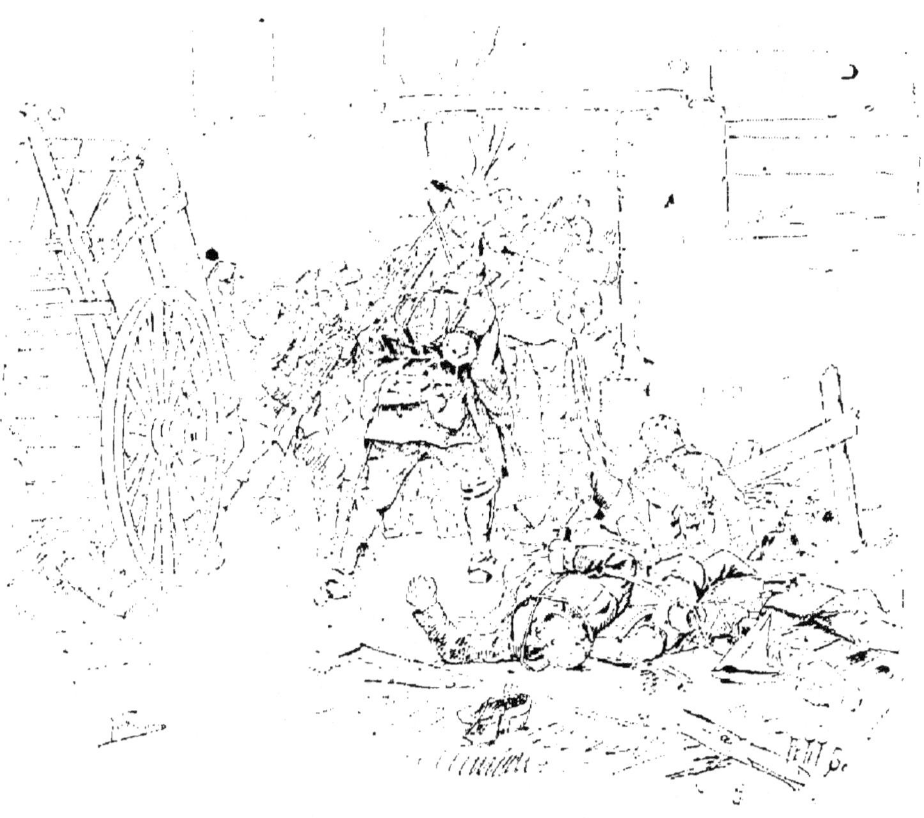

CHATILLON ET BAGNEUX, 13 OCTOBRE 1870

M· ALLONGÉ

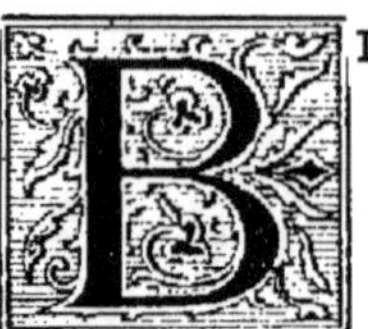

IEN souvent il m'est arrivé de regretter de n'être pas éloquent; et, aujourd'hui, ce regret me reprend plus vif que jamais, car il faut que je parle de M. Allongé. Ma plume pourra-t-elle jamais trouver des phrases assez belles pour parler des fusains de ce maître ! M. Allongé vous êtes peintre de talent, vous êtes un aquarelliste enchanteur de grande valeur, mais vous êtes surtout un des premiers maîtres du fusain, et vous pourriez ne pas signer certaines de vos œuvres qu'on les reconnaîtrait entre mille.

Le fusain est pour vous une palette que vous savez employer d'une manière étonnante, pour faire avec du *blanc et du noir*, les effets merveilleux de lumière et d'ombre des plus *puissants coloristes*. Quel beau livre que la nature, et comme M. Allongé sait bien y lire Est-il ! besoin de la couleur pour rendre le charme poétique du paysage qu'il expose? La berge et les rochers des premiers plans, fortement accentués, font s'éloigner dans la perspective aérienne la nappe d'eau du lac et les massifs éloignés où se jouent les doux rayons du soleil. Rien n'égaye ce charmant paysage printanier ces herbes et ces arbres humides de rosée comme cet harmonieux effet de soleil qui répand une douce teinte sur les massifs de verdure. M. Allongé a toutes les qualités du paysagiste, il nous les montre ici, car l'on peut admirer l'heureuse distribution de la lumière, la largeur des feuillés, les progressions des perspectives, les localités atmosphériques et ce qu'il y a de plus plus remarquable, il sait au moyen d'un simple fusain nous donner à la fois la finesse et l'éclat des tons.

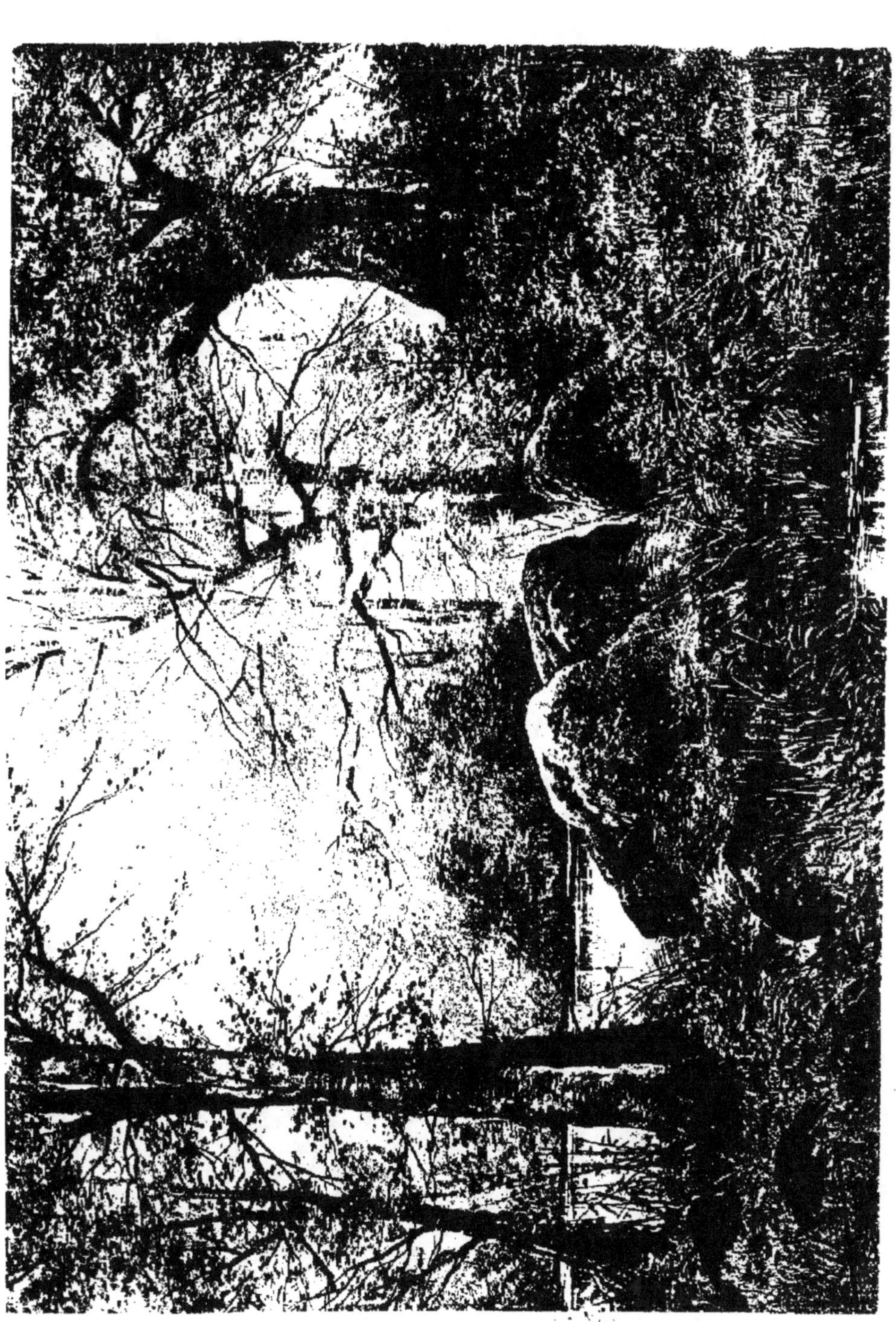

GASTON-GÉRARD

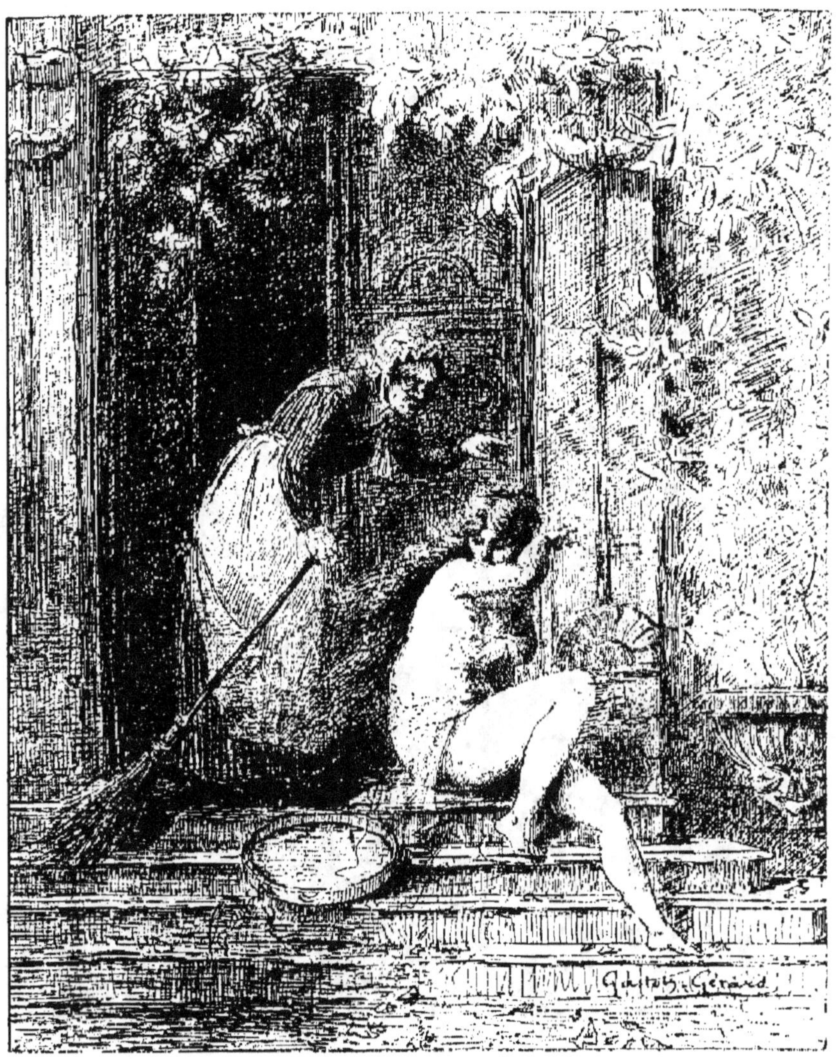

LA CIGALE

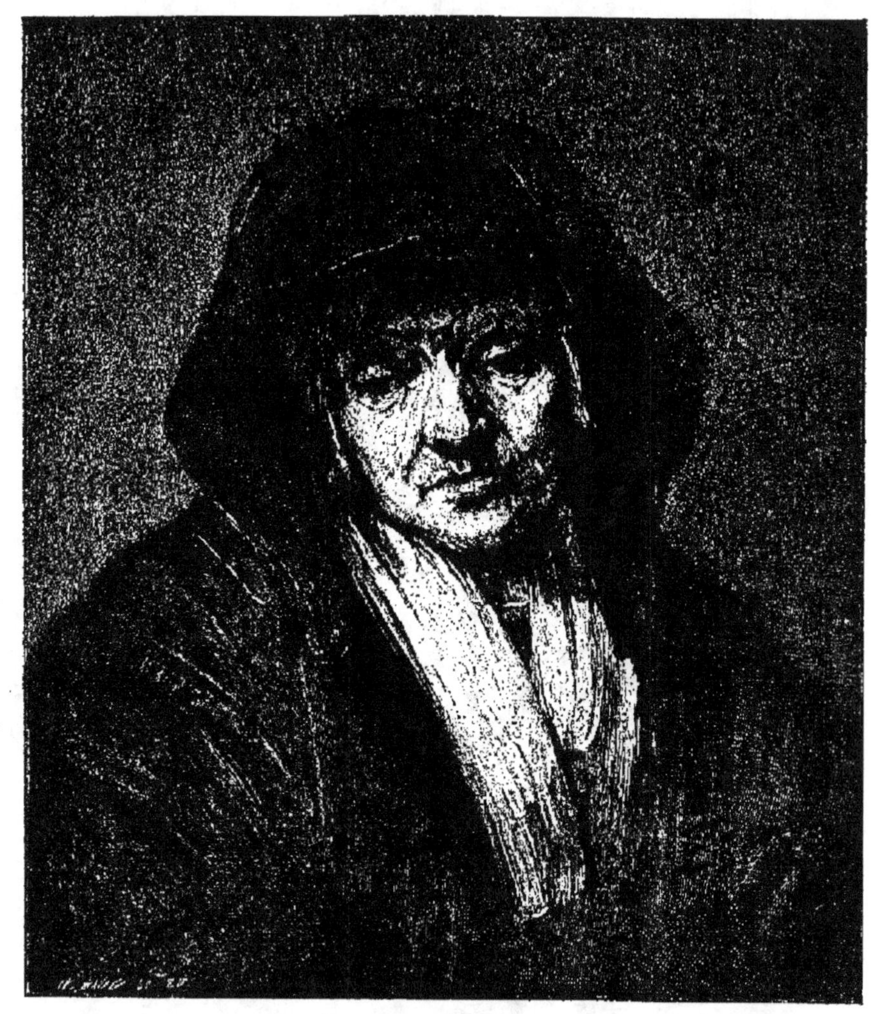

ÉTUDE D'APRÈS REMBRANDT

GASSIES GEORGES

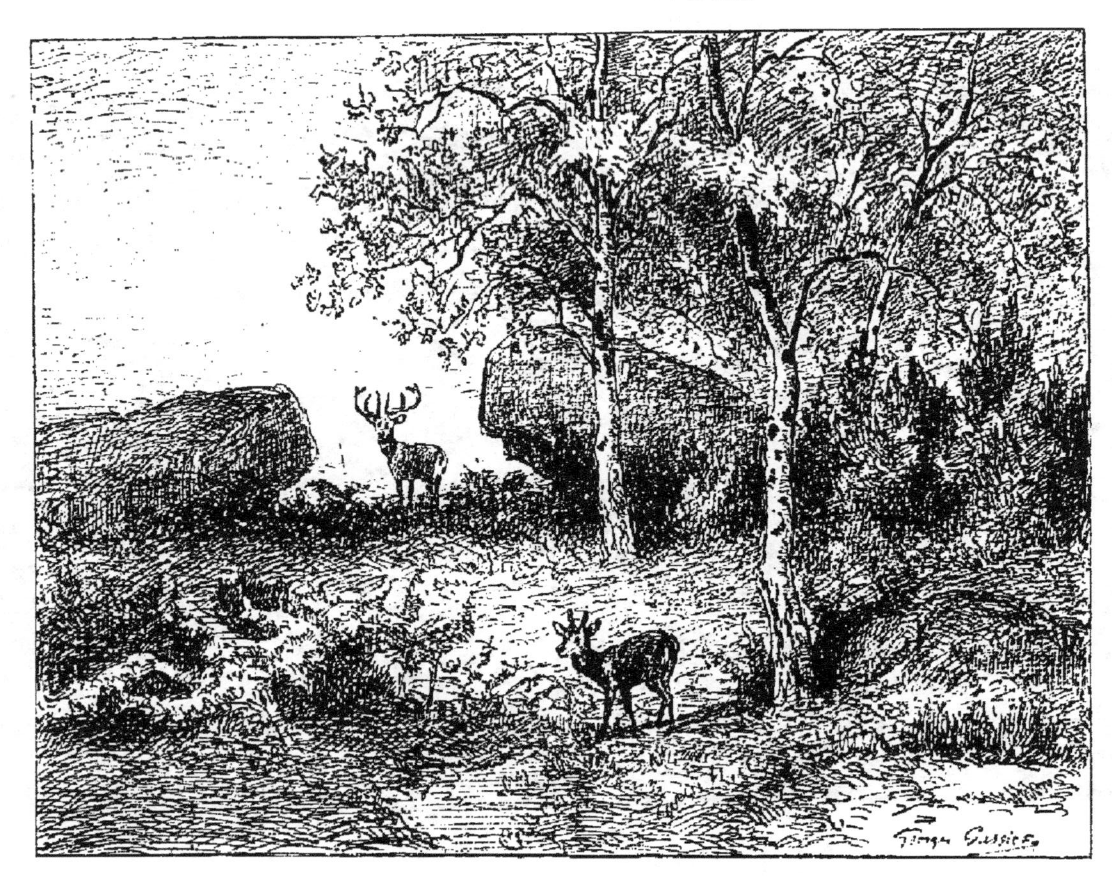

CERF DIX-CORS ET DAGUET EN JUIN (FONTAINEBLEAU)

JUNCKER (Frédérick)

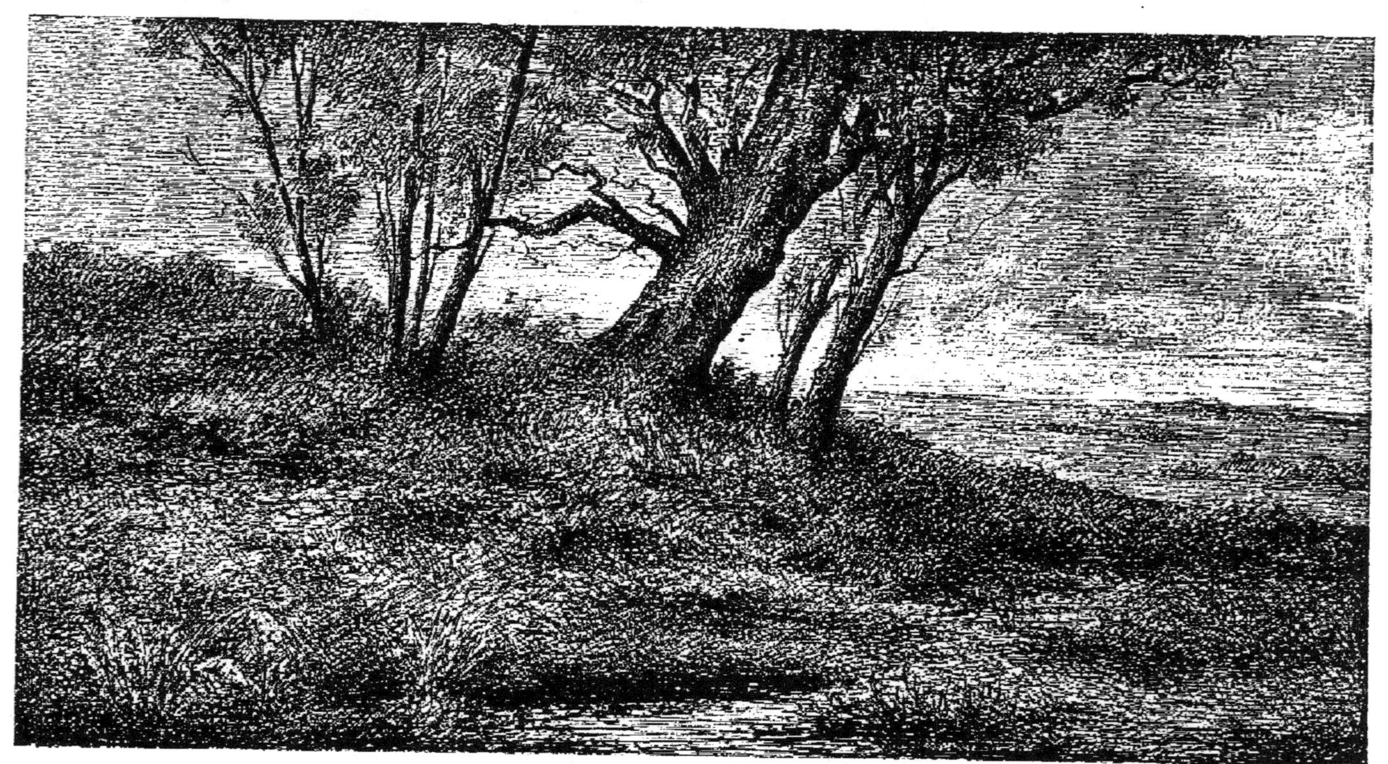

AU BAS DE LA CÒTE

CLERMONT-GALLERANDE (Adhémar-Louis de)

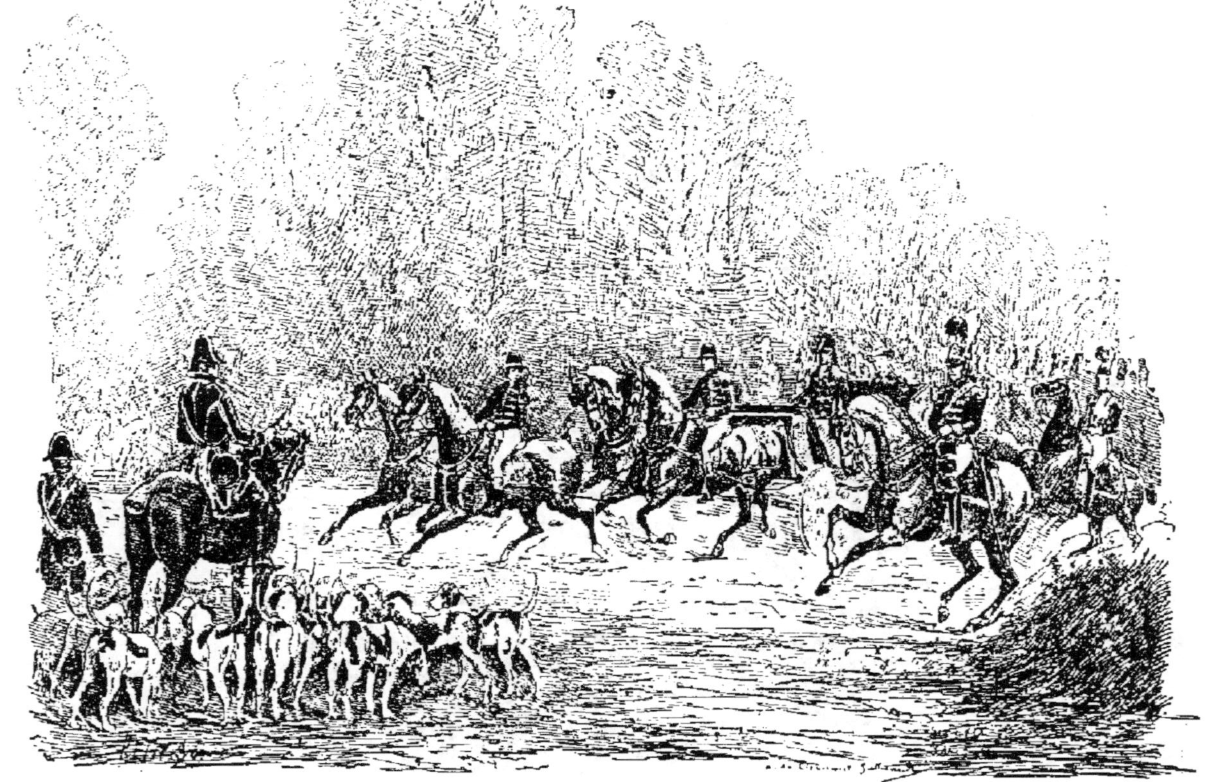

UNE CHASSE ROYALE SOUS LA RESTAURATION

Jeanne GOUGELET

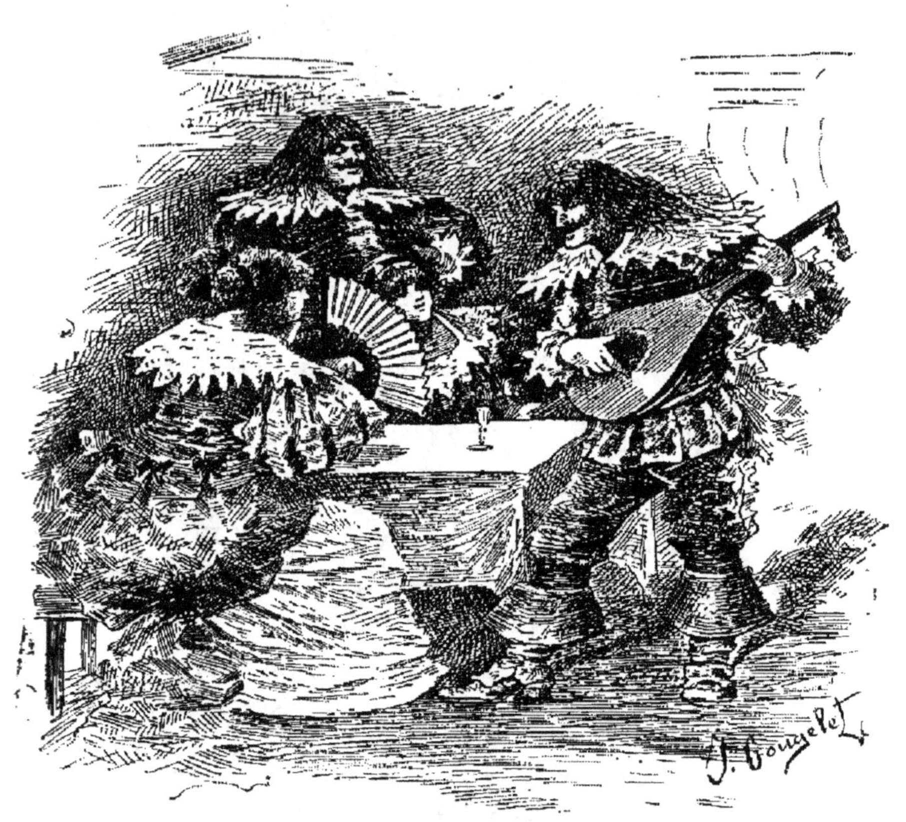

UNE CHANSON

CASSAGNE (Armand)

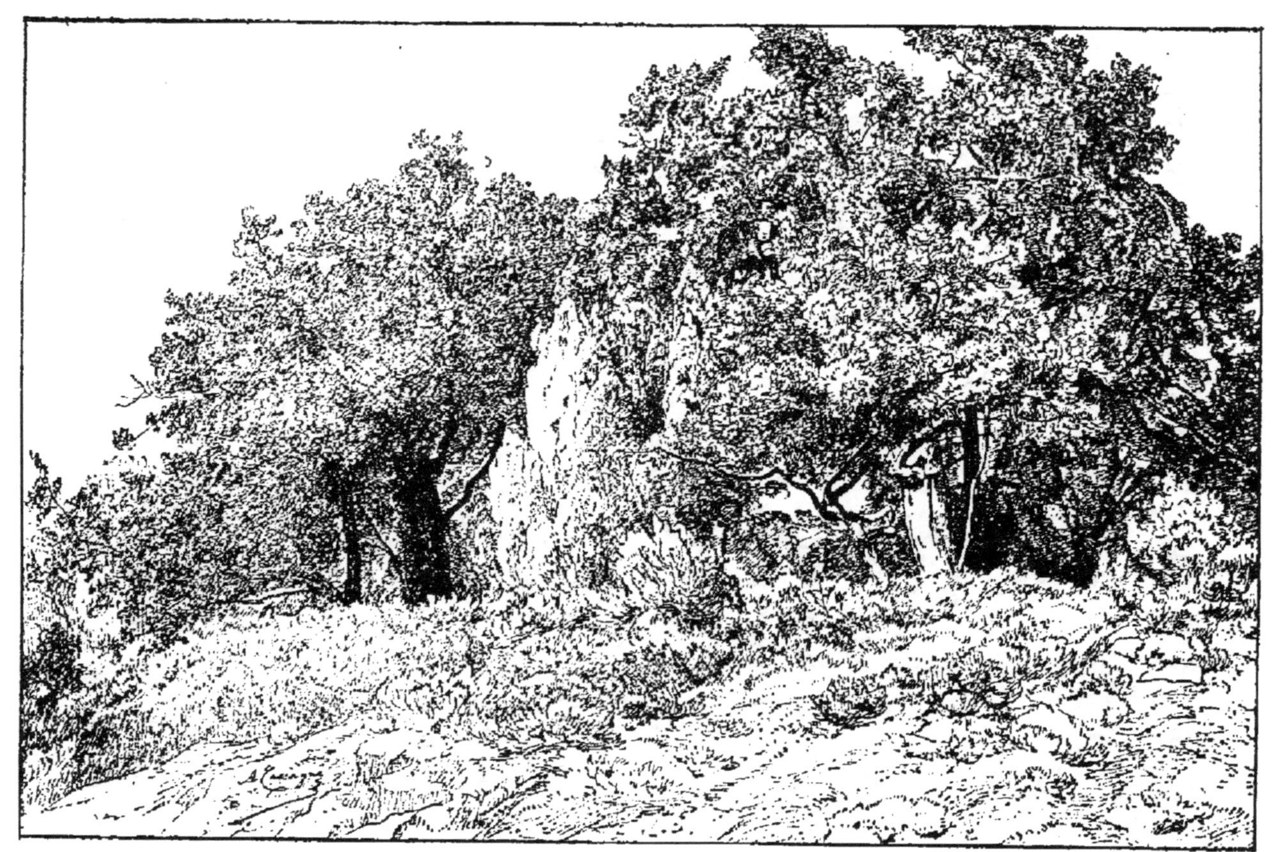

CHÊNES ET GENEVRIERS

M. HECTOR LEROUX

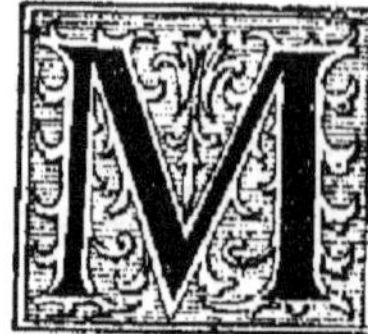 ONSIEUR HECTOR LEROUX est un archéo-
logue ; il adore le genre antique. Les
sites de Rome ont pour lui un grand
charme ; ils lui sont aussi familliers
que s'il eût vécu toute sa vie aux bords du Tibre.
Il aime l'histoire de la vieille cité ; il en connaît
tous les faits et toutes les légendes. Les vestales
sont pour lui d'un grand attrait ; on dirait qu'il a
vécu au milieu d'elles tellement il rend avec une
précision amoureuse leur vie, leurs coutumes,
leurs costumes, leurs cérémonies. Par exemple,
M. Leroux fait toujours ses vestales bien belles ;
elles sont d'adorables pécheresses. Sont-elles
assez jolies, assez belles, ces deux vestales de
son dessin! Quelles têtes fines, exquises comme
celles d'un camée antique.

On pourrait donner ces vestales comme compa-
gnes à Vénus. L'archéologie n'a point de secrets
pour M. Leroux; le costume des vestales, les
chaises sur lesquelles elles sont assises sont d'une
vérité historique. On se lasse parfois de voir toujours la même chose: nous ne nous lasserons
jamais de la vue des œuvres de M. Leroux et nous
lui dirons : Monsieur Leroux, faites-nous encore
des vestales.

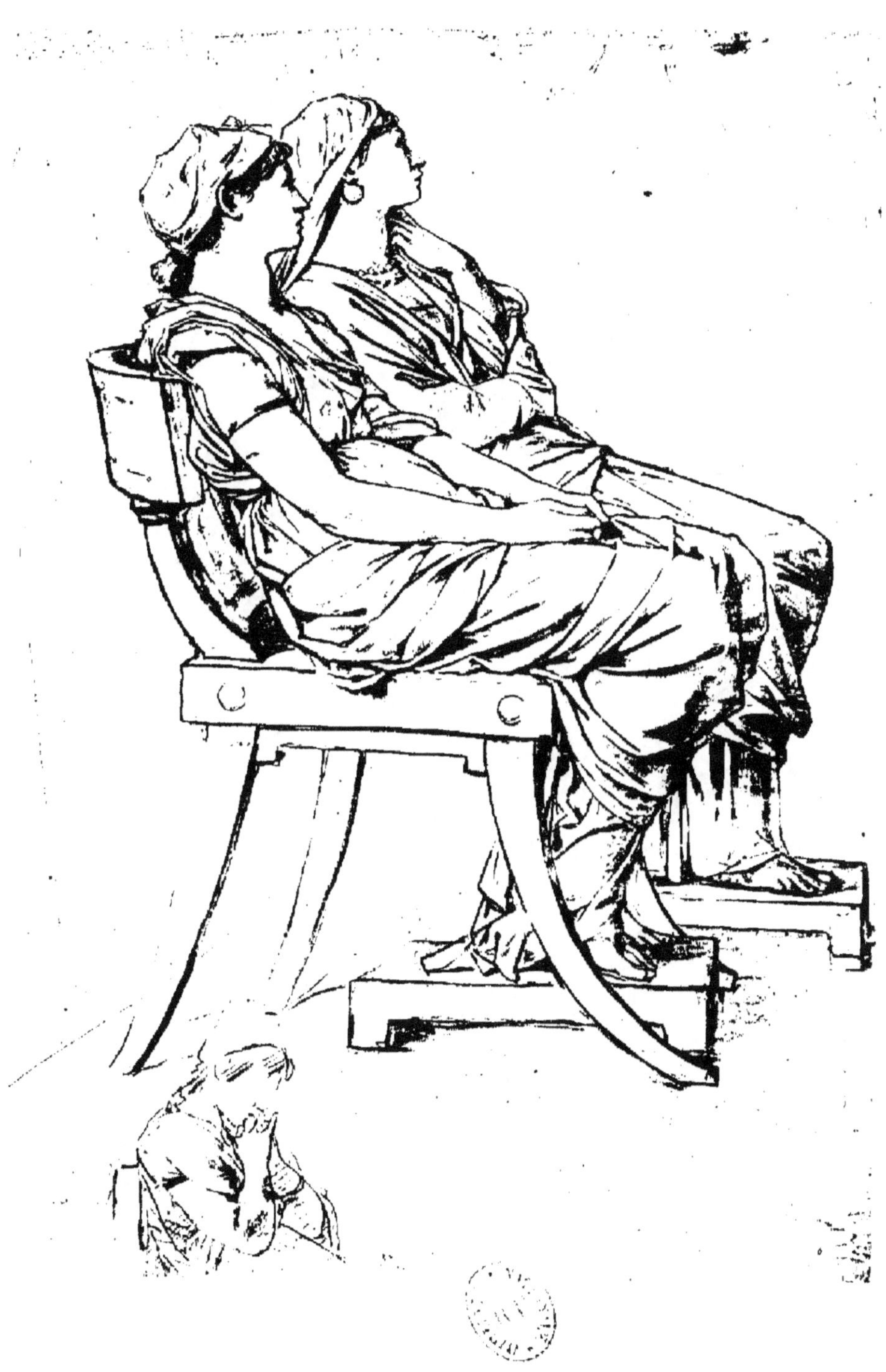

LIARDO (Philippe)

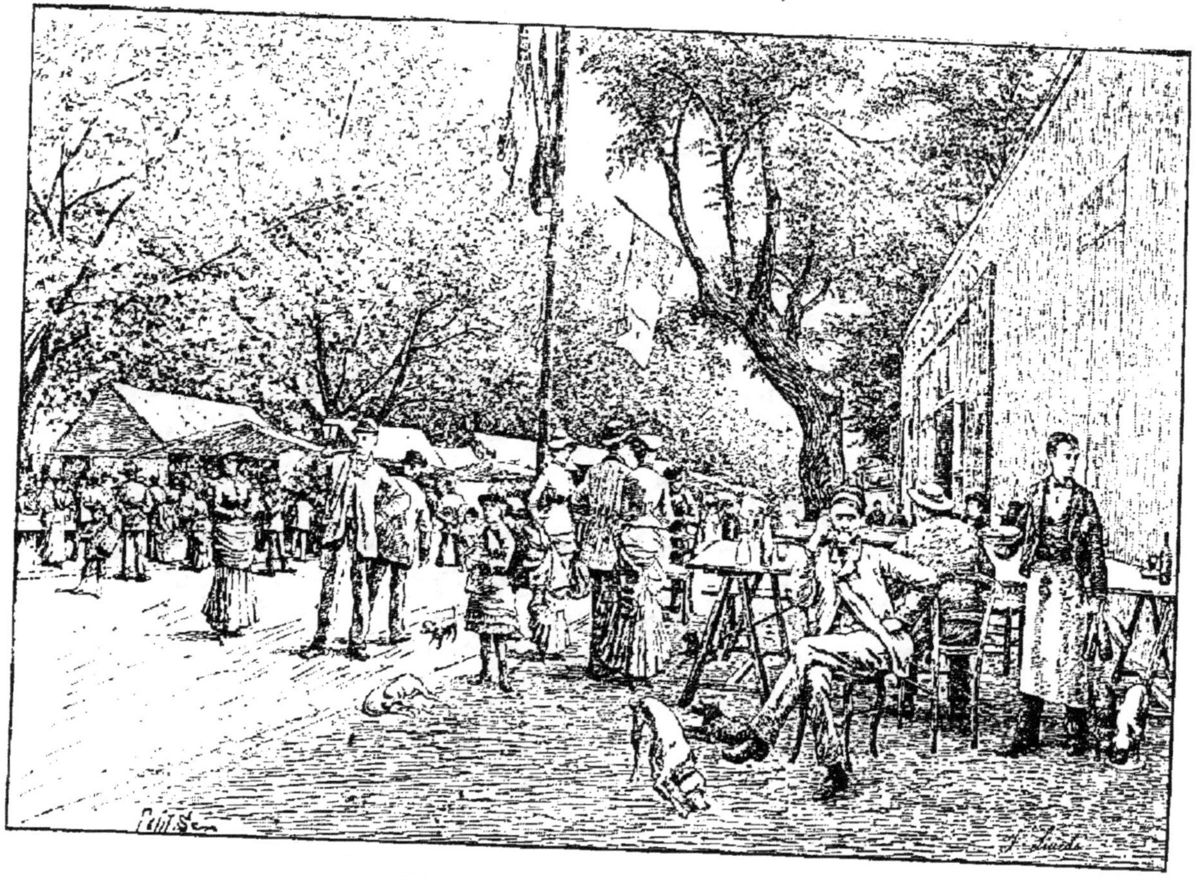

CROQUIS PARISIENS

CASTRES

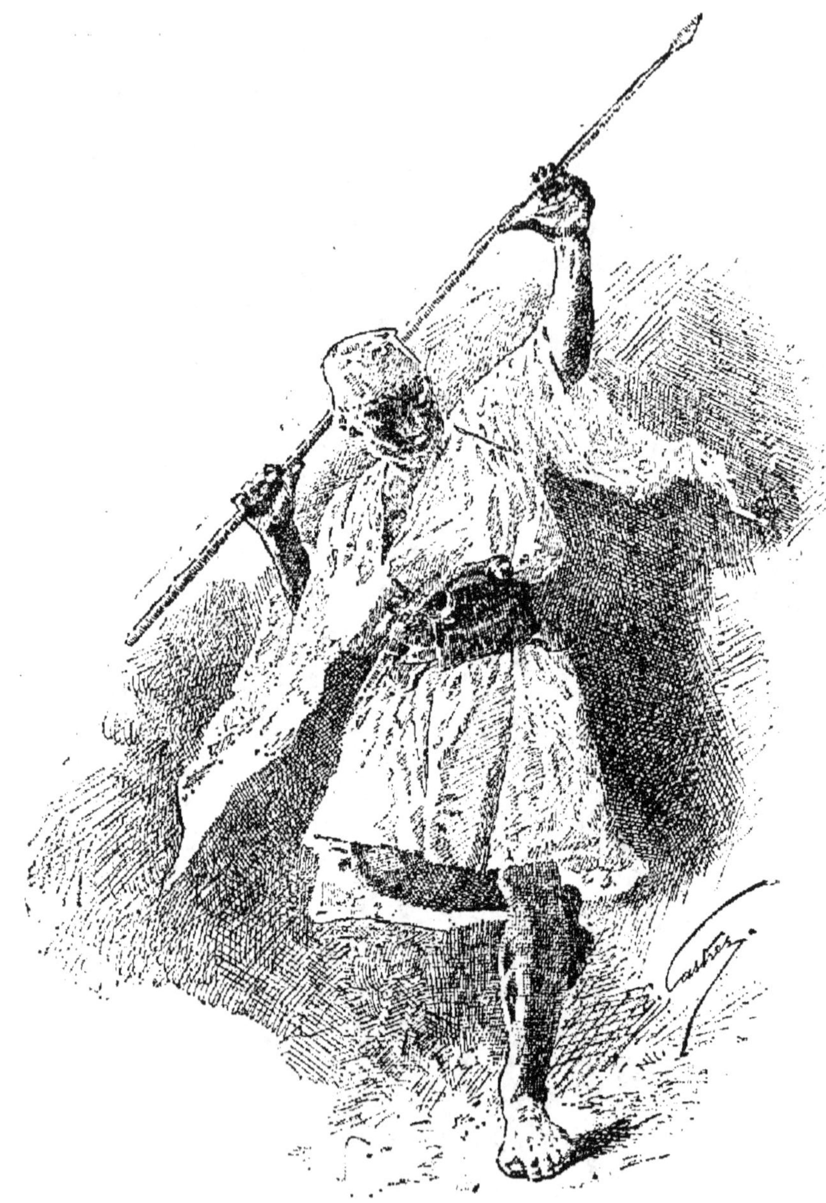

UN DANSEUR

MORIN

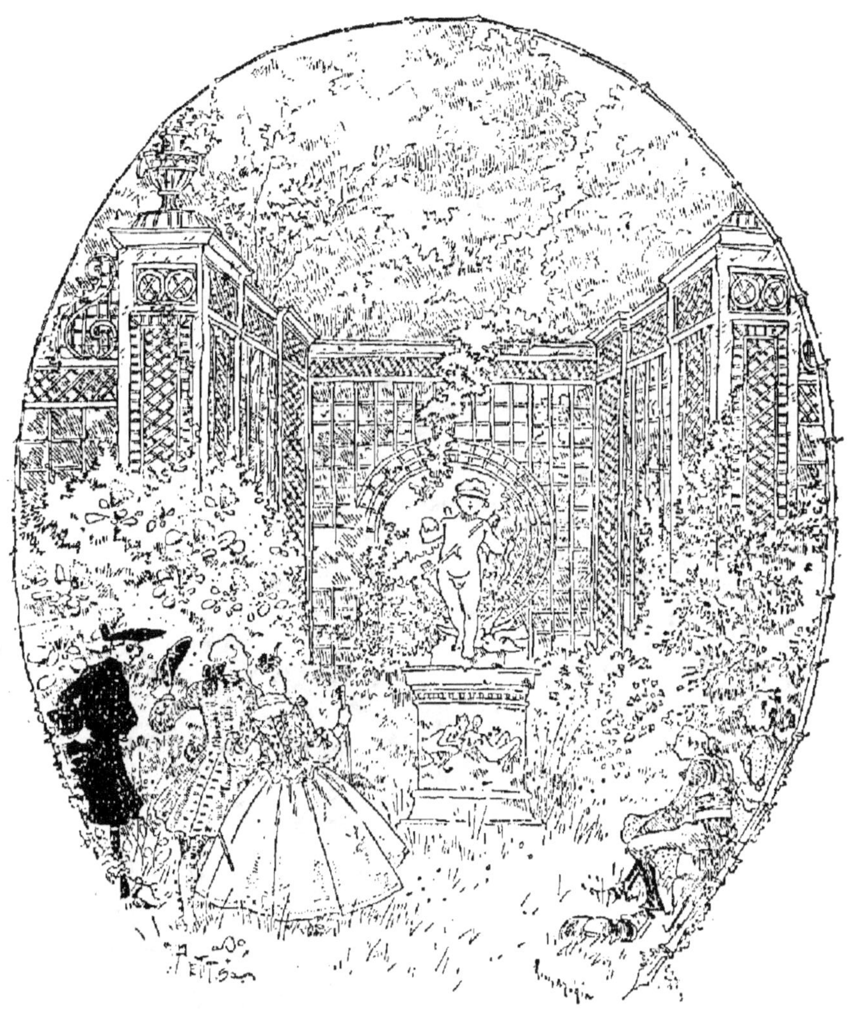

DESSIN POUR UNE ÉDITION DE « JEANNIK »

Mlle HILDEBRANDT

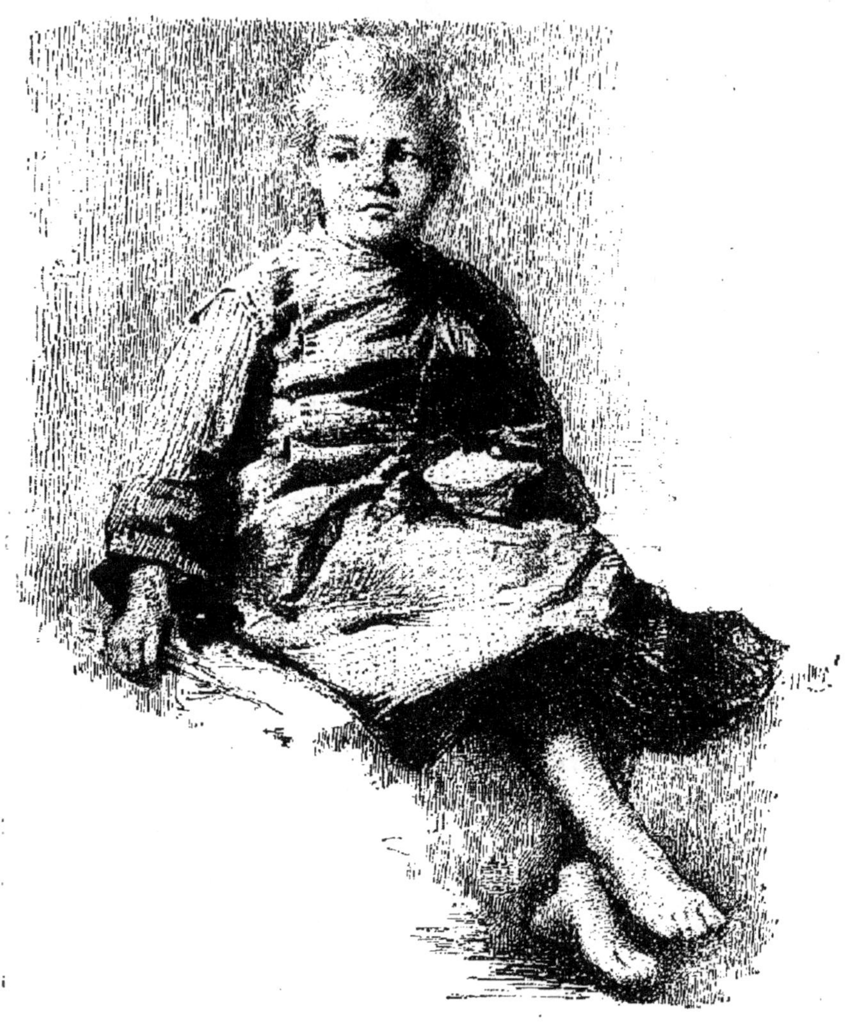

ÉTUDE D'APRÈS NATURE

KAUFFMANN

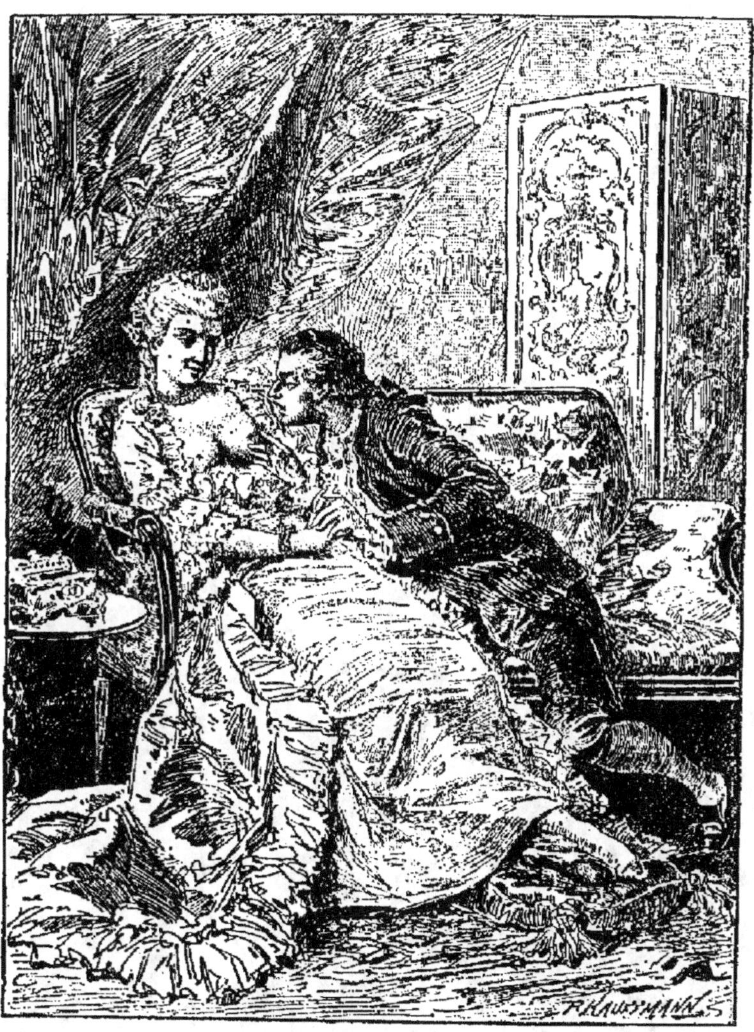

DESSIN A LA PLUME

E. LANGLOIS

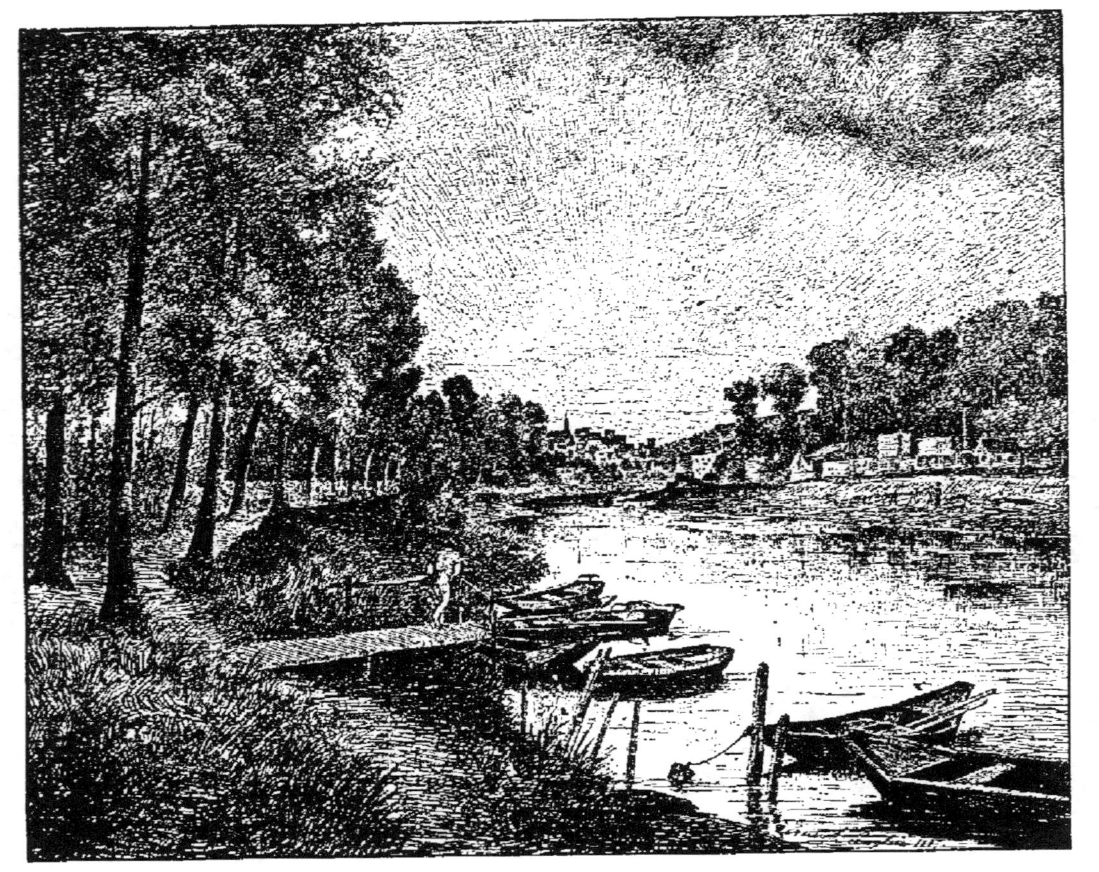

SOIR D'ÉTÉ (BORDS DE L'ORNE)

LUCIEN GAUTIER

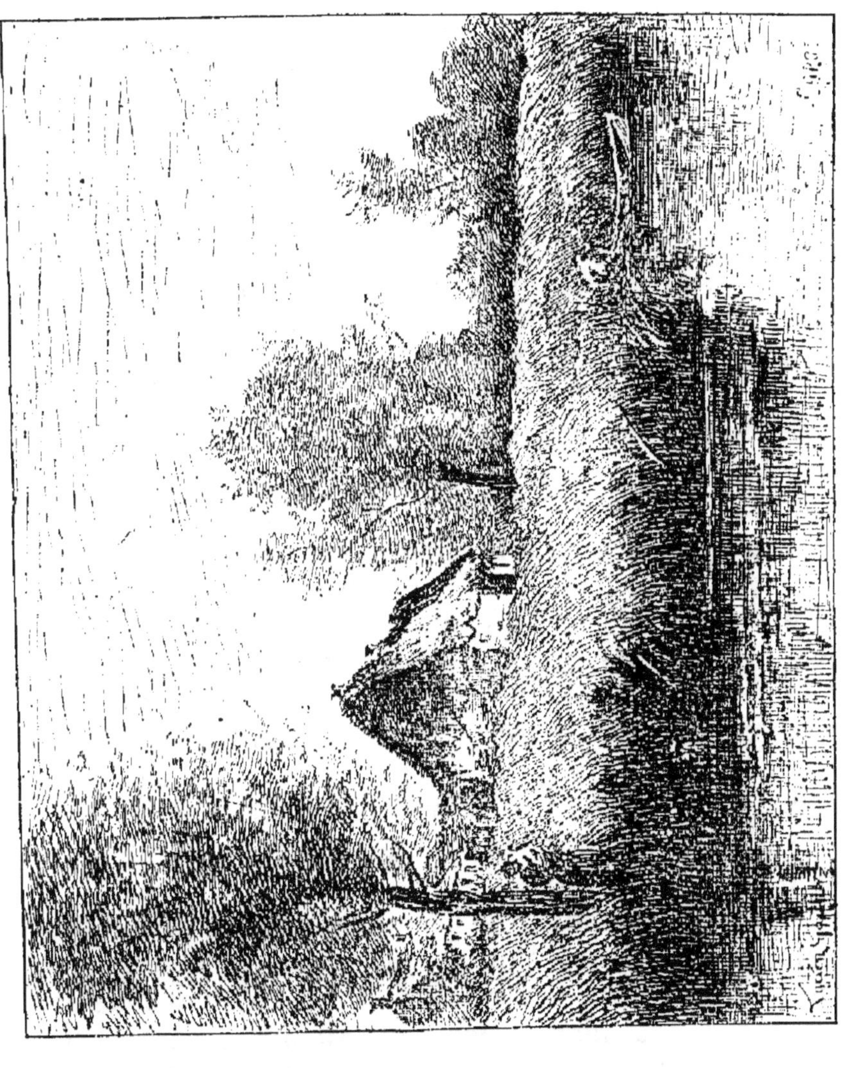

LA CHAUMIÈRE

M. FRANÇAIS

O N passerait une journée entière à contempler ses dessins, ses études, ses croquis, comme sont souvent modestement intitulés de véritables chefs-d'œuvre.

Chaque fois que nous avons vu un dessin de M. Français, nous nous sommes arrêté longuement, retenu par un lien fascinateur. Nous l'avons vu, plus d'une fois, nous ressusciter un paysage antique ; il le faisait avec une si grande noblesse, une poésie si intense, que les vues qu'il nous dessinait avec tant de talent nous captivaient et nous charmaient comme une page d'histoire. Chez lui, ce n'est pas le sujet qui fait la beauté de son œuvre, mais bien la manière élevée, empreinte d'un si grand sentiment, le caractère d'idéal dont il l'entoure. Ce qu'il fait est toujours une œuvre de style et de grand style. Regardez et admirez le beau dessin qu'il a envoyé à l'Exposition et qui accompagne ce catalogue. M. Français ne se montre-t-il pas le charmant et poétique paysagiste que nous connaissons ? Est-ce assez jeune, assez frais, assez joli, ce feuillé des arbres qui se masse doucement a la légèreté et le frémissement de la nature ! C'est un enchevêtrement de feuillages, de vieux arbres et de jeunes pousses. La nappe d'eau du petit ruisseau, où lavent plusieurs femmes, s'éloigne dans une perspective aérienne bien rendue. Le contour des troncs élancés, les capricieux dessins des rameaux, des frêles arbustes, tout cela est étudié et rendu avec une rare précision, d'une touche libre et légère. M. Français, vous nous faites bien souvent regretter de ne pouvoir aller nous asseoir à l'ombre de vos paysages enchanteurs.

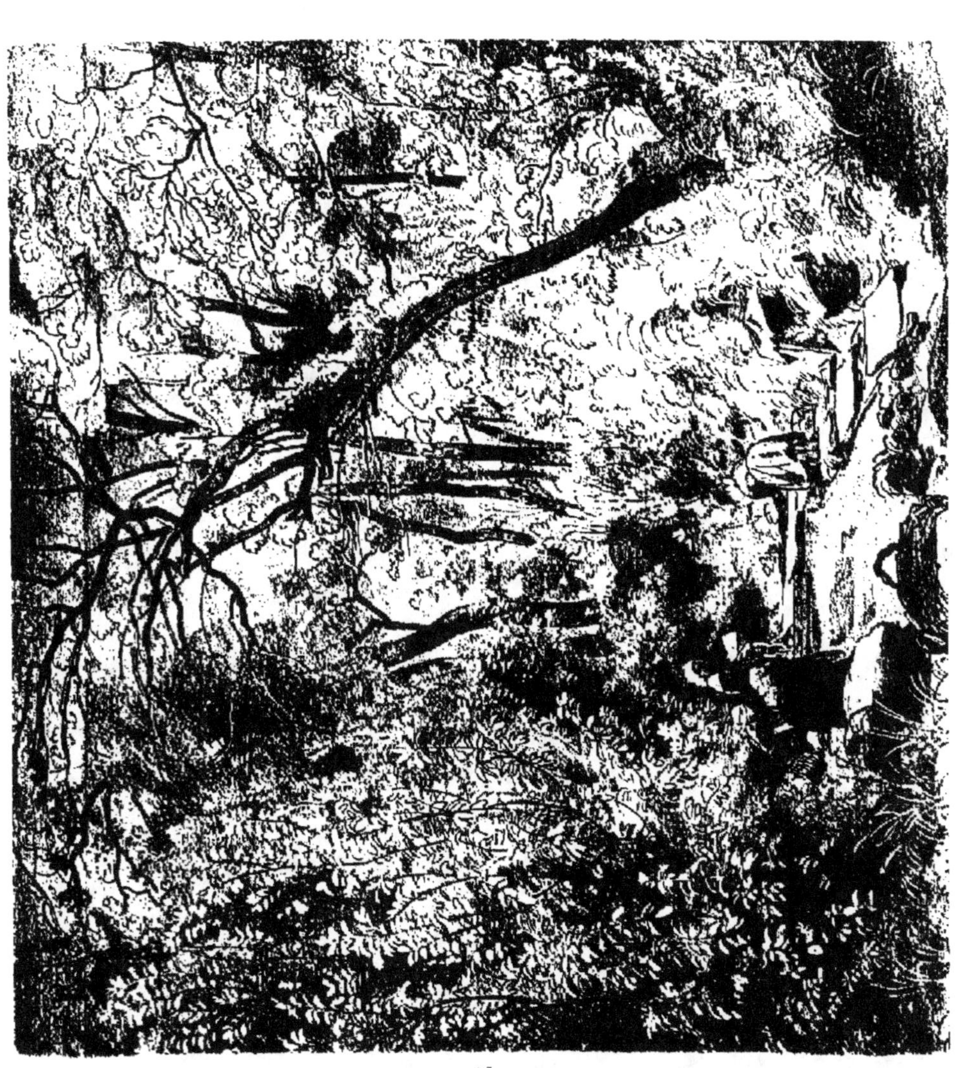

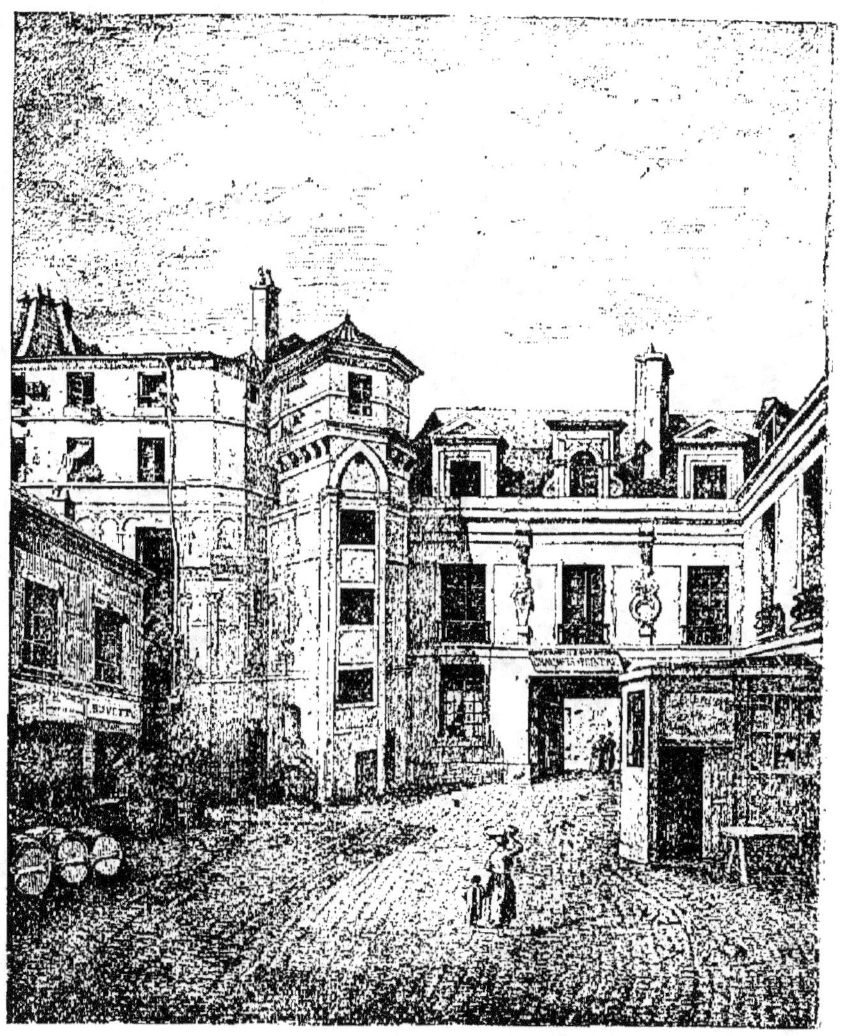

ANCIEN HOTEL DES PRÉVOTS DE PARIS,
PASSAGE CHARLEMAGNE, RUE SAINT-ANTOINE

4

H. BAUDE

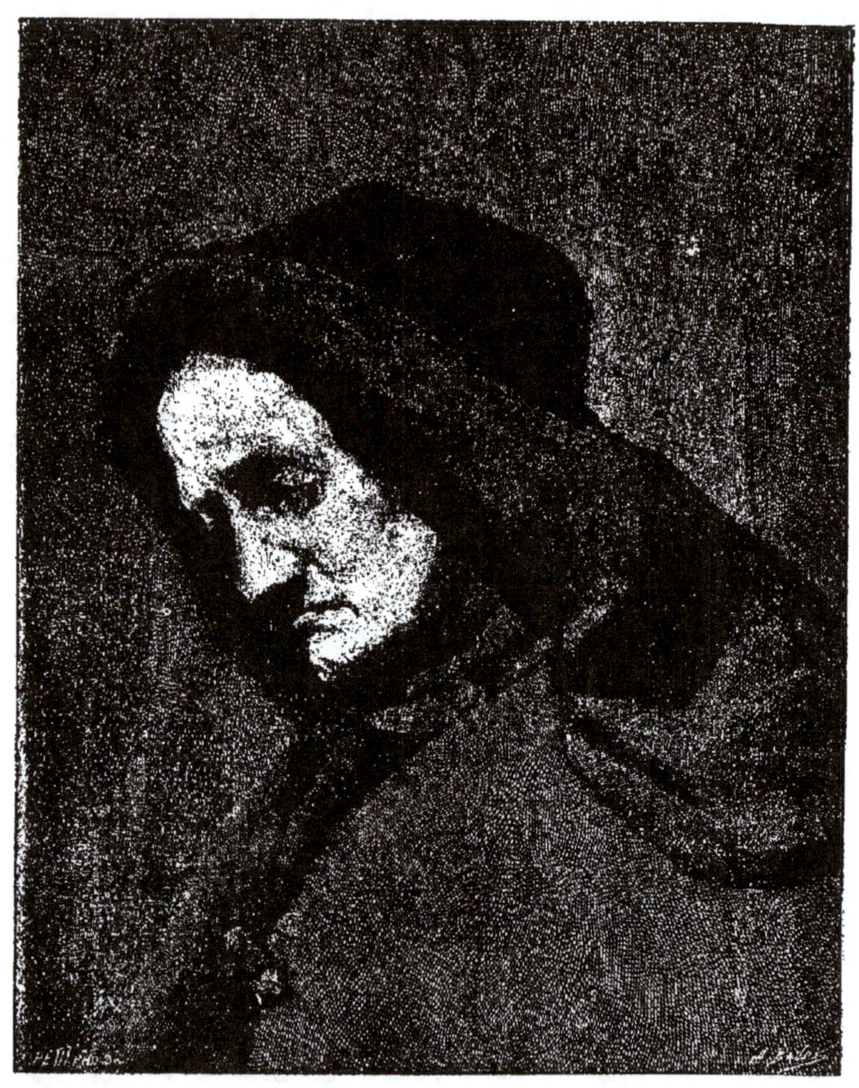

ÉTUDE D'APRÈS REMBRANDT
(Portrait de sa mère)

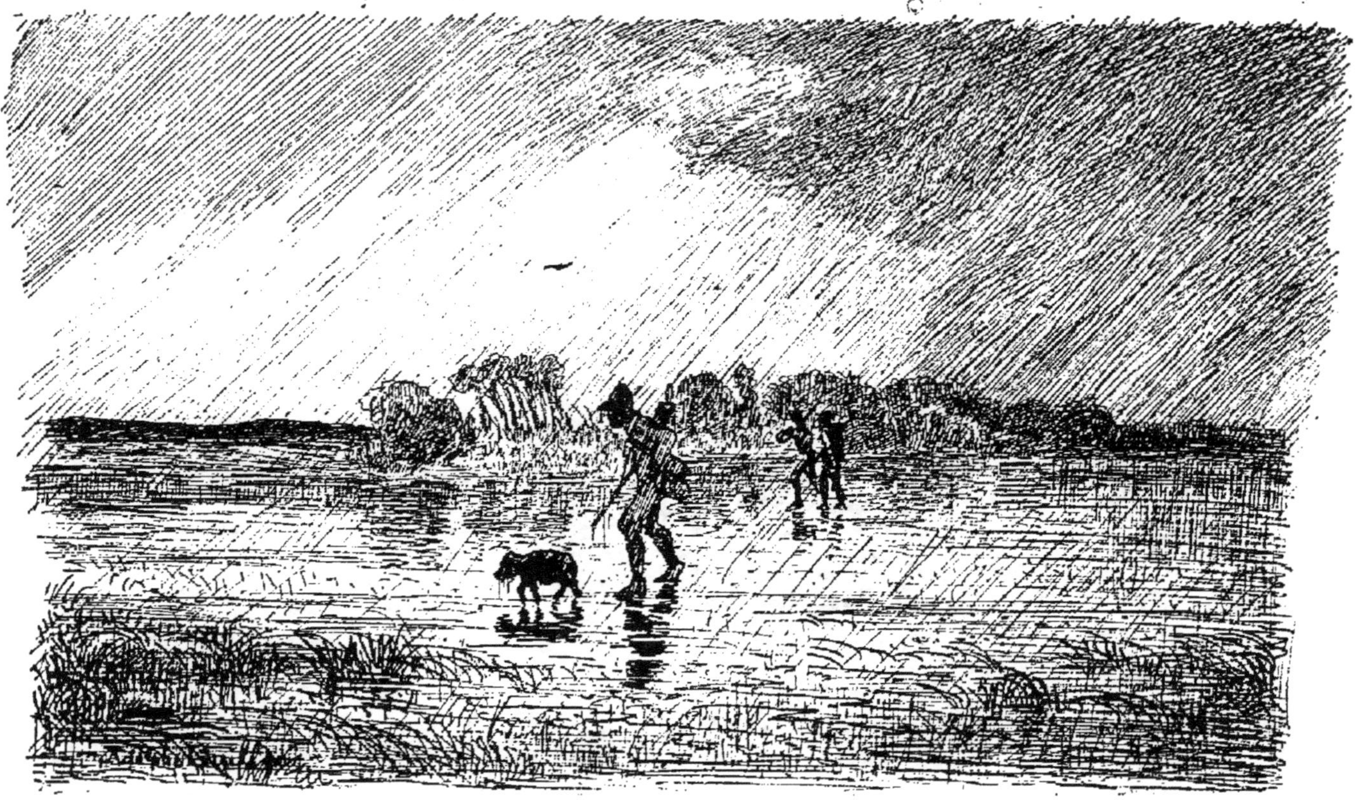

UN CHIEN DE TEMPS

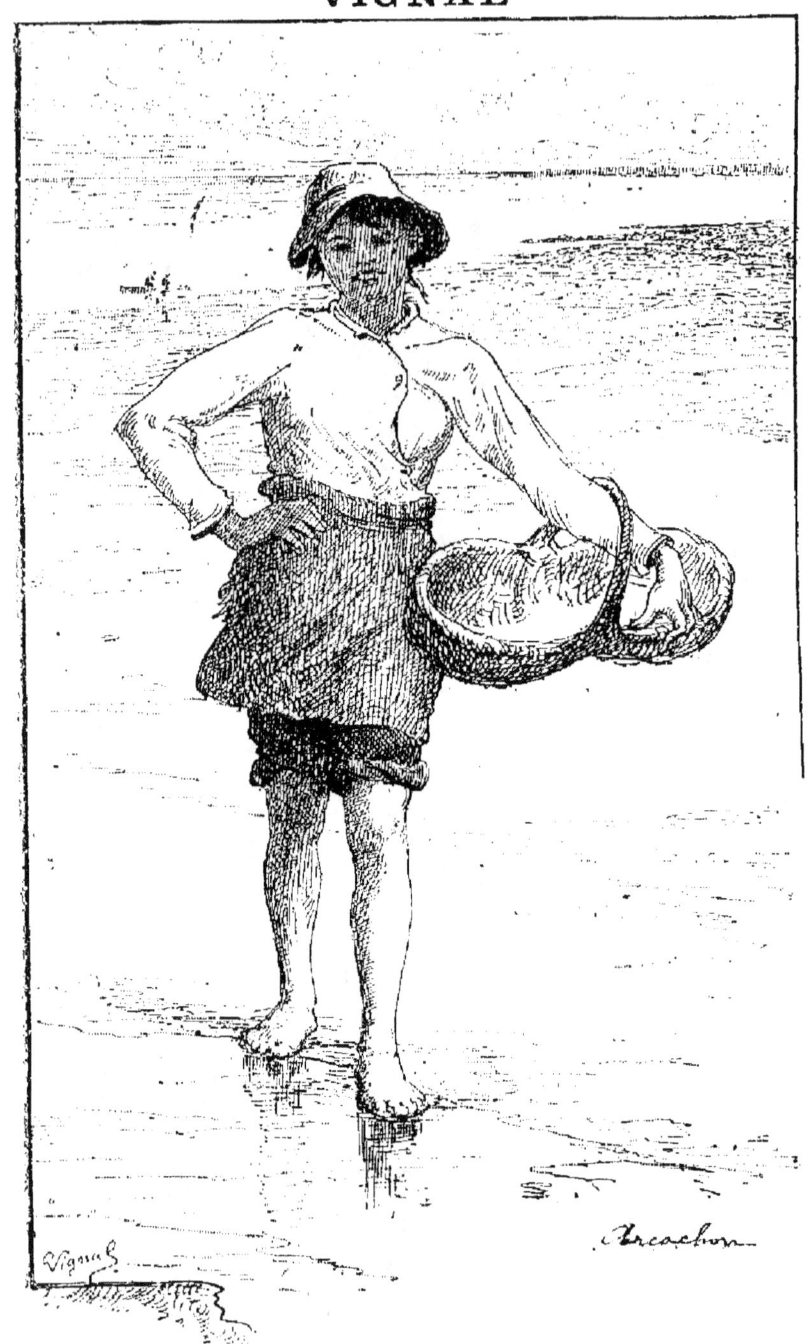

RETOUR DU PARC AUX HUITRES

G. LE MAINS

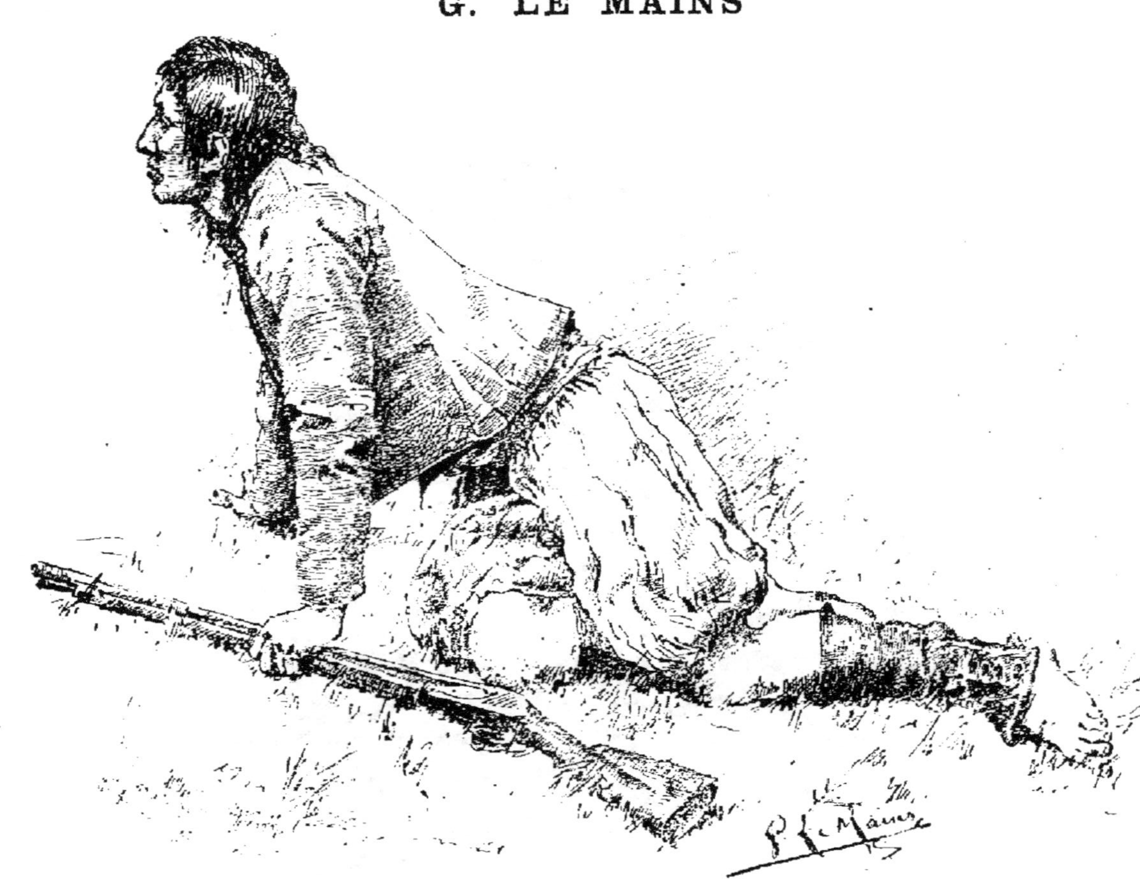

ILLUSTATION POUR LA GUERRE DE L'OUEST.

UZÈS

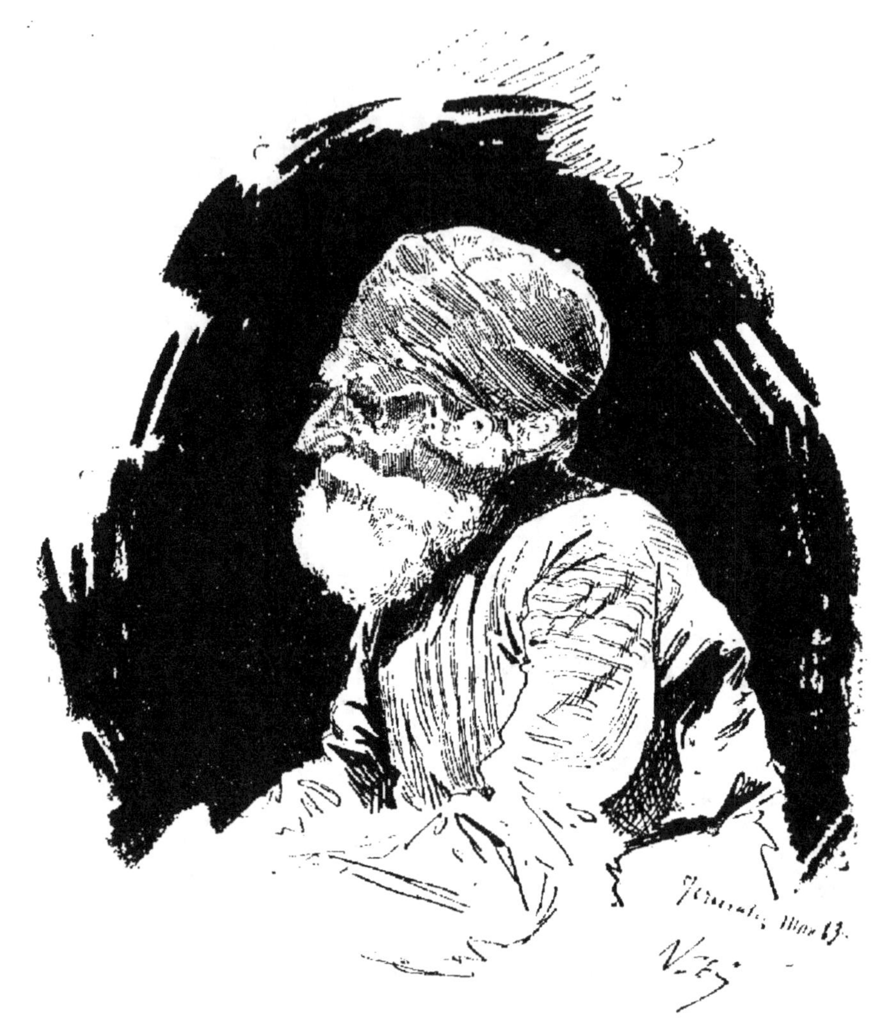

TÊTE DE JUIF A JÉRUSALEM

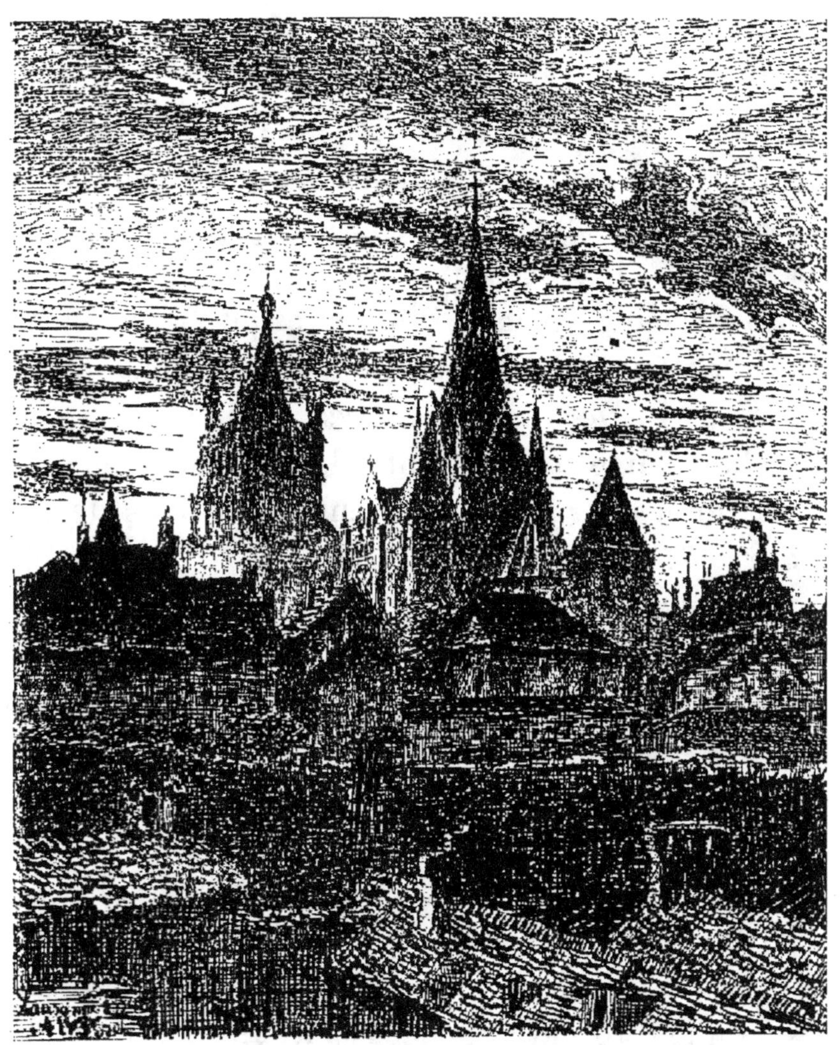

CATHÉDRALE DE LAUSANNE

M· KARL-ROBERT

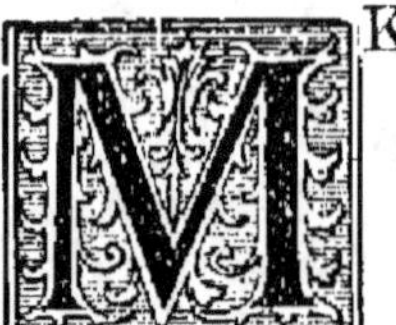

Karl-Robert est un paysagiste idéal
qui connaît intimement la nature ; il
s'inspire de la campagne en l'en-
noblissant, en la rendant d'une
beauté harmonieuse ; il lui emprunte directement
les matériaux dont il construit ses jolis monuments de verdure. Dans ses fusains, M. Karl-
Robert aime à représenter les bois ombreux, les
charmilles, les lacs perdus entre des rives de ver_
dure. Il excelle à en exprimer la pénétrante
fraîcheur, la lumière adoucie, la poésie mysté-
rieuse, les transparences vaporeuses. Cet artiste
doit être ému devant la nature. Qu'il est beau le
paysage enchanteur qu'il nous a envoyé ! Admirez
ce beau chêne ; on ne se figurerait pas autrement
ces chênes antiques, dont le feuillage rendait
des oracles par ses murmures. On aimerait à voir
sous son ombre danser un chœur de nymphes.
Voyez ces roches faites d'un fusain si puissant
qu'on les croirait dessinées par une autre main.
Ce paysage attire au premier coup d'œil par son
élégance, sa grâce, et surtout par ce cachet de
distinction que M. Karl-Robert sait mettre dans
toutes ses œuvres.

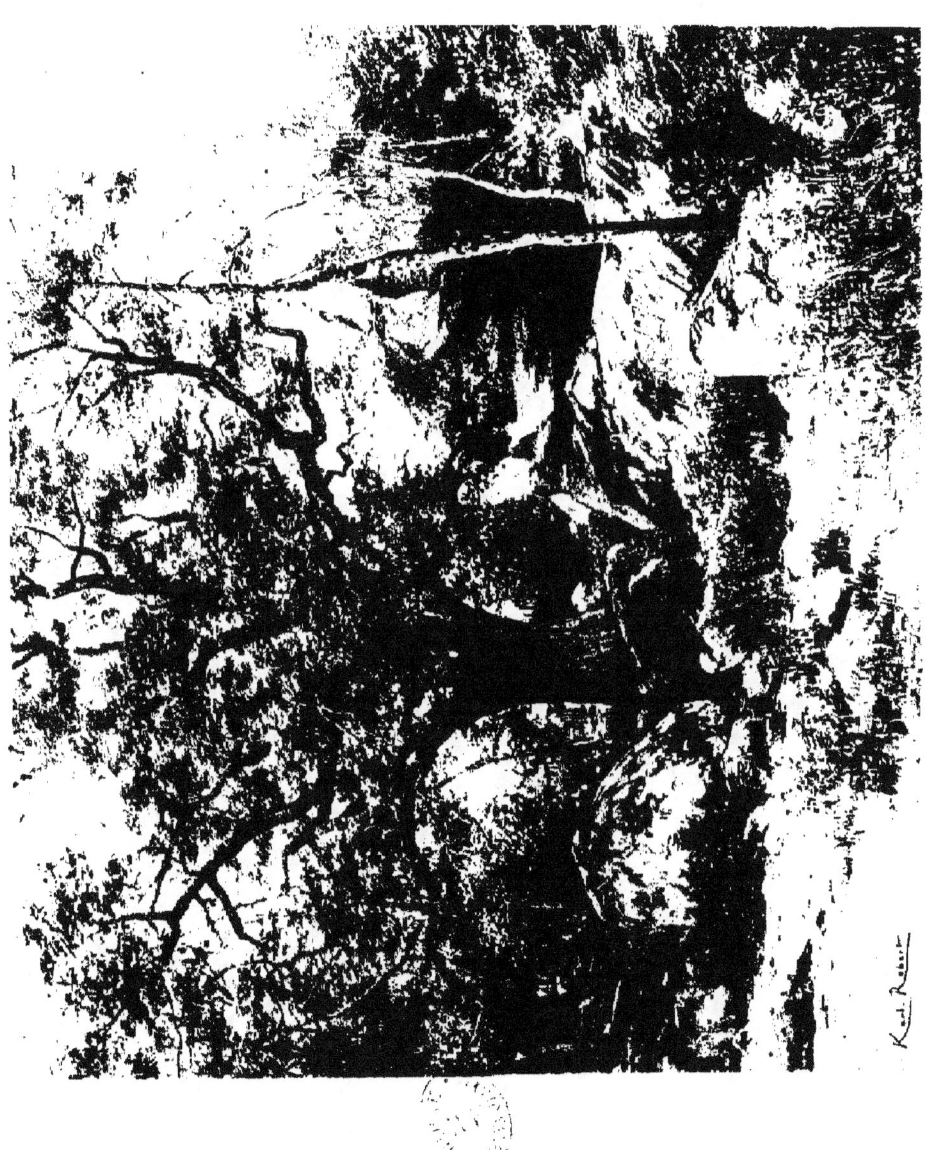

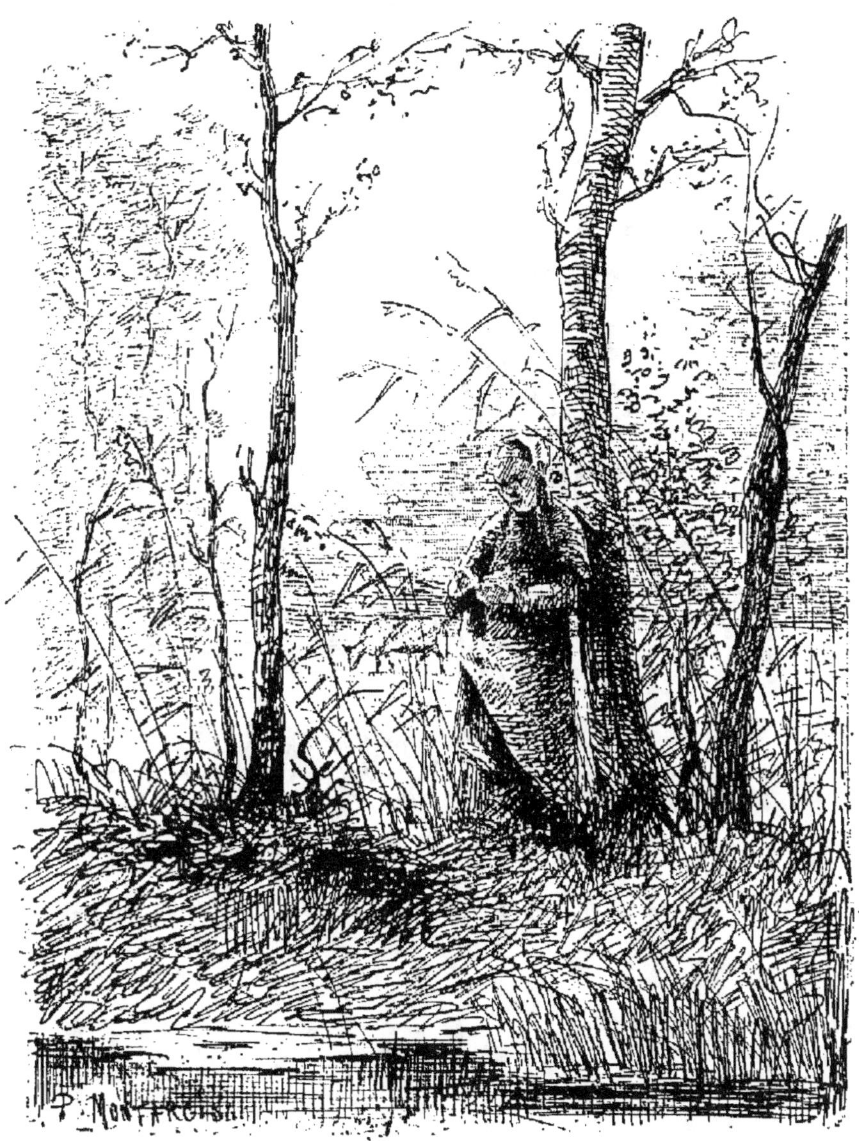

AUX CHAMPS

R. PIGUET

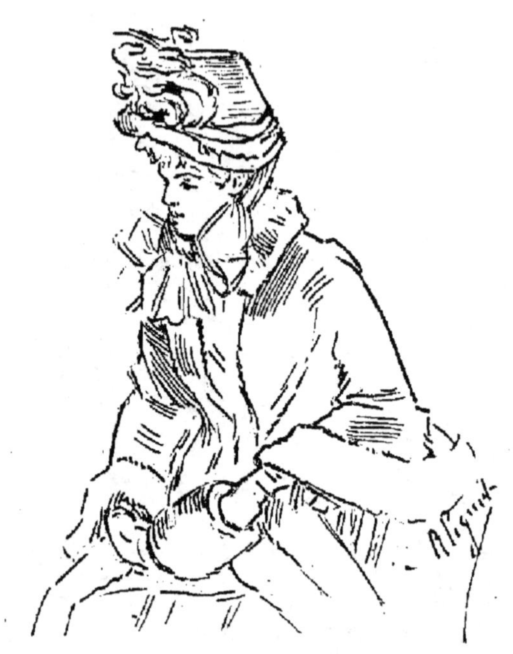

UNE PARISIENNE

LAURENT GSELL

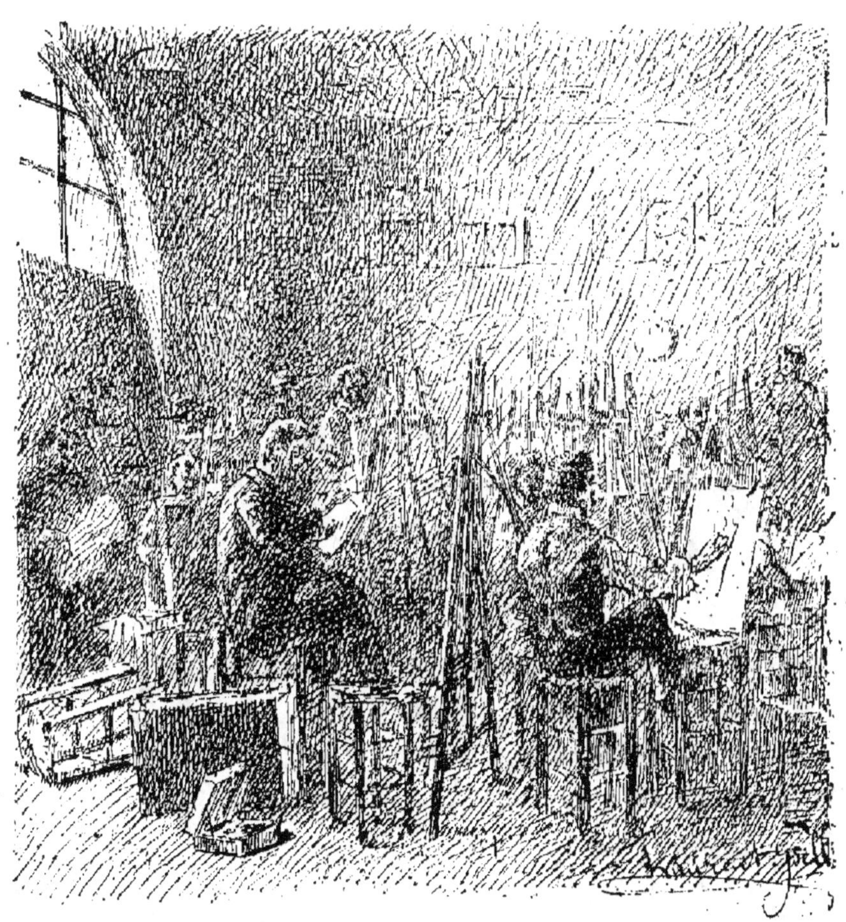

L'ATELIER DE CABANEL

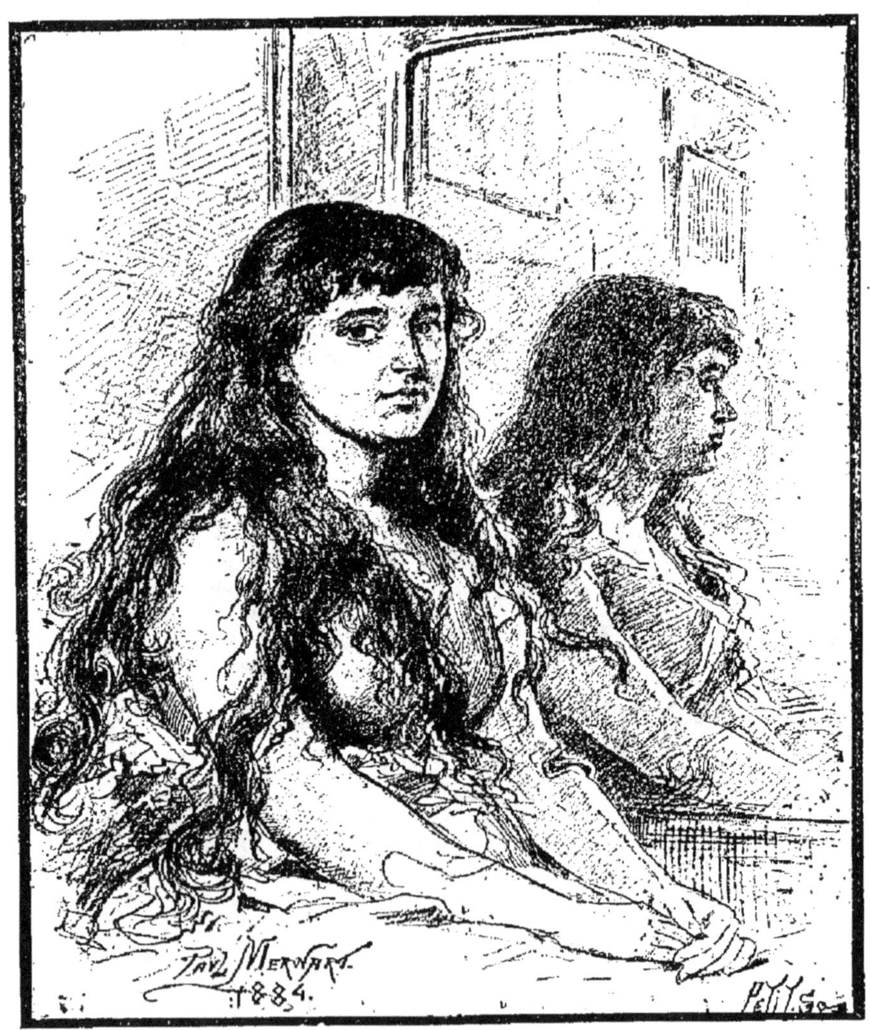

CROQUIS

ROBIDA

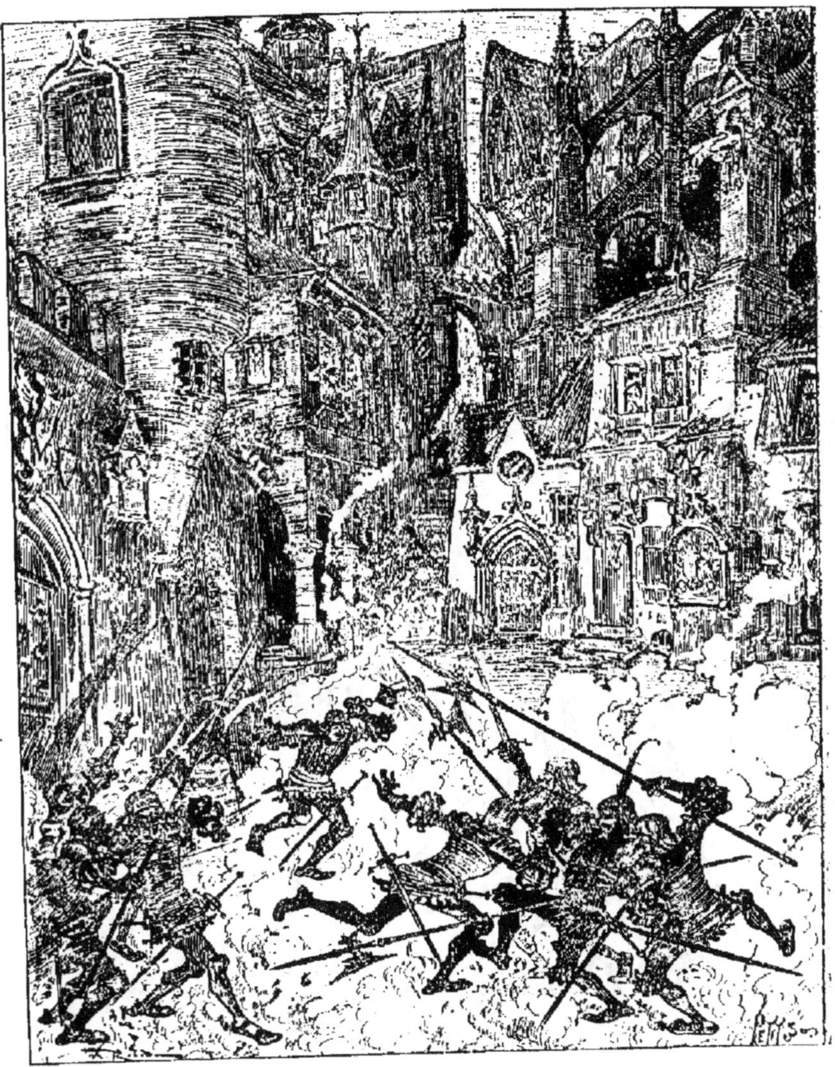

COMPOSITION POUR L'ILLUSTRATION DE « RABELAIS »

GEORGES BELLENGER

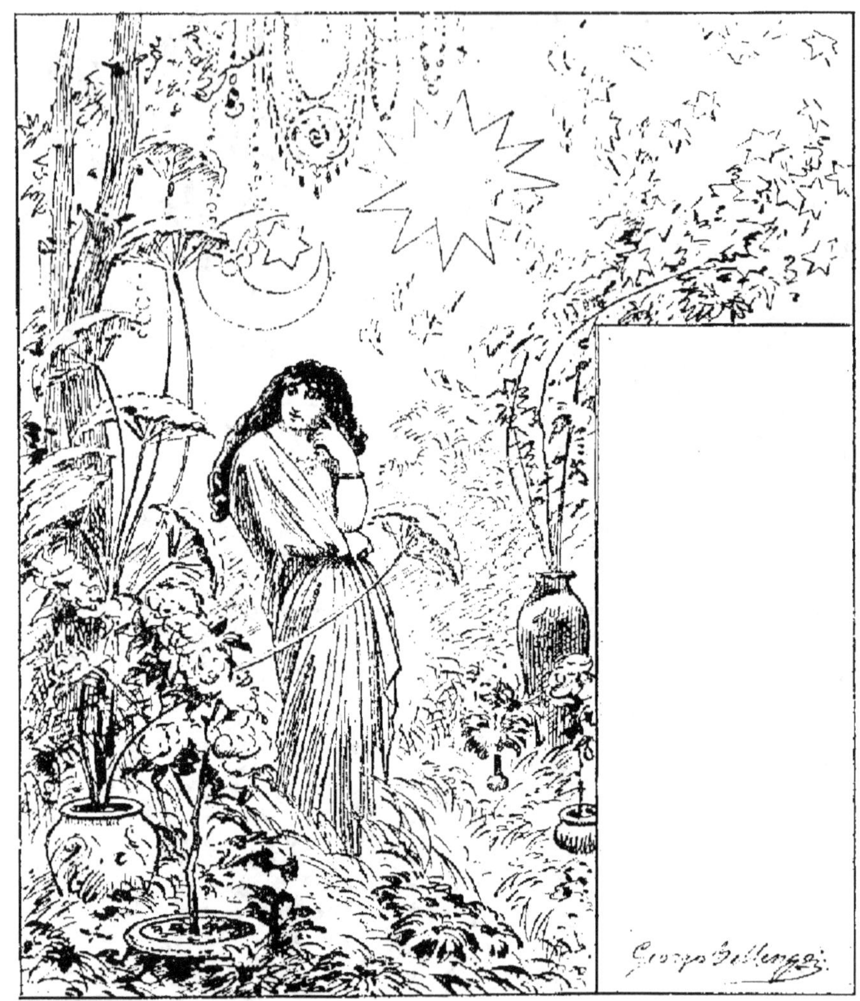

DESSIN POUR ILUSTRATION

MAXIME LALANNE

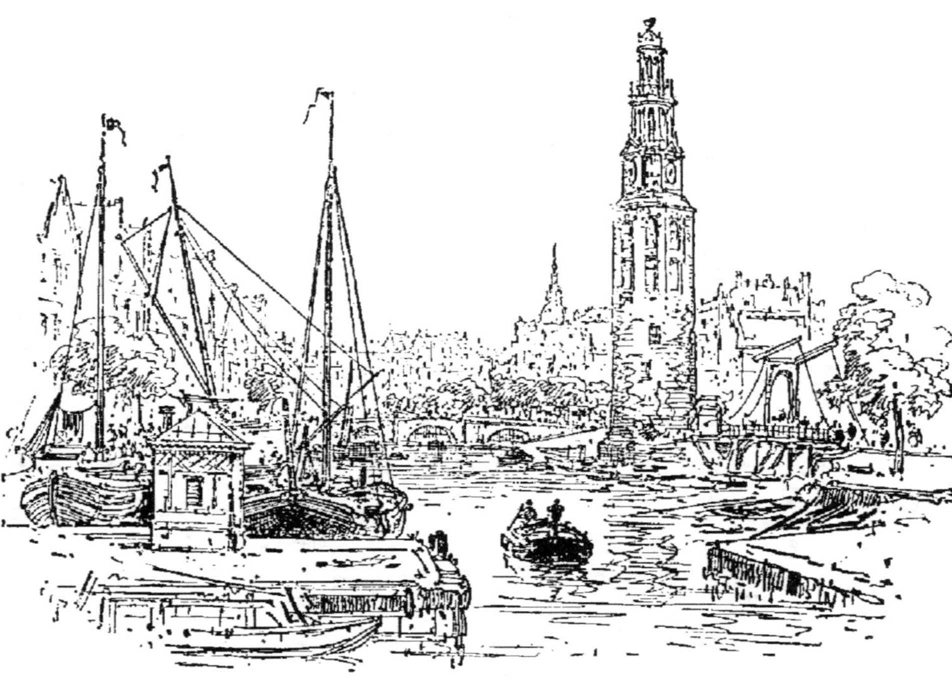

VUE DE HOLLANDE

M· E· BERNE-BELLECOUR

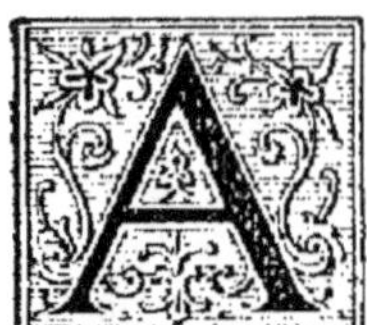UTREFOIS le soldat était admiré comme une chose de luxe ; on aimait à le voir passer sur le boulevard ou parader aux revues. Depuis 1870, un sentiment plus grave, plus profond, le fait mieux apprécier. Les soldats sont devenus une des forces vives de la nation ; ils sont aujourd'hui, pour tous, les représentants du dévouement, du sacrifice, de l'honneur et surtout de l'espérance.

Parmi les peintres militaires qui depuis la dernière guerre ont cherché à faire aimer le troupier, M. Berne-Bellecour conquiert chaque année un grade nouveau. Regardez l'un des beaux dessins qu'il a exposés : au premier plan, un officier de mobile ; au second plan, un moblot qui monte sa faction. Il y a là peu de chose, peut-être, mais comme cela nous rappelle des souvenirs ! Cet officier, nous le connaissons tous, nous l'avons vu accourir à l'appel de la Patrie envahie ; il a quitté son beau salon, laissé ses plaisirs mondains, dit adieu à toutes les joies pour endosser cet uniforme de mobile, que nos descendants aimeront toujours. Il est crâne, cet officier ; il a bien l'allure française, pleine de décision, d'énergie, de vaillance. Monsieur Berne-Bellecour, vous nous avez envoyé là une belle œuvre, d'une exécution étonnante, d'un fini précieux et soigné et montrant chez vous l'étoffe d'un véritable patriote ; vous o us l'aviez d'ailleurs déjà bien souvent prouvé.

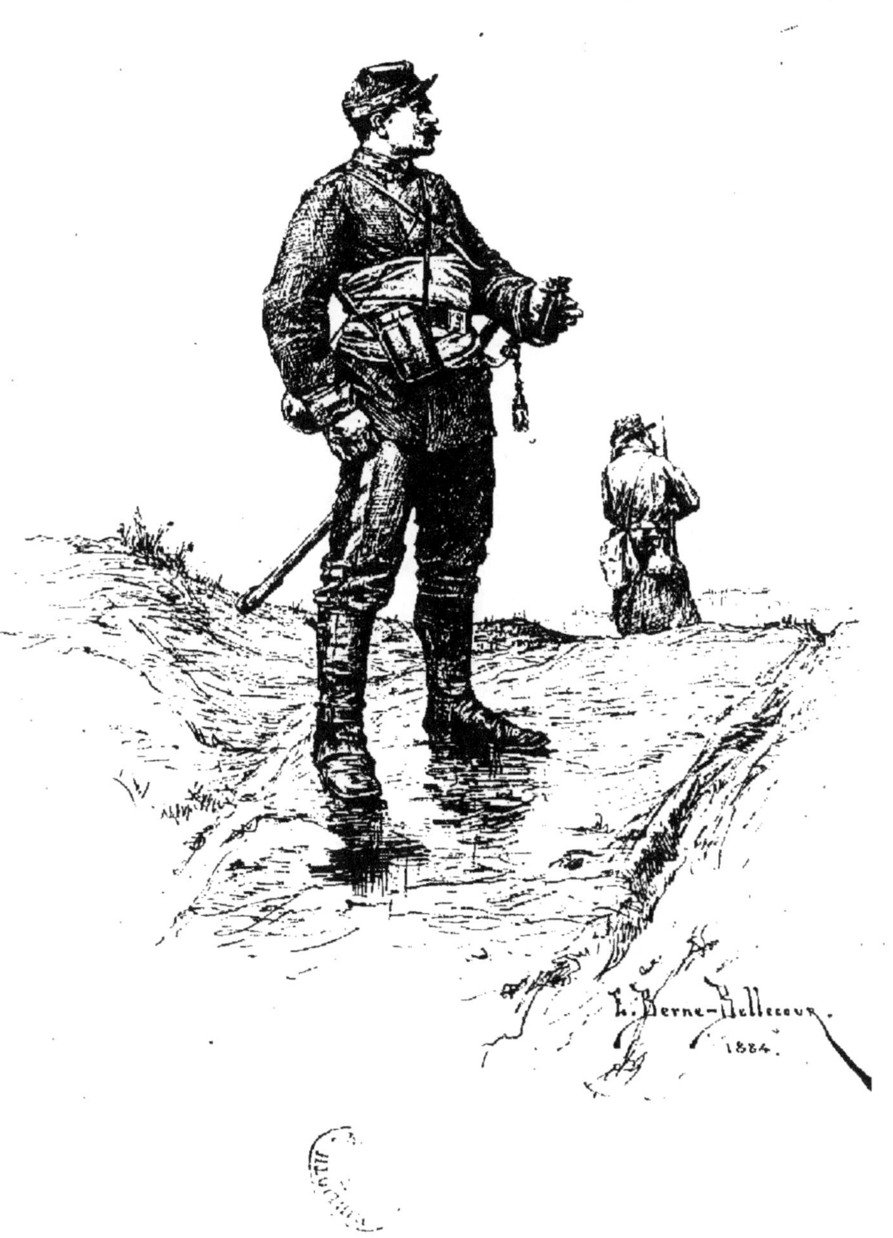
L. Berne-Bellecour.
1884.

Mlle ROBIQUET

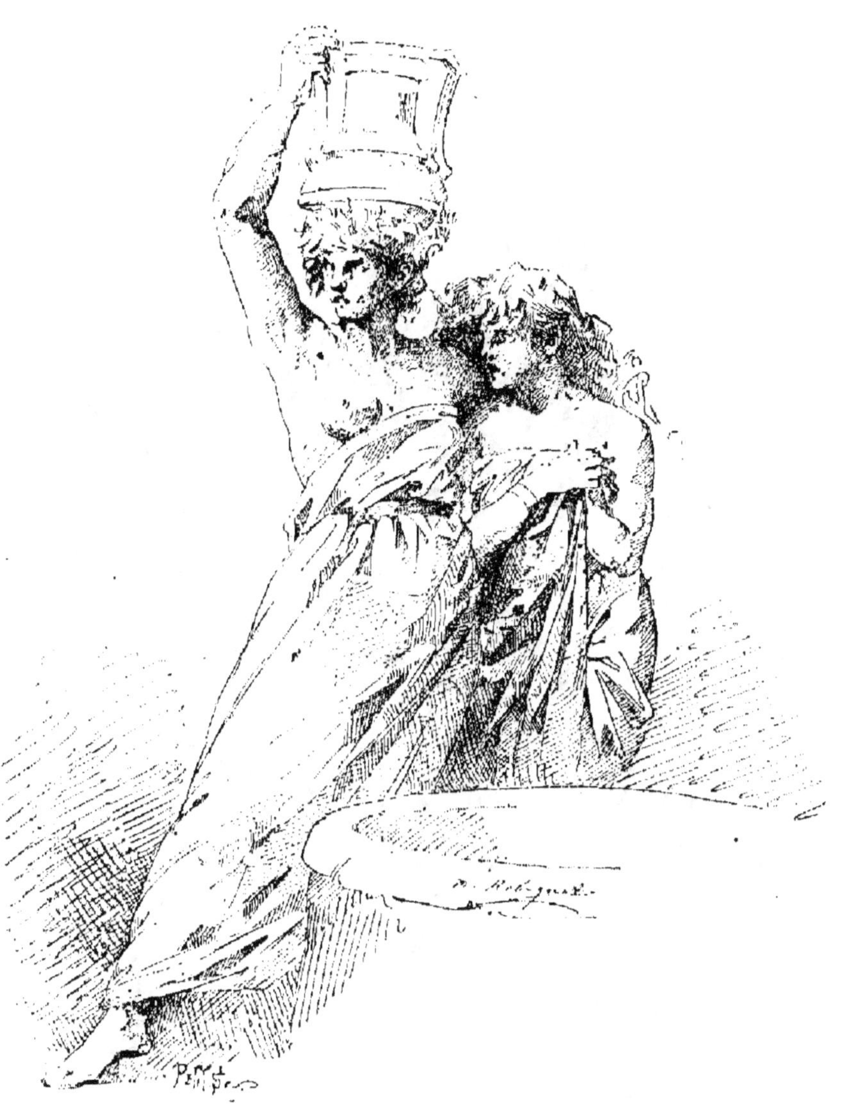

FRAGMENT DE COMPOSITION

COTTIN

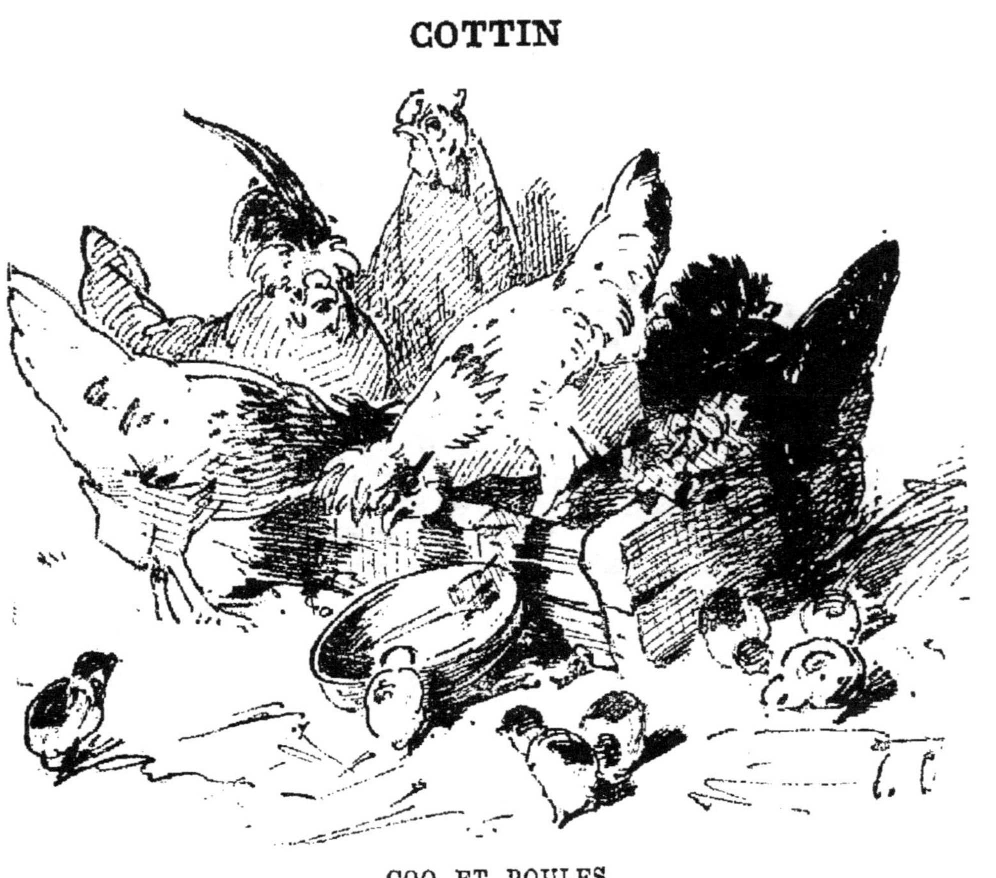

COQ ET POULES

SCHEUERMANN

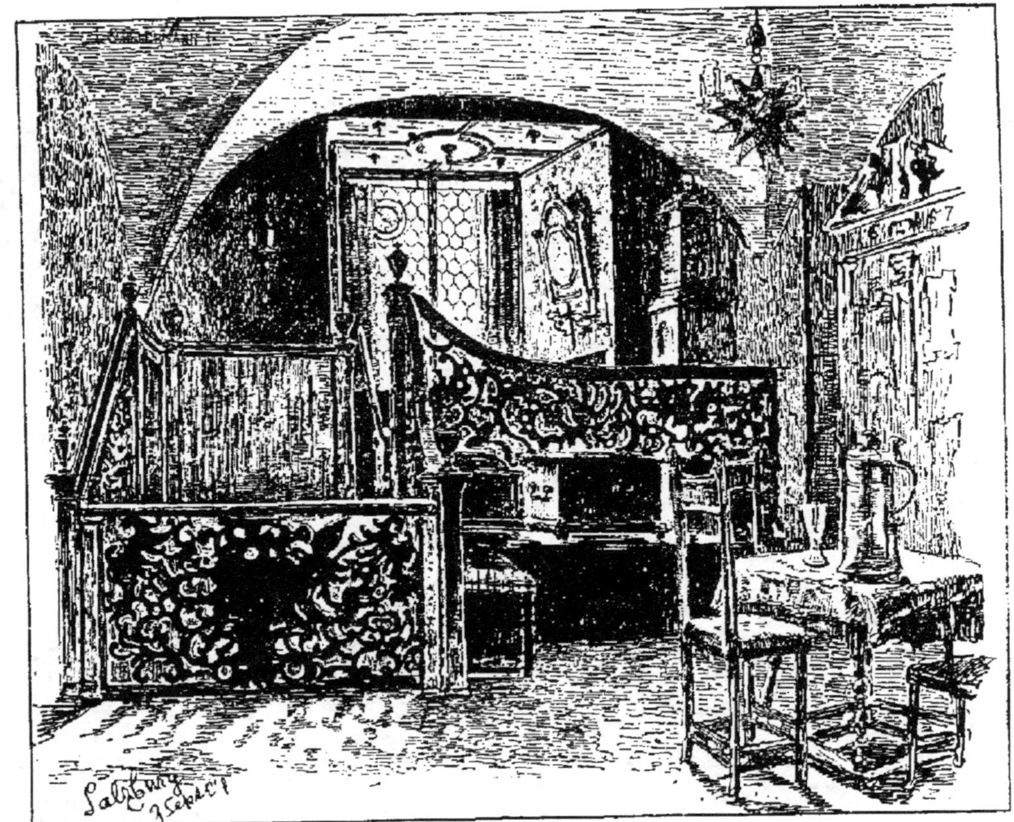

ESQUISSE DU TYROL

PRIOU

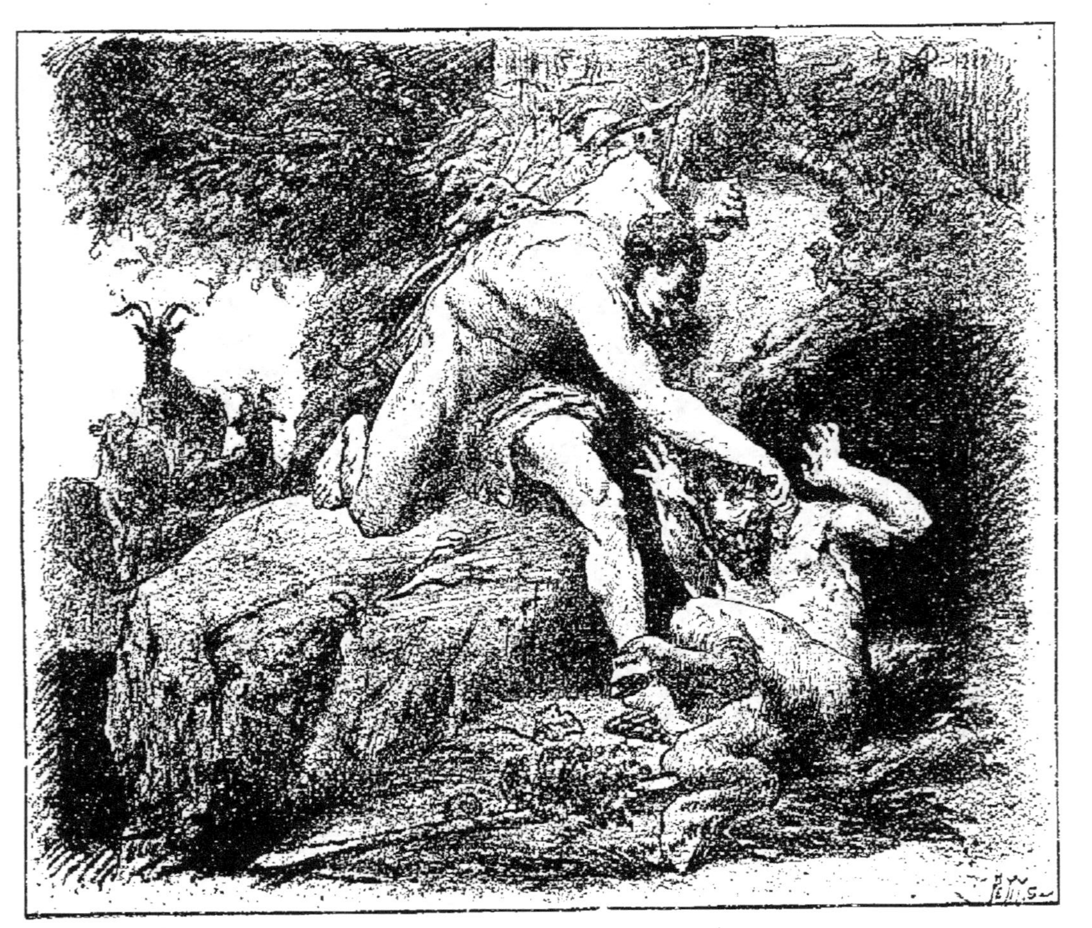

HERCULE ET PAN

(*Légende des siècles.* — VICTOR HUGO.)

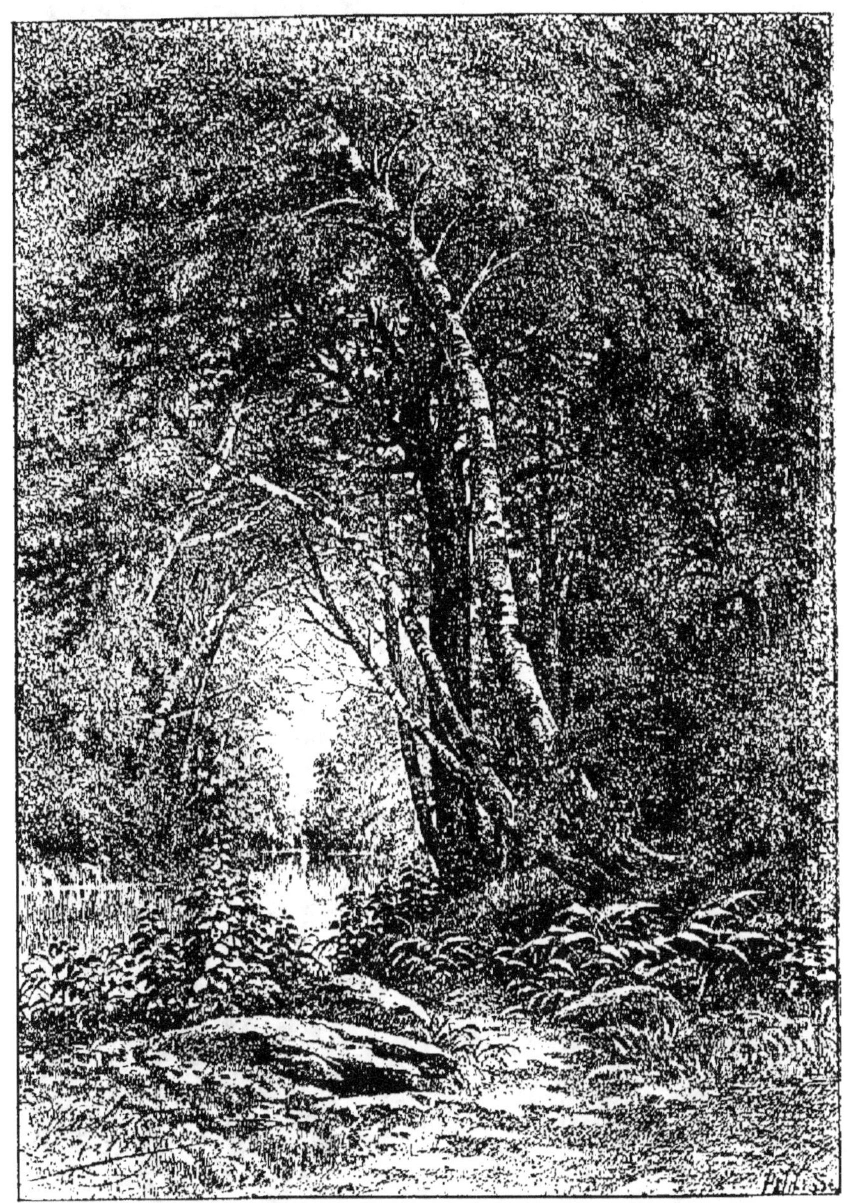

ÉTUDE DE PAYSAGE

MALLET

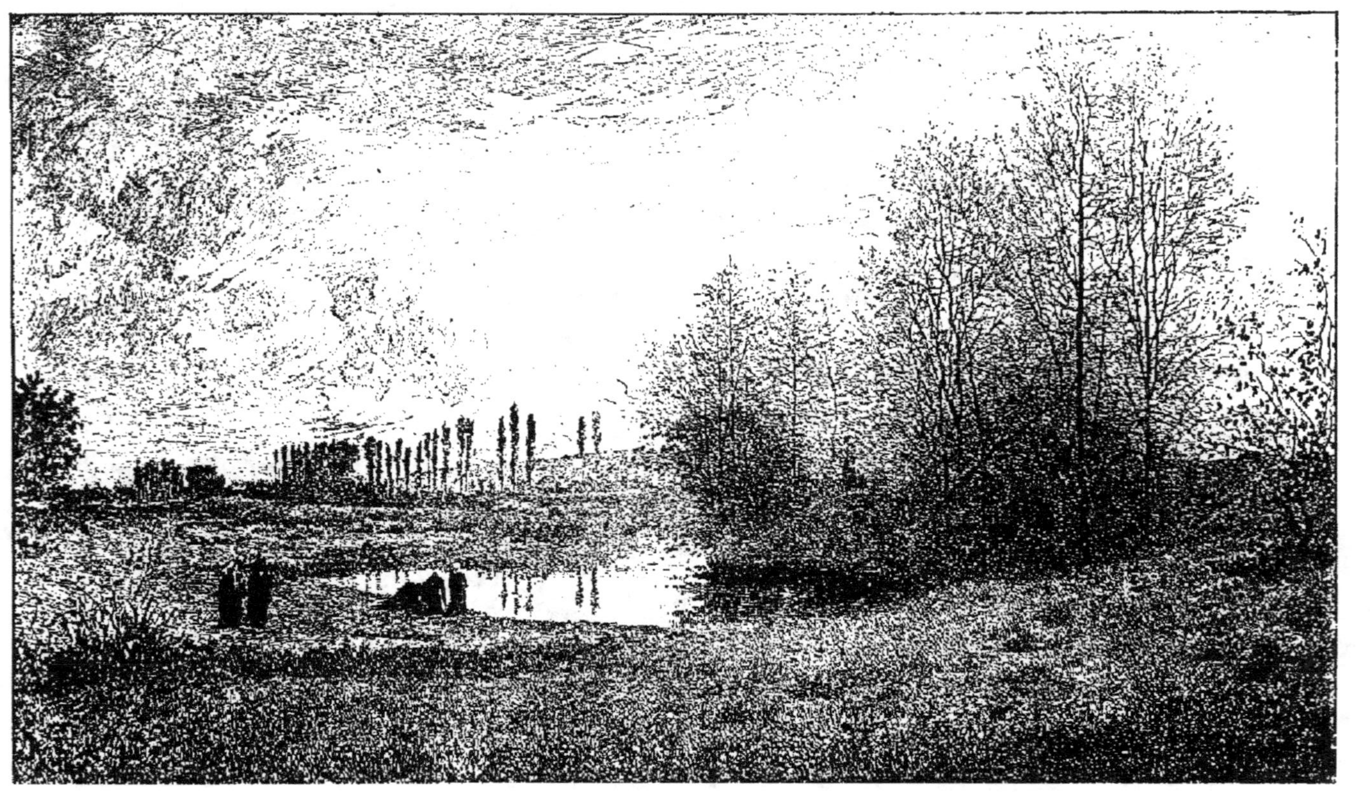

LE SOIR DANS LES BOIS

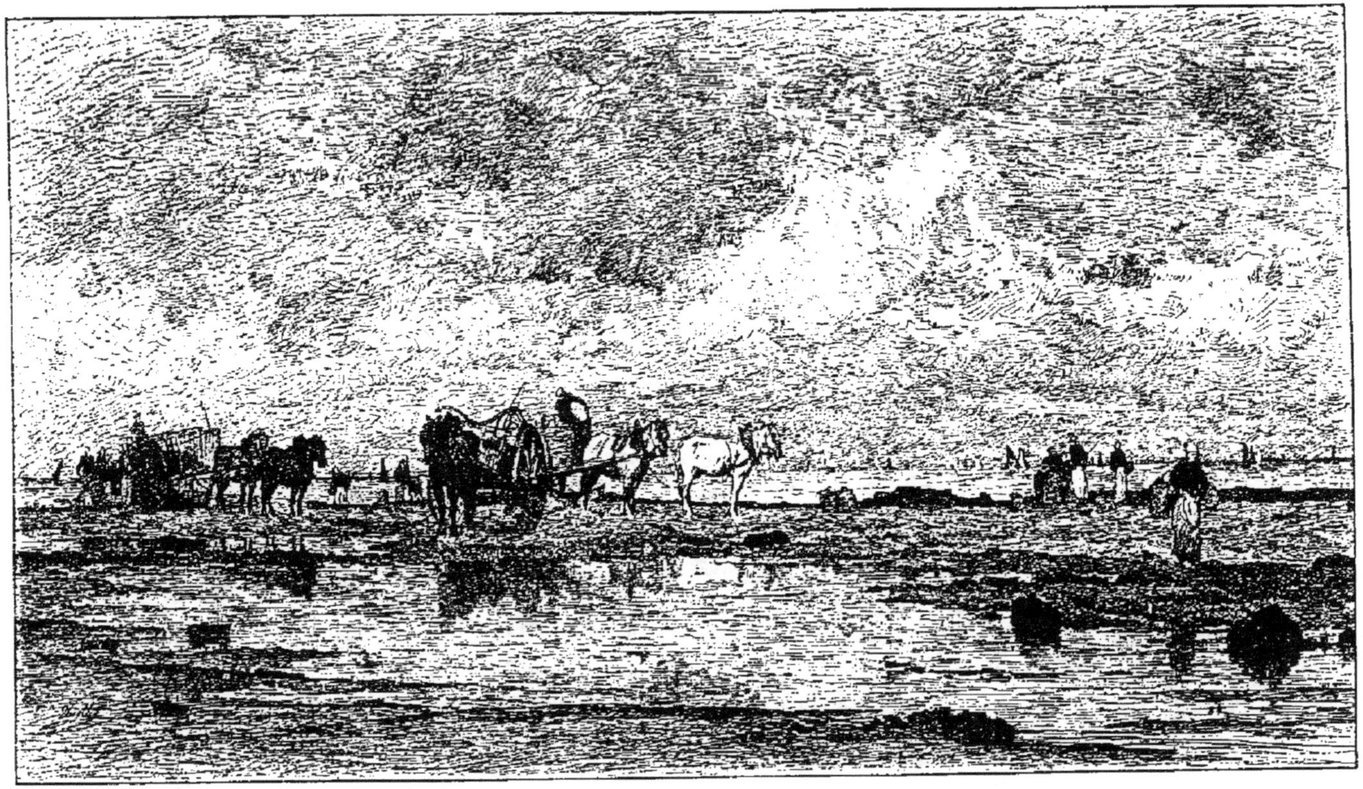

DÉPART DES PÊCHEURS

M· WALTNER

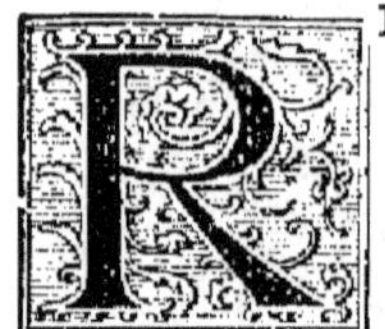EMBRANDT, l'immortel aqua-fortiste, recueilli dans le monde interne de ses pensées, a laissé des chefs-d'œu·vre faits pour émouvoir le spectateur. Il ne cherchait pas à éblouir, mais bien à s'adresser à l'âme. M. Waltner a quelque chose de la manière de travailler et de penser de Rembrandt ; il aime d'ailleurs ce grand maître, il a une affection pour lui très intense. N'est-il pas d'ailleurs surtout connu par ses admirables reproductions des œuvres de Rembrandt ? Il a su rendre avec une habileté hors ligne, dans de bien belles eaux-fortes, les luttes mystérieuses de l'ombre et de la lumière qui produisent des effets si étonnants et si fantastiques, et qui sont comme la signature du grand-maître. Il est d'une qualité rare, d'une beauté hors ligne, ce beau portrait de princesse qu'expose M. Waltner. Que de prestige, que de poésie dans ce petit cadre ! Comme elle est bien rendue cette dégradation insensible entre l'ombre et la lumière ! Comme les tons sont délicats et variés ! On sent palpiter la chair. Les moindres détails sont finement notés ; la tête respire le charme de la jeunesse, l'élégance, la distinction aristocratique.

Comme toujours, Monsieur Waltner, vous vous montrez non seulement un praticien consommé, mais encore un savant dessinateur. D'ailleurs, combien d'autres belles œuvres sorties de votre main mériteraient d'être citées.

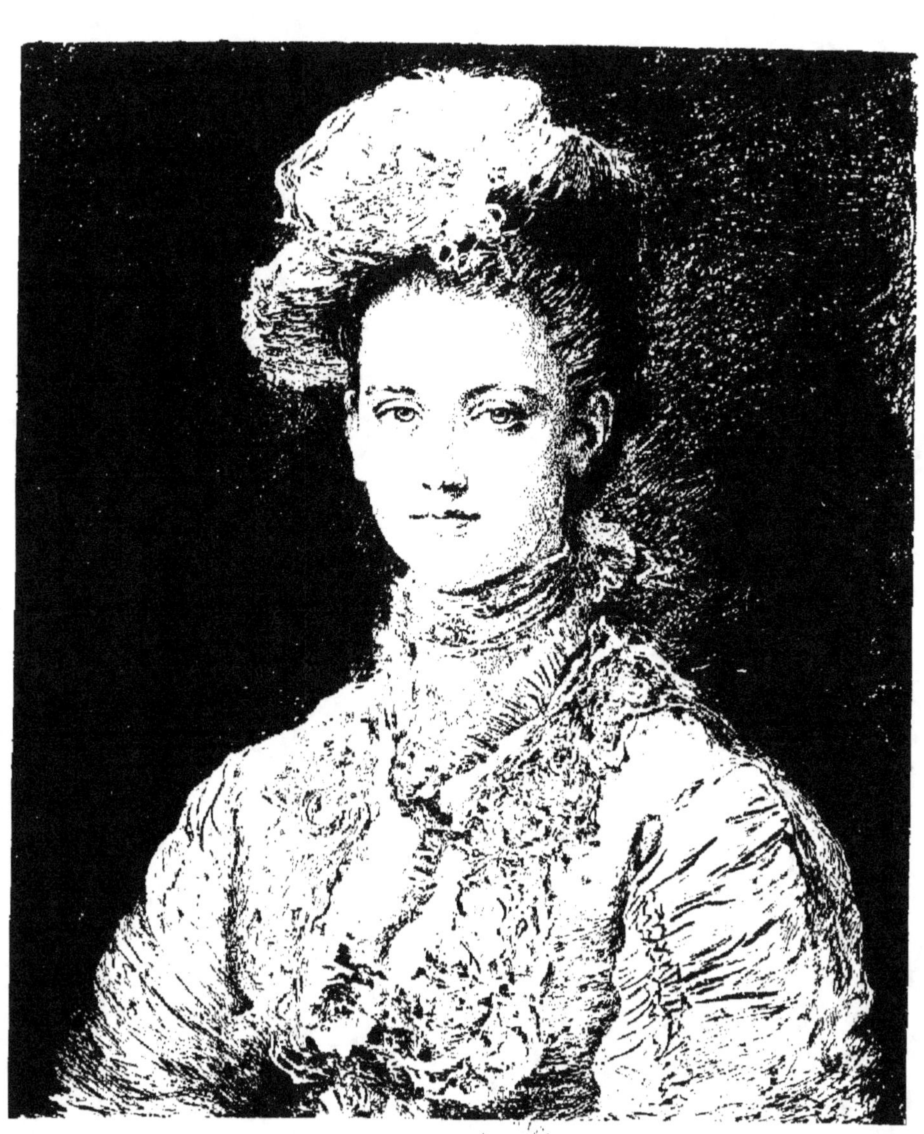

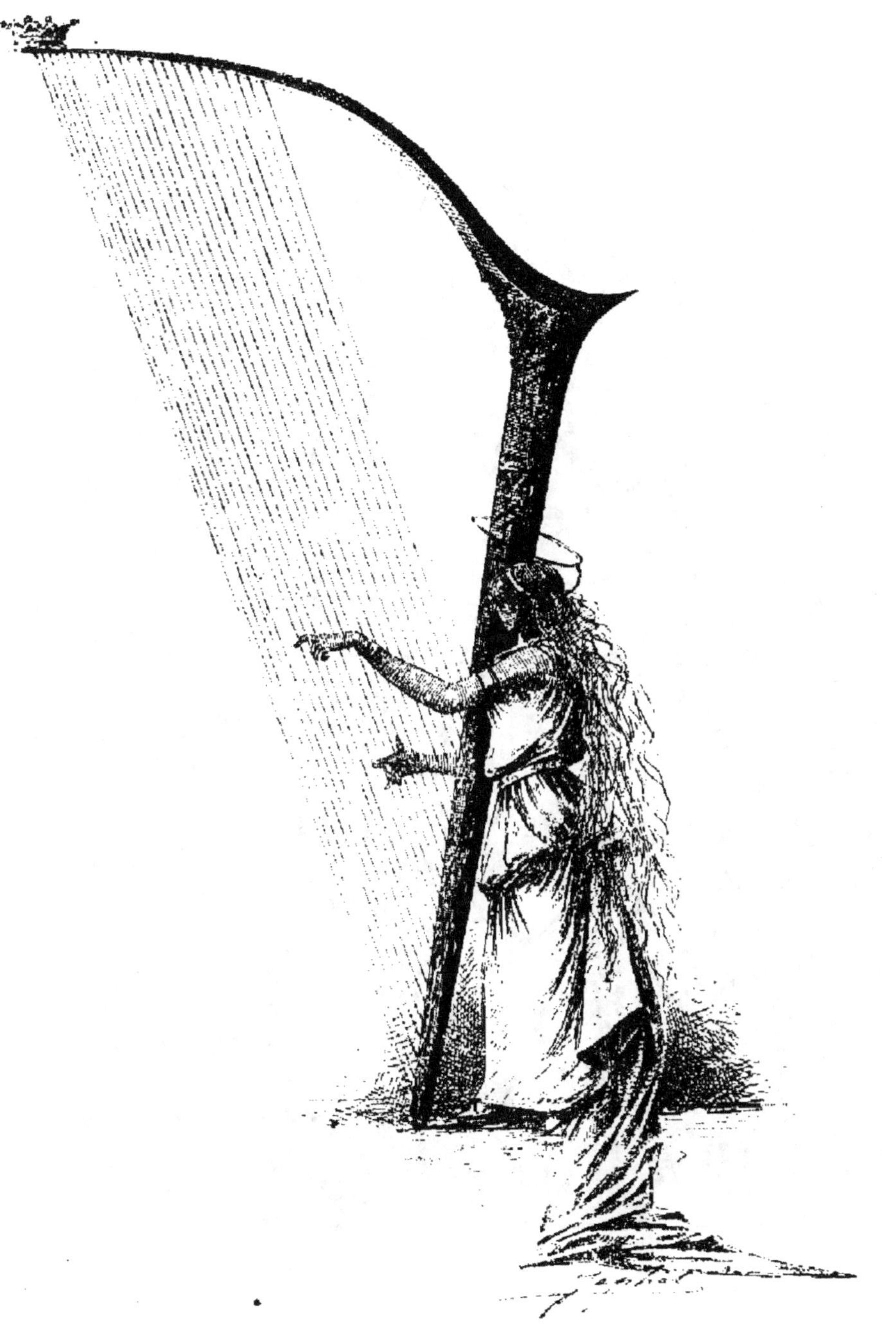

SAINTE CÉCILE

Mme Marthe **POINCIGNON**

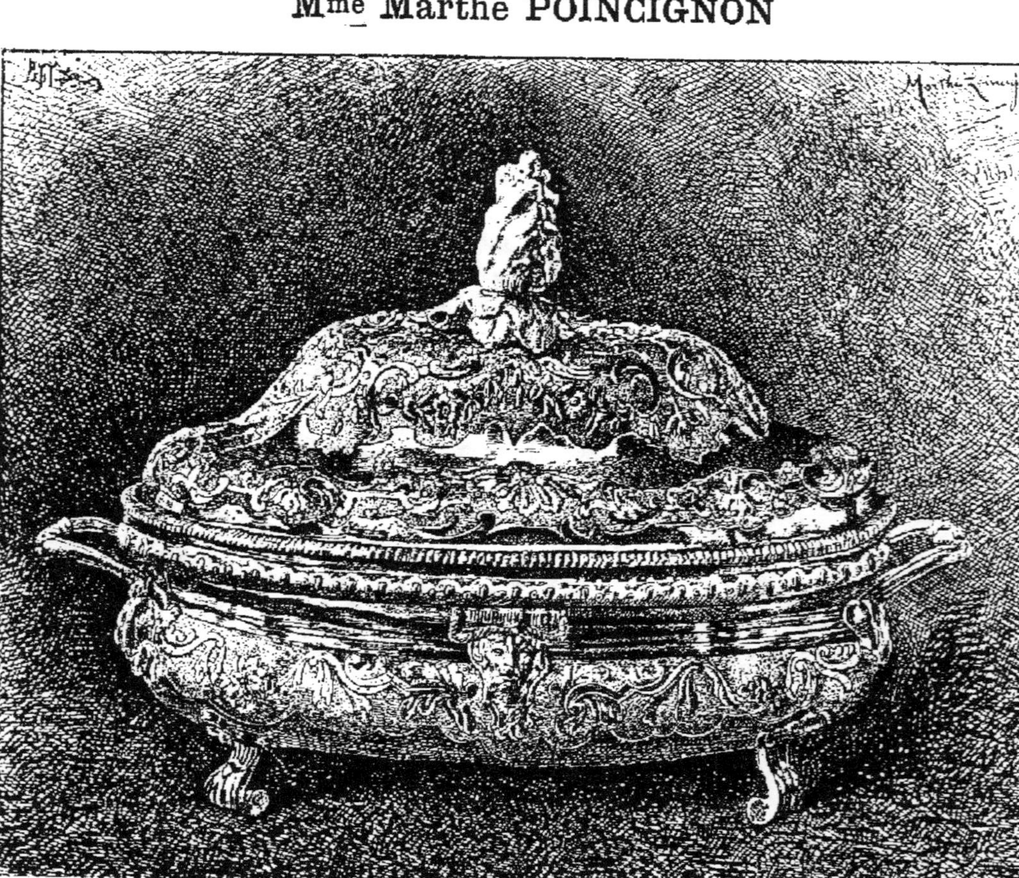

UNE SOUPIÈRE RENAISSANCE

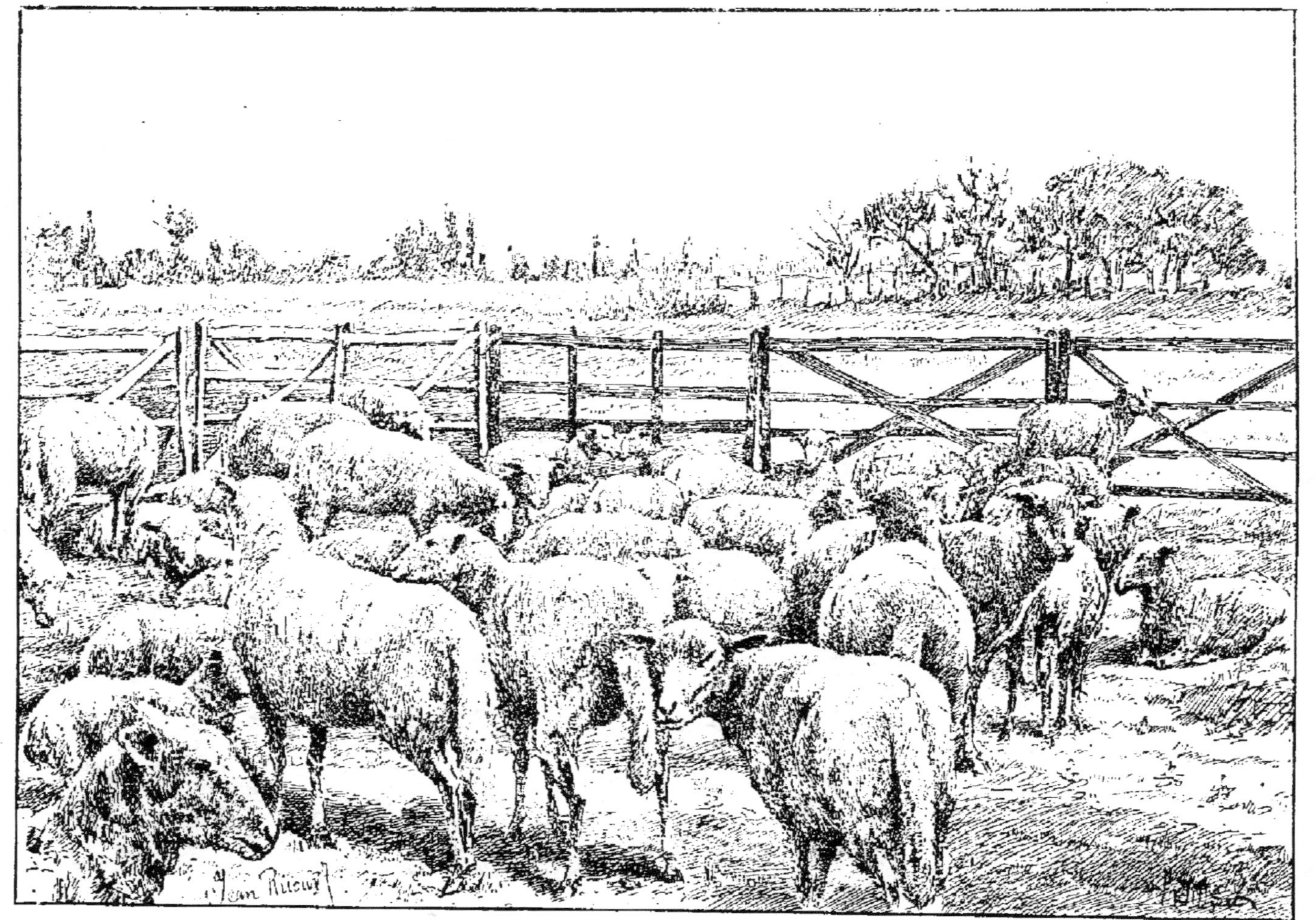

MOUTONS AU PARC

M. MAXIME LALANNE

ITES-MOI donc, Monsieur Maxime Lalanne, qu'elle fée enchanteresse conduit vos doigts, pour vous faire exécuter de si ravissantes choses ?

Vous nous faites de tout: des dessins à la mine de plomb, des fusains, des eaux-fortes. Vous nous représentez des paysages, où très souvent domine la note patriotique. Le siège vous a laissé bien des souvenirs que vous avez notés dans de charmants petits chefs-d'œuvre. Rien ne vous arrête, rien ne vous épouvante; vous avez toutes les audaces et aussi tous les succès avec un égal bonheur: vous nous montrez des paysages désolés, souvenirs de la guerre, des châteaux princiers, où dominent la richesse, le calme et la paix ; des vues de Hollande, que vous croquez d'un crayon spirituel et alerte, avec autant de facilité que si vous aviez passé toute votre vie dans ce pays. Vos croquis puissants ont la valeur de notes et de documents historiques. Je me rappelle plus d'une fois être resté au Salon à contempler bien longtemps vos croquis au crayon. Quelques traits, et voilà un monument rendu avec vérité, une cathédrale, un port qui se montrent comme par enchantement. Faut-il parler de ce beau et harmonieux paysage au fusain que M. Lalanne expose ? Que dire de ces arbres touffus, d'une si grande beauté qu'il semble que la nature pourrait elle-même se passer de couleur si elle était toujours aussi belle. Et ces lointains, cette perspective, ces fonds qui s'éloignent noyés dans une vapeur douce et lumineuse ! Ici circule l'air, baigne l'atmosphère de l'été. Il y a une harmonie d'une finesse exquise dans les supports des arbres du premier plan et ceux du lointain. Ce fusain est empreint d'un grand caractère, et c'est une œuvre de maître.

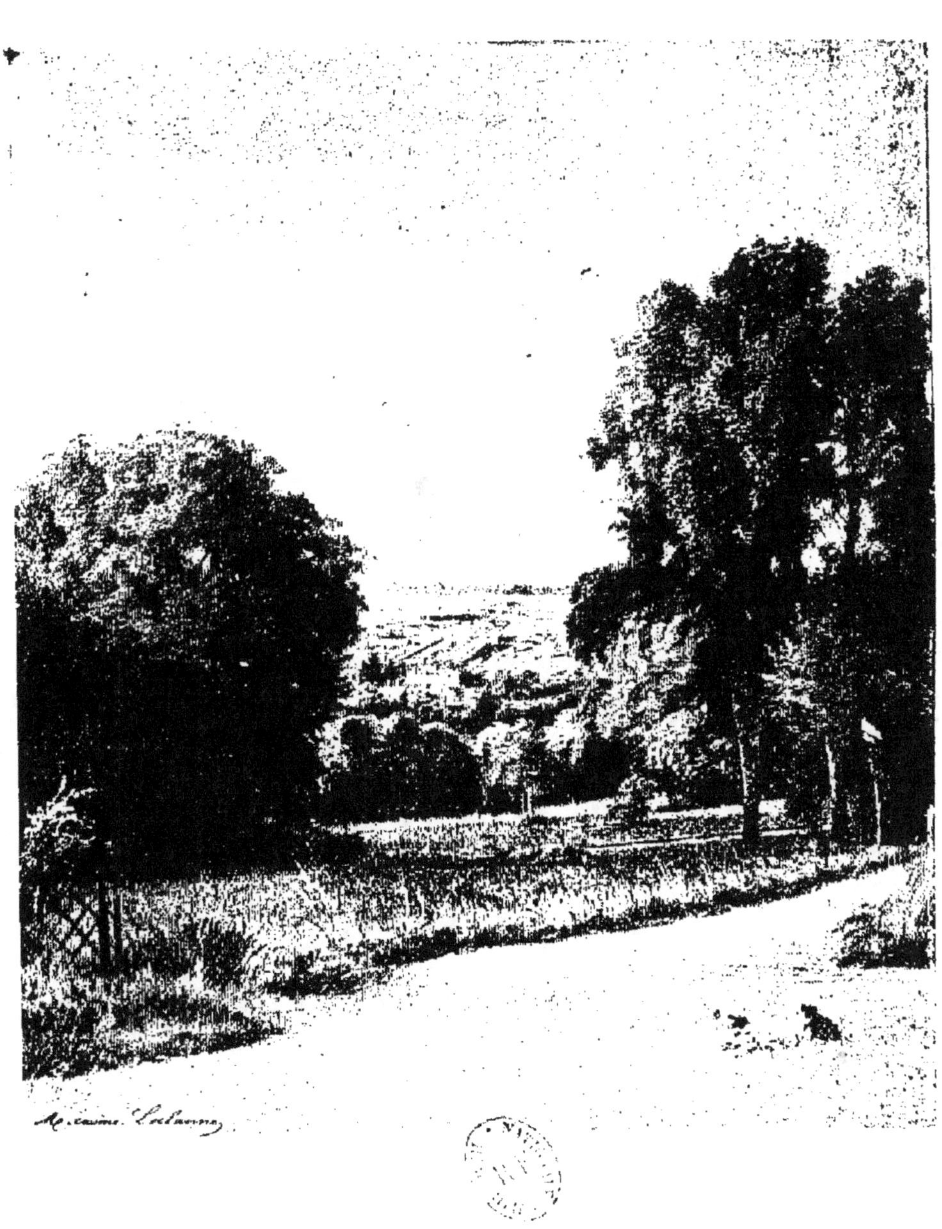
M. casine Leclercq

EBNER

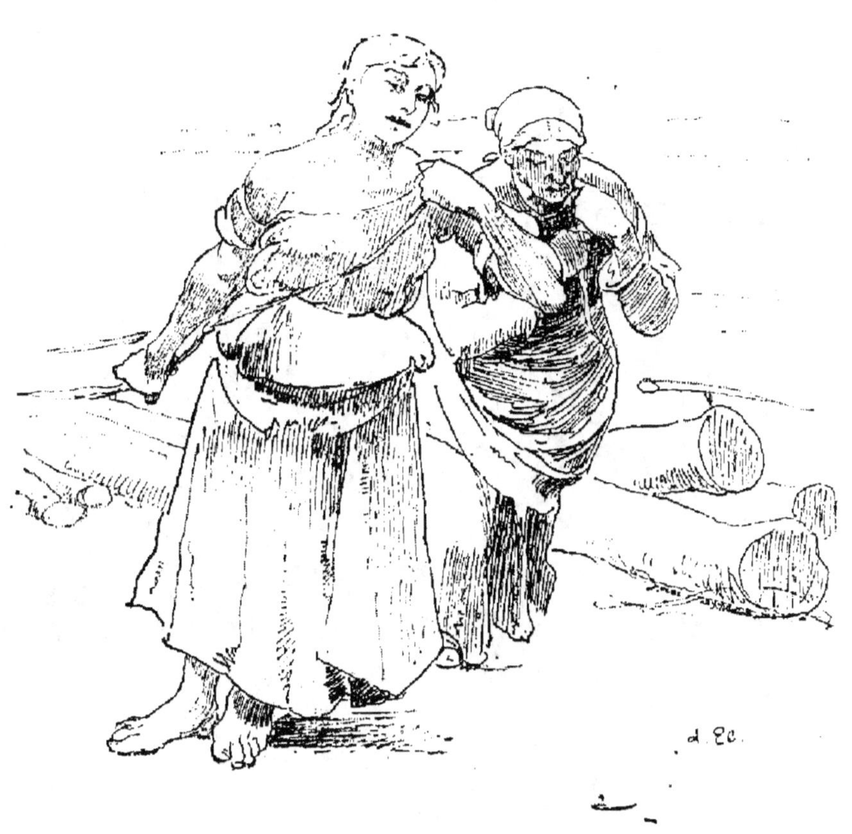

LES HALEUSES

BOILOT (Alfred)

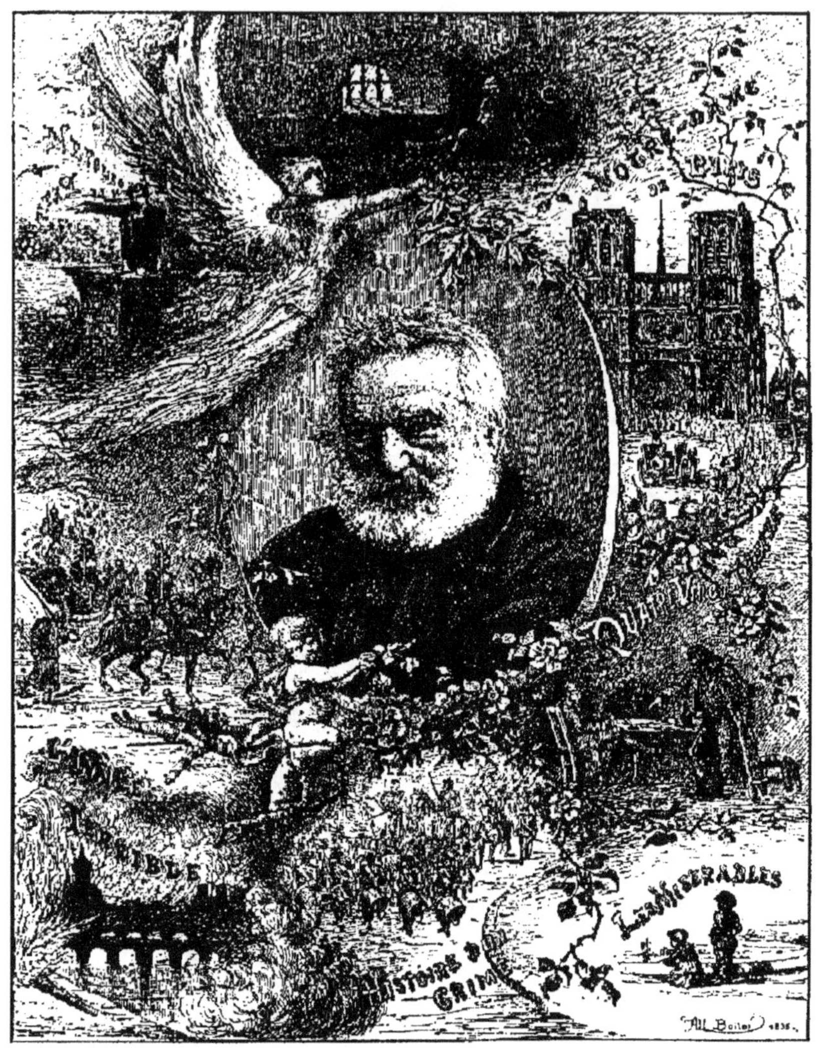

VICTOR HUGO

DANTAN

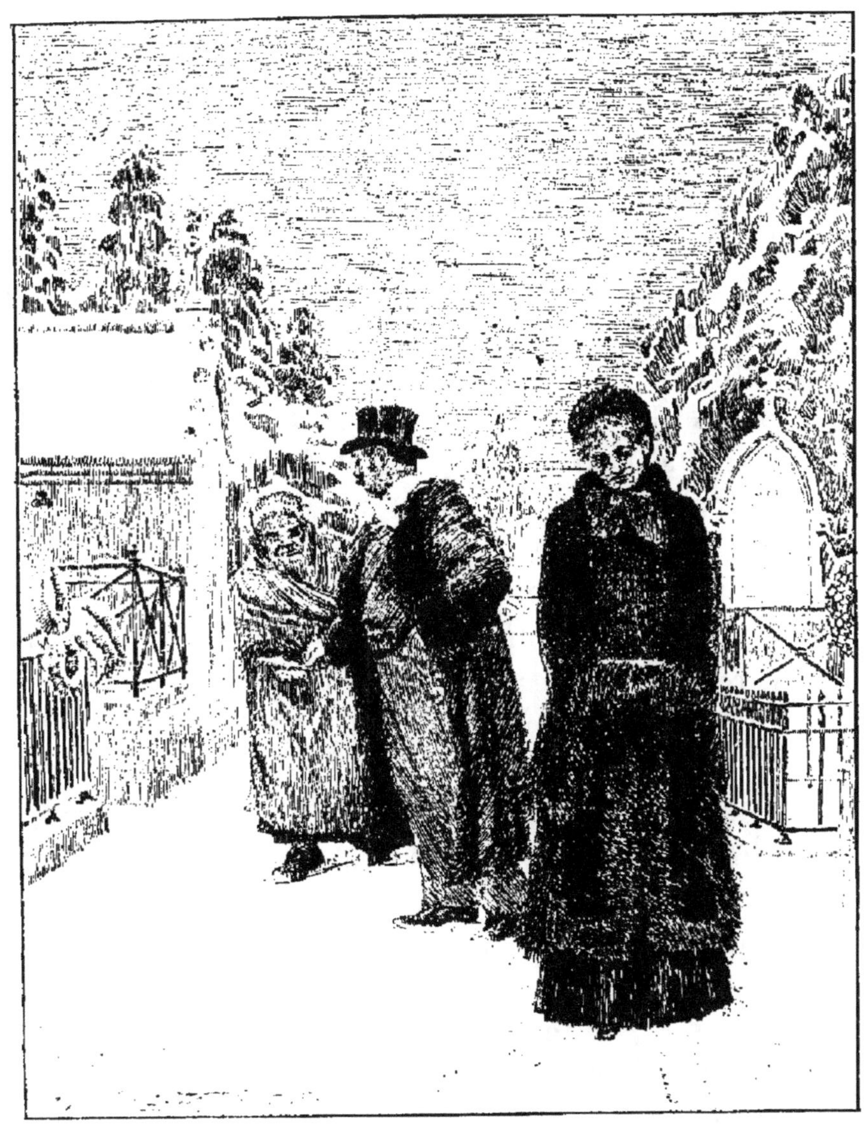

UNE PAGE D'AMOUR

Zola.

M· HENRI PILLE

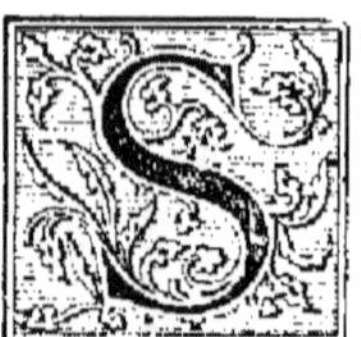

'IL est un artiste qui possède véritablement l'esprit gaulois, vif, enjoué,
alerte, c'est à coup sûr M. Pille. Quelle
verve ! Quelle talent! Comme l'esprit
satirique déborde chez lui ! Ce sont de charmantes
merveilles, ses dessins à la plume.

Quand il arborde le moyen âge, la Renaissance,
le xviie siècle, M. Pille n'a pas son pareil. De
quelques traits de plume, il évoque les maisons, les
coutumes, les costumes, les mœurs de cette époque·
Quand il a la plume en main, en un rien de temps
il reconstruit des maisons gothiques, des fontaines
colossales, des rues du vieux Paris qu'il repeuple
de bourgeois, d'archers, de gamins.

Il est amusant, le dessin de M. Pille.

Ce groupe de gamins auxquels le sergent semble
vouloir imposer la tranquilité et le respect, ces
trois gardes du corps, ces bourgeois endimanchés
qui s'inclinent déjà d'avance devant le maitre qui
va passer, cette bonne à l'air malicieux et curieux,
tout cela n'est-il pas d'un naturel charmant et pi-
quant. Et cette architecture, cette fontaine, ces fenè-
tres grillées, tout cela est d'une vérité historique
parfaite. Monsieur Pille, faites-nous souvent d'aussi
jolis et aussi amusants dessins, nous ne nous en
lasserons jamais.

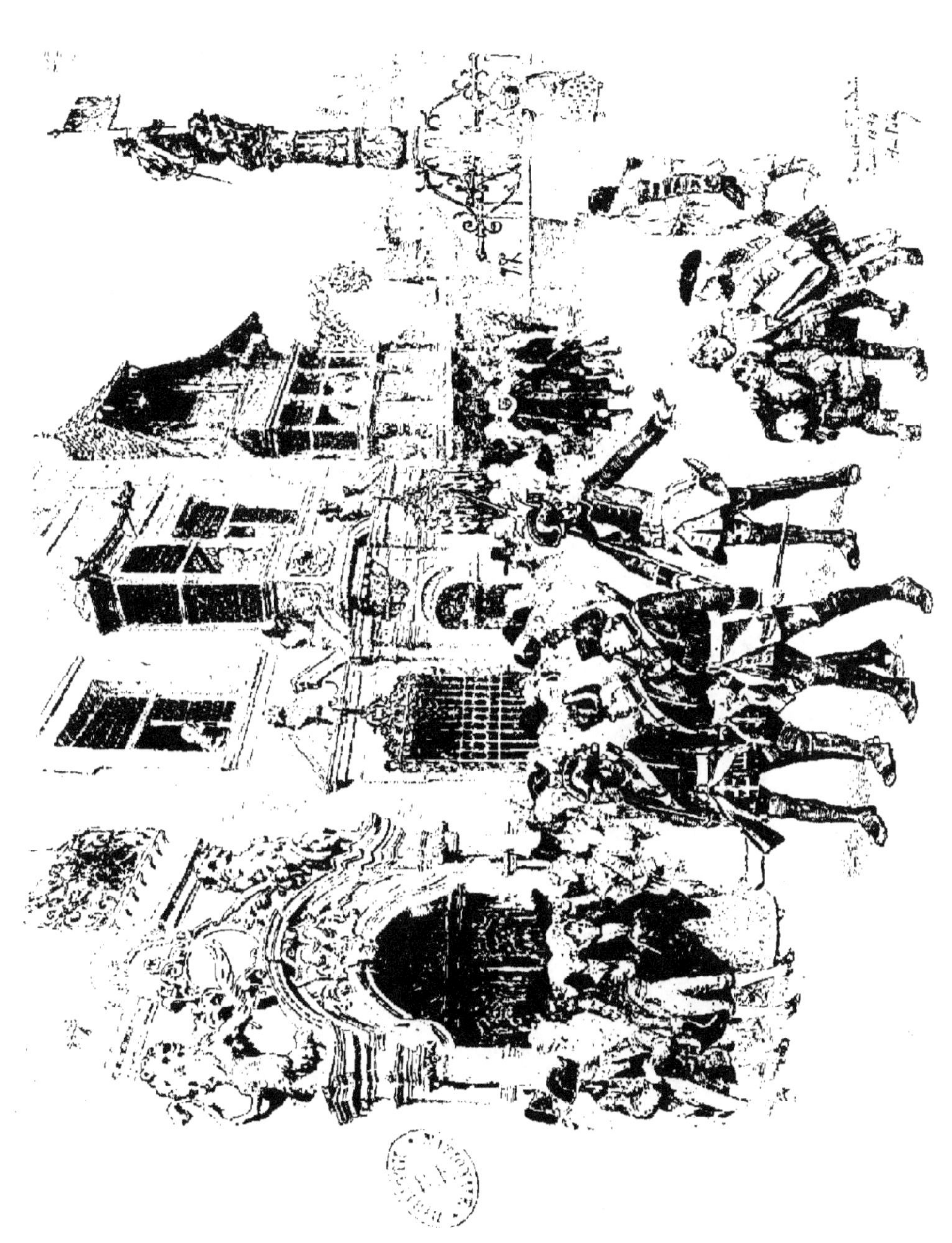

SCRIBE

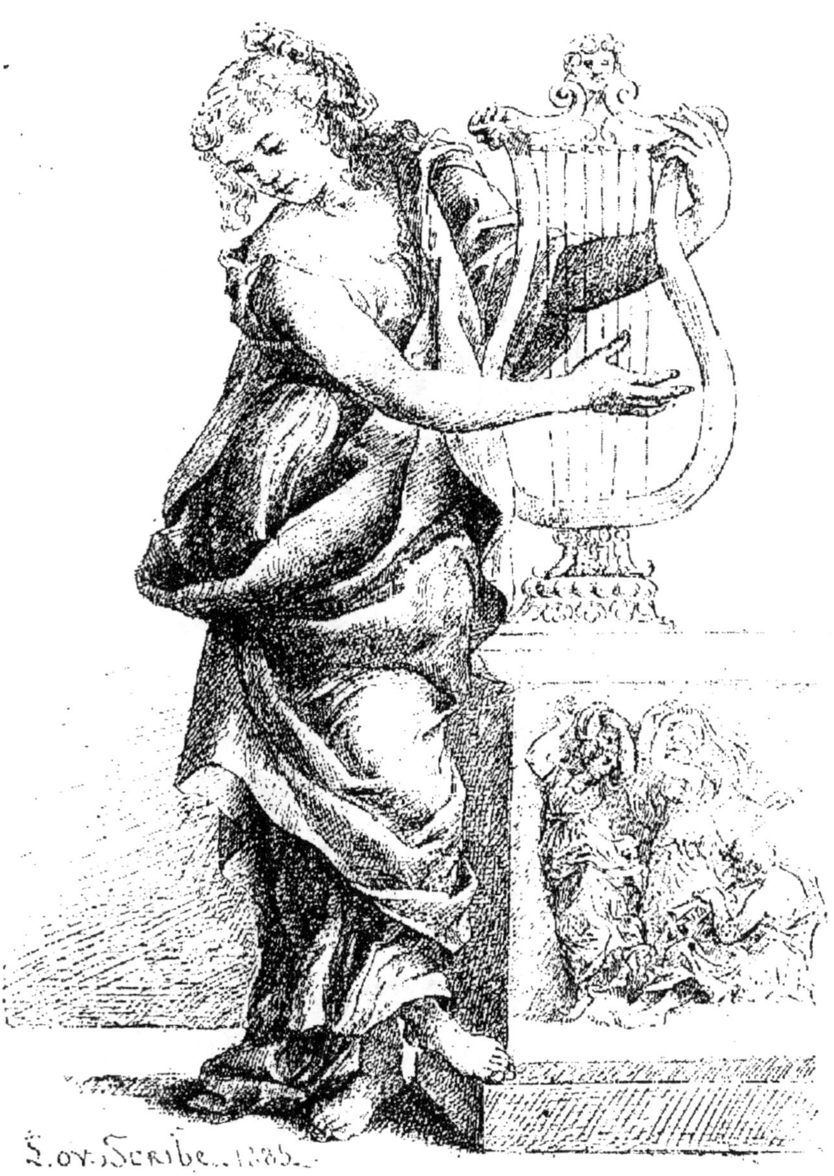

FLEUR DE PRINTEMPS

G.ᵉ PROFIT

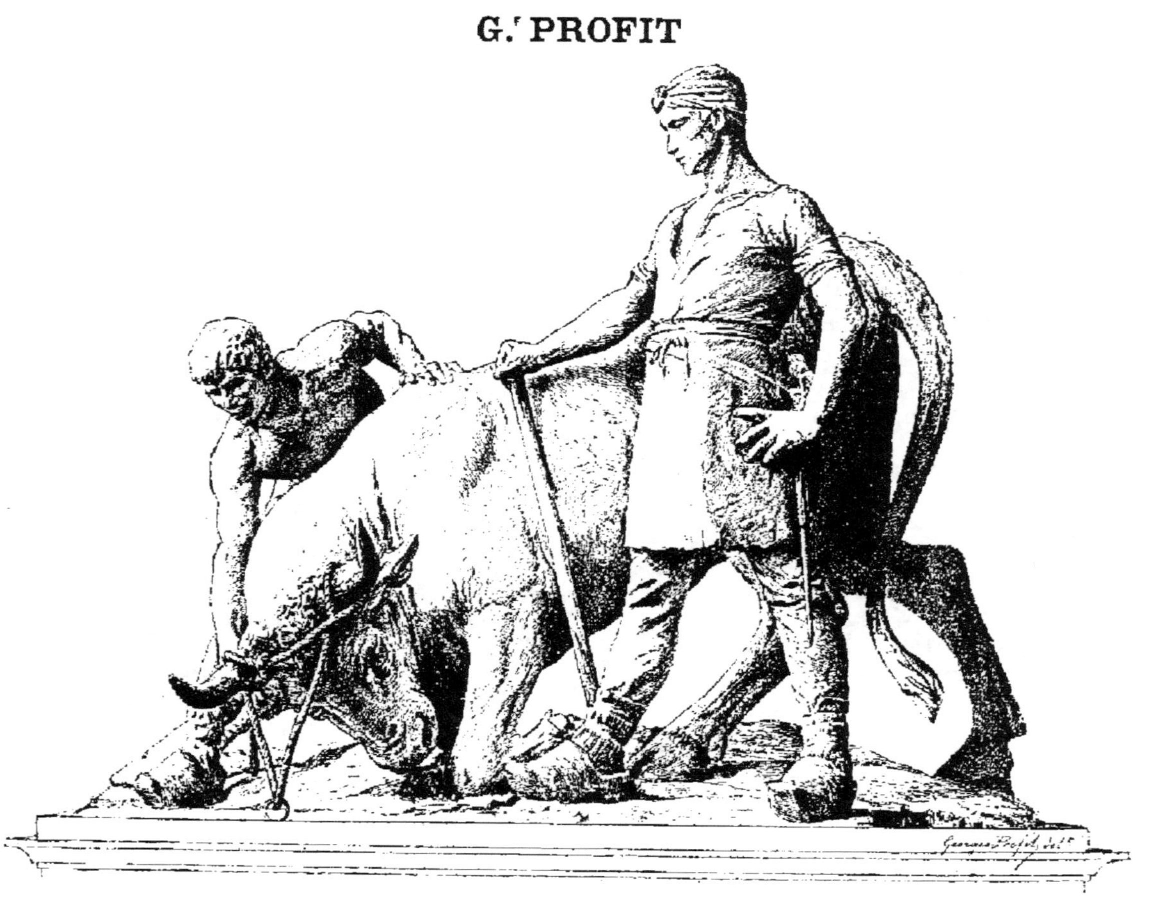

A L'ABATTOIR

SAINT-ELME GAUTIER

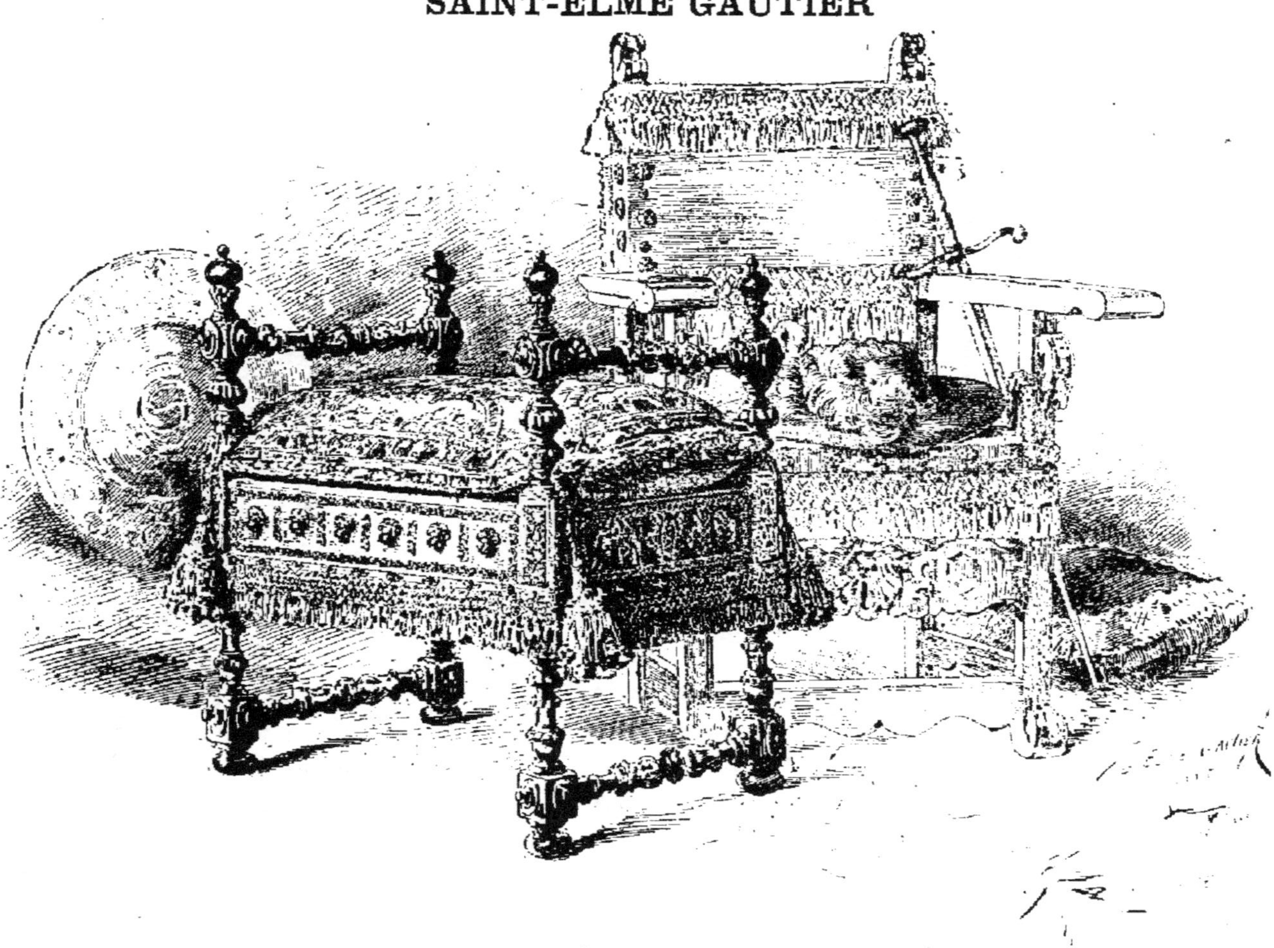

NATURE MORTE

M. CHARLES JACQUE

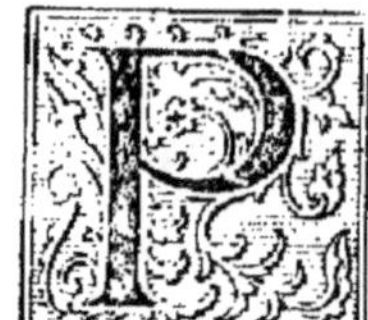EINTRE et graveur M. Charles Jacque a
réussi également dans ces deux genres.
Il a représenté une grande diversité de
sujets tels, que paysages, auberges,
troupeau de porcs ou de moutons, poulaillers, ber-
geries, scènes de la vie rurale.

Qu'il soit peintre ou graveur, M. Ch. Jacque est
pour moi un animalier de premier ordre. Les ani-
maux qu'il dessine sont vivants ; il les groupe et
les distribue avec un art de mise en scène qui ne
sent point l'apprêt, mais bien une étude conscien-
cieuse de la nature. A la beauté de son dessin, il
joint dans ses eaux-fortes des effets de lumière
charmants.

Les admirables bêtes que les moutons que
M. Jacque expose ! Il est impossible de les dessiner
avec plus de relief, plus de réalité ; on y voit l'ap-
parence de la vie, et il semble que l'on entende bêler
les moutons. On ne saurait pousser plus loin l'in-
terprétation de la nature ; et notez qu'avec cela,
c'est délicat et joli au possible. Monsieur Jacque,
vous comptez parmi ceux qui honorent notre École
nationale.

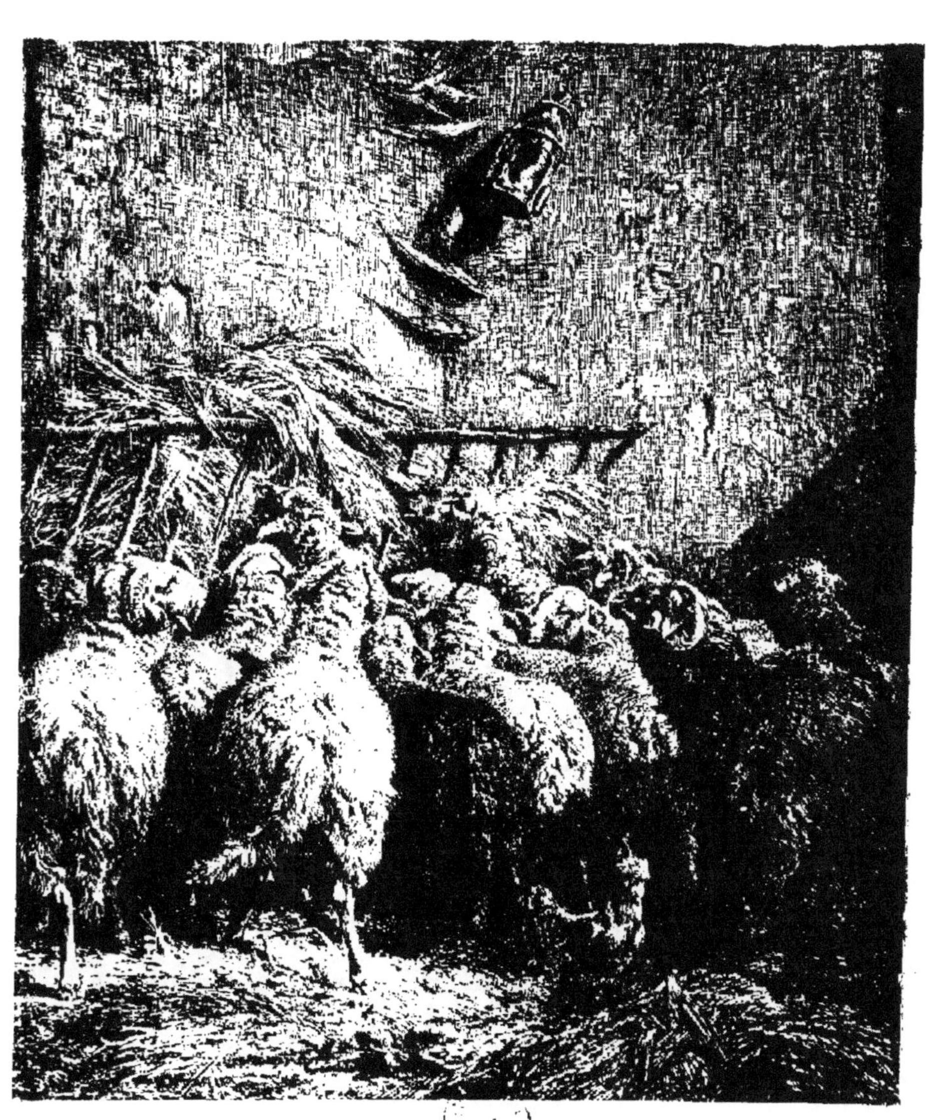

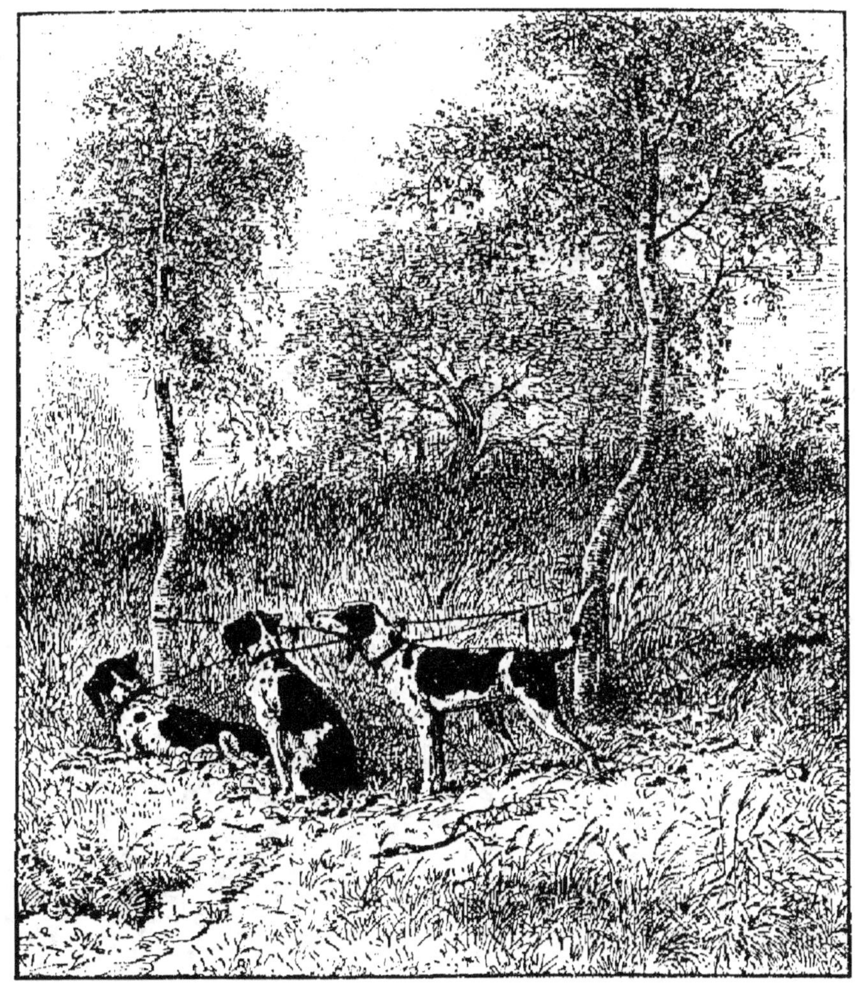

RELAI DE CHIENS COURANTS

10

BEAUMETZ

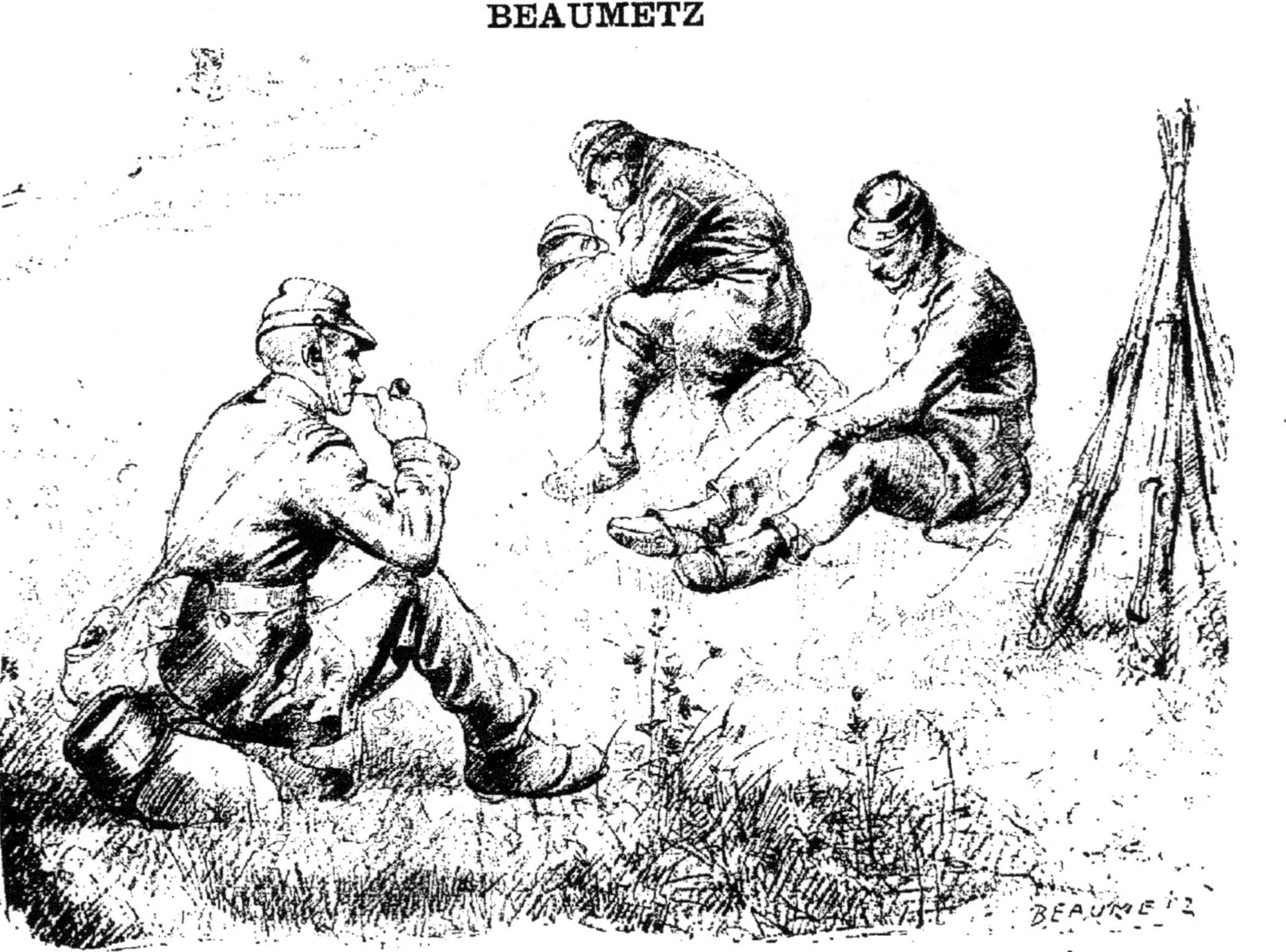

UNE HALTE

M. E. BEAUMETZ

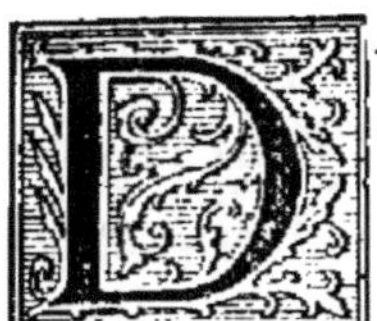ANS le nombre des artistes qui excellent à la représentation des scènes militaires, M. E. Beaumetz tient une place des plus honorables. Sa modestie l'empêche peut être d'avoir un renom aussi éclatant que celui de ses confrères. Ce qui me plaît surtout en lui, c'est qu'il aime à faire vibrer la fibre patriotique. Il idéalise les hauts faits des humbles, la bravoure désintéressée des soldats, leur courage. On pourrait dire qu'il poétise la vie militaire. Il adore le soldat qui accomplit simplement des actions héroïques. Ses représentations sont d'émouvantes évocations de notre dernière guerre, et l'humble rôle de nos troupiers se traduit chez lui en éclatantes et grandioses évocations. Aujourd'hui M. Beaumetz nous montre de plus douces scènes.

Peut-être réserviste, lui-même, il pense à ses compagnons. Il connaît bien cette vie des réservistes, de ceux qui ont quitté pour quelques jours leur foyer pour venir apprendre le métier des armes. On voit leur posture, leur air ; on sent qu'il ont conscience de leur devoir, qu'ils accomplissent simplement. L'artiste sait donner à ses soldats un air de noblesse.

On doit saluer M. E. Beaumetz comme un jeune maître.

M. BOULANGER

AÎTRES merveilleux de la Renaissance italienne, qui vous serviez pour dessiner de la grasse et éclatante sanguine, dites-moi si vous n'avez pas un admirable successeur dans M. Boulanger. On m'a dit, maître, que vous aviez étudié longtemps Michel-Ange et Rome ; cela ne m'étonne pas, car je vois dans vos dessins et le souffle puissant de l'immortel Florentin et l'influence heureuse de la vue des chefs-d'œuvre de l'antique cité. Vous nous avez parlé bien souvent de l'antiquité, mais votre œuvre colossale ne se borne pas seulement à évoquer les souvenirs du passé ; vos dessins s'attaquent à tous les sujets : souvenirs d'Algérie, décoration, portraits ; que sais-je encore? Mais que ce soit de Rome, de la Grèce, de l'époque contemporaine, que vous nous parlez, votre talent audacieux rend tout avec un égal bonheur. Nulle mièverie chez vous ; ce qui caractérise votre talent, c'est un dessin ferme, énergique et cependant soigné, terminé, comme il s'agissait de faire une œuvre achevée.

Monsieur Boulanger, d'après vos dessins, je vous considère comme un artiste supérieur et je m'incline devant les succès éclatants que vous méritez à tous égards.

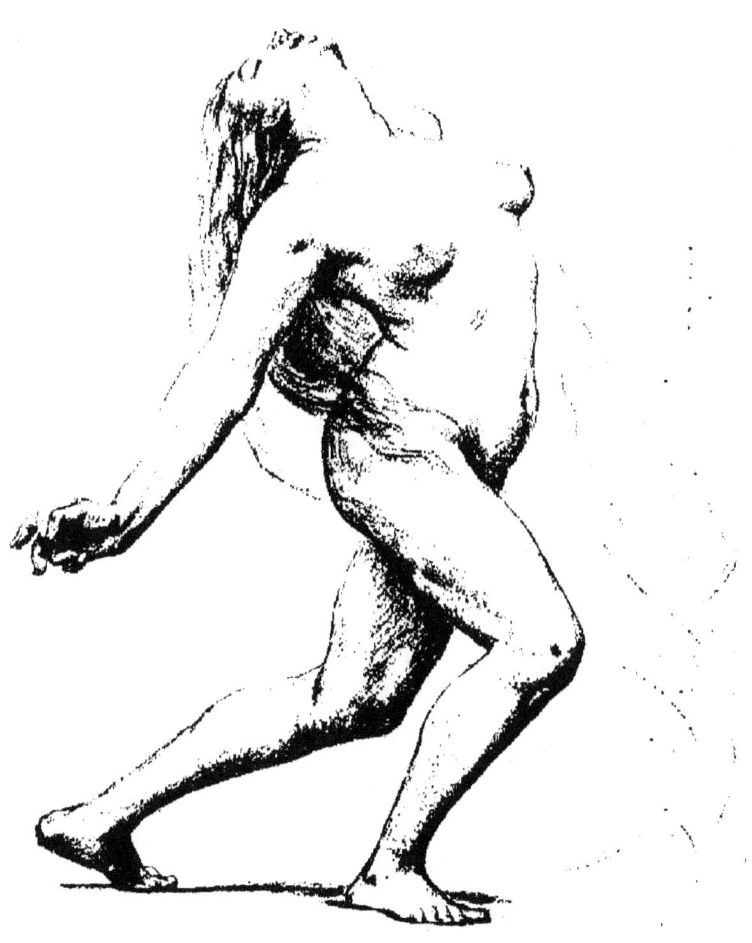

KLEIN

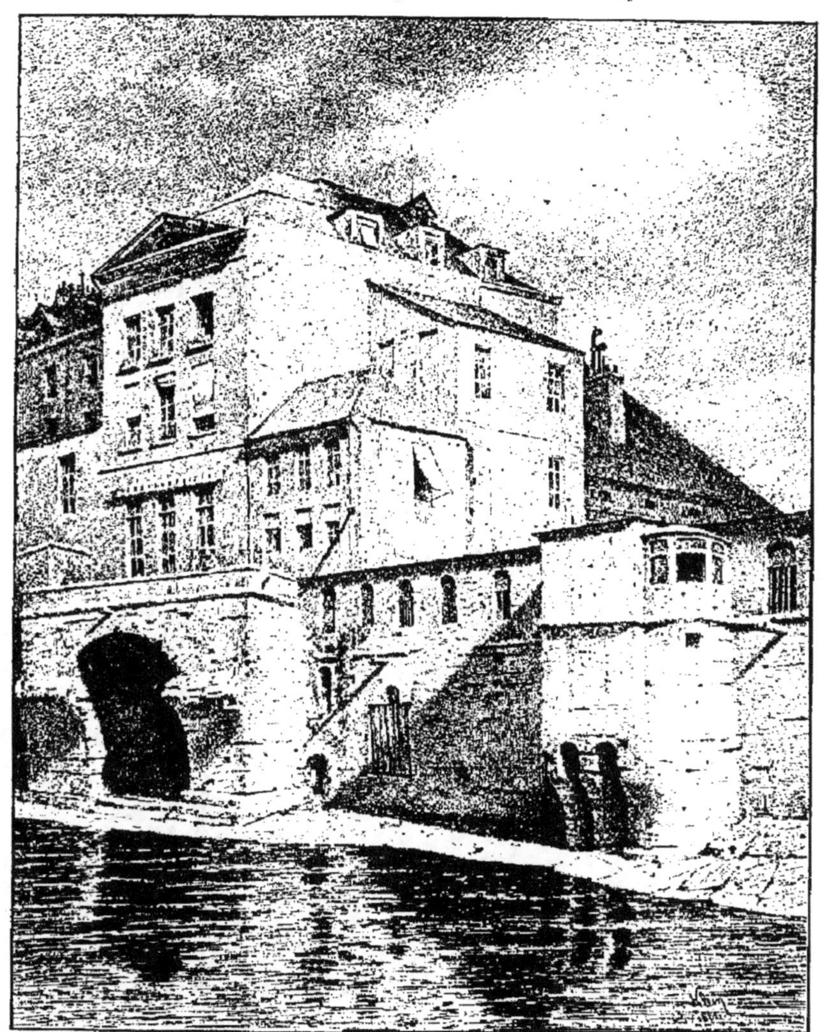

ANCIEN HOTEL-DIEU DE PARIS

RIOTOT

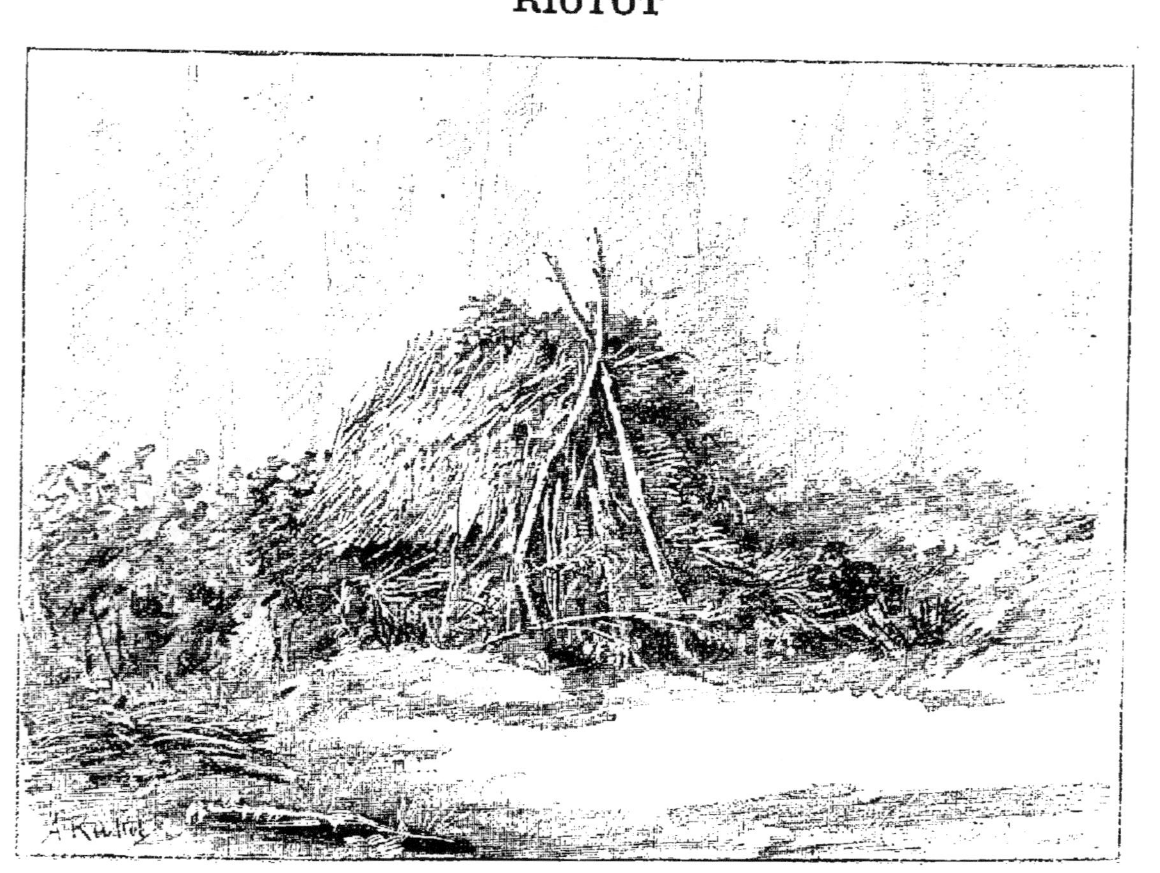

HUTTE A CHELLES

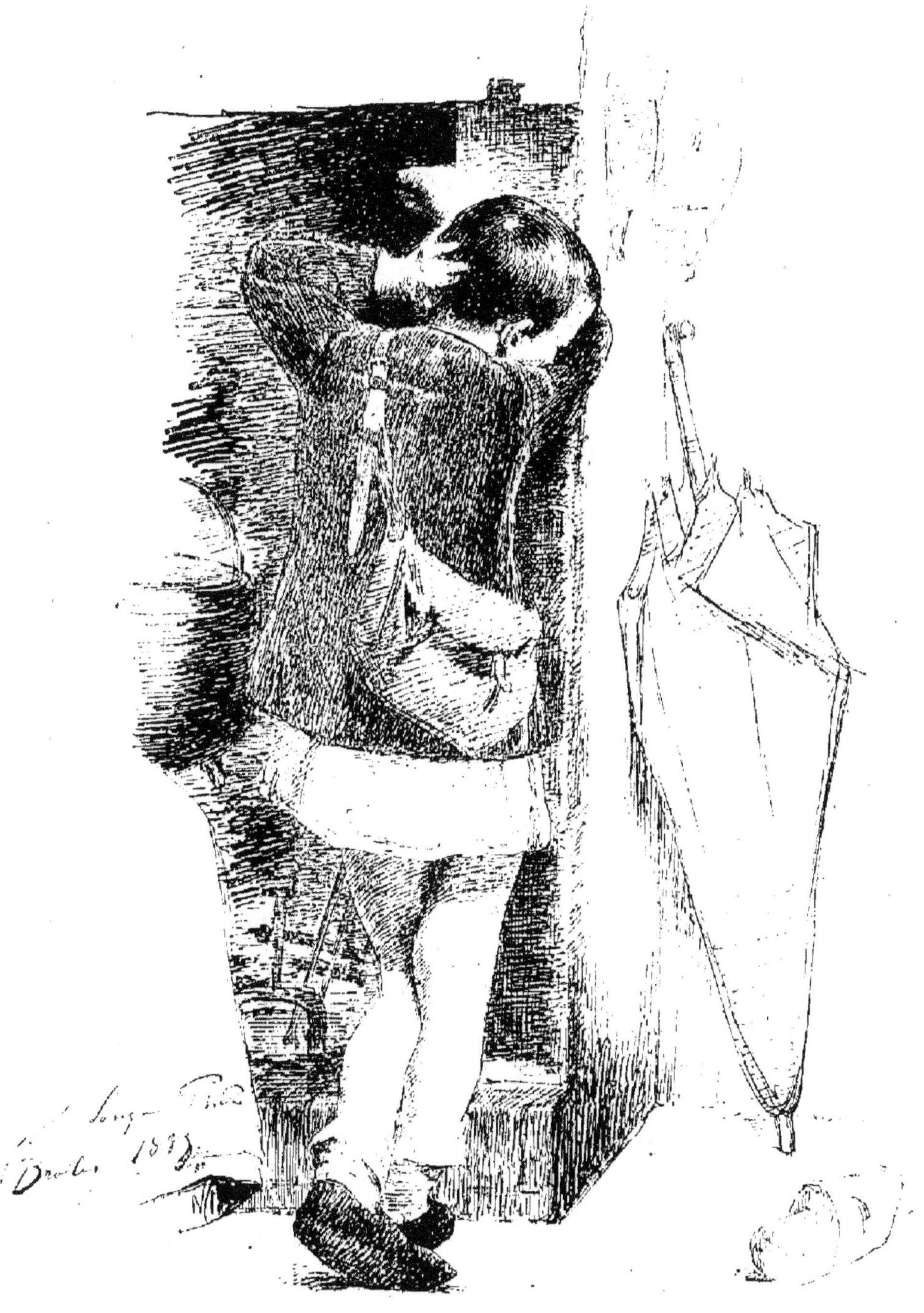

LA CULOTTE DÉCHIRÉE.

M. FEYEN-PERRIN

ONSIEUR FEYEN-PERRIN a abordé tous les genres. Après avoir eu de brillants succès avec ses sujets historiques, il s'est lancé à corps perdu là où sa fantaisie l'entraînait. Il a touché à tout, au paysage, à l'élégie, aux sujets de genre, aux portraits, etc. Quand il a représenté la femme, il a toujours su lui donner la vie et un grand cachet de vigueur, en y joignant toutefois ce charme pénétrant et doux qui est le signe distinctif de la beauté féminine.

Les types qu'il a représentés ont toujours été sympathiques, grâce à la poésie qu'il sait mettre dans la moindre de ses productions.

M. Feyen-Perrin nous a envoyé un portrait de général. Ce magnifique fusain s'impose par de grandes qualités. La tête est modelée avec une énergie étonnante; la pose est aussi noble que naturelle; l'ensemble est d'une harmonie parfaite.

La nature a été prise là sur le fait, d'une façon si saisissante que le portrait a l'air de sortir du cadre et de vouloir venir tenir conversation aux spectateurs. C'est à coup sûr un des meilleurs portraits de l'Exposition, et il y aurait mauvaise grâce à ne pas adresser de sincères louanges à M. Feyen-Perrin.

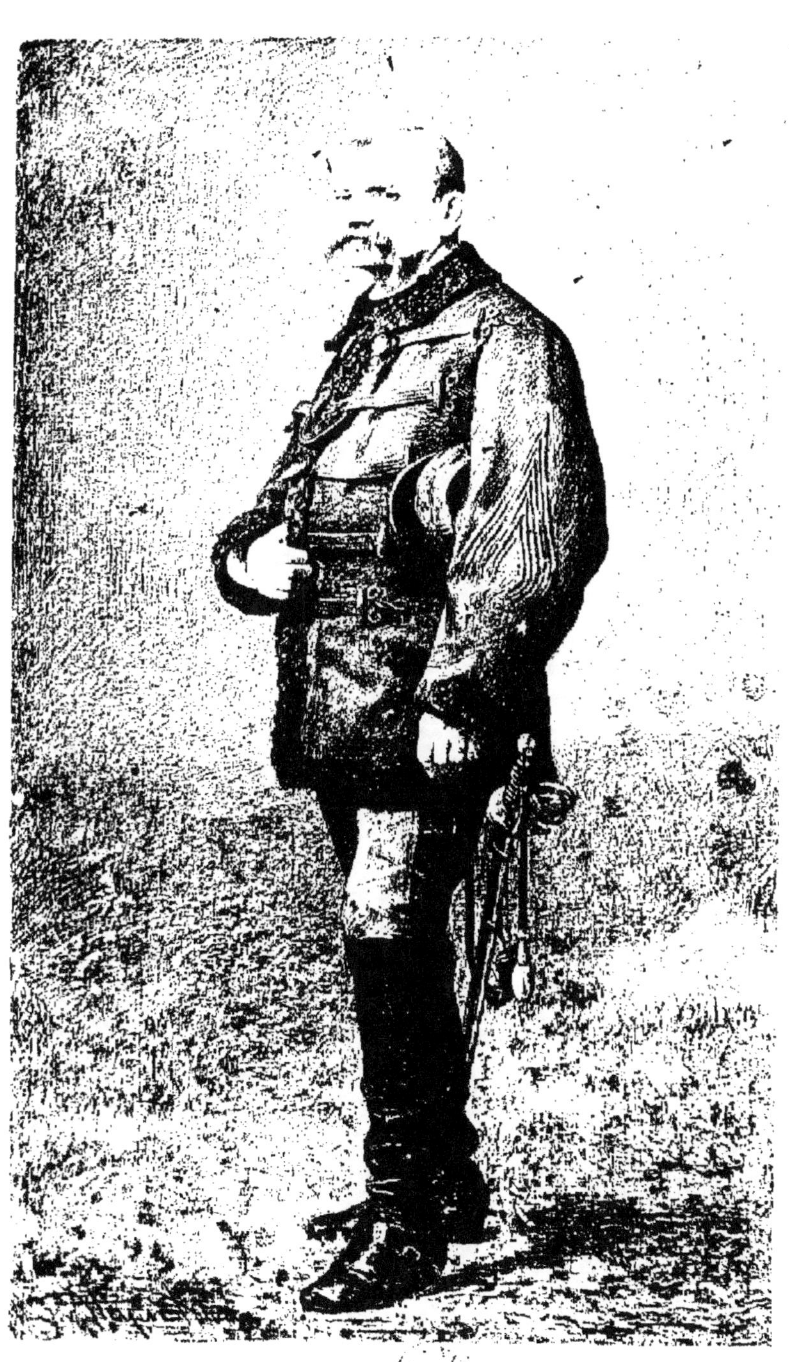

NORBERT GŒNEUTTE

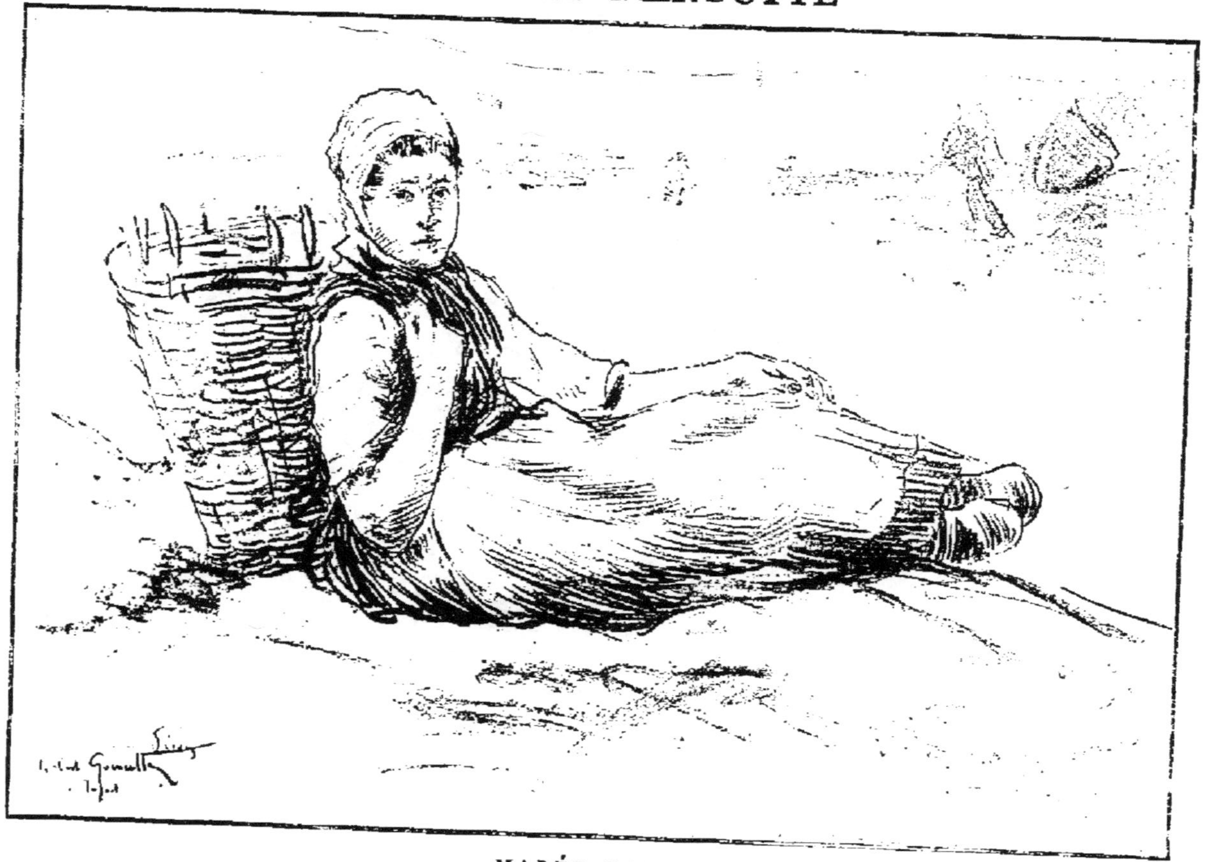

MARÉE BASSE

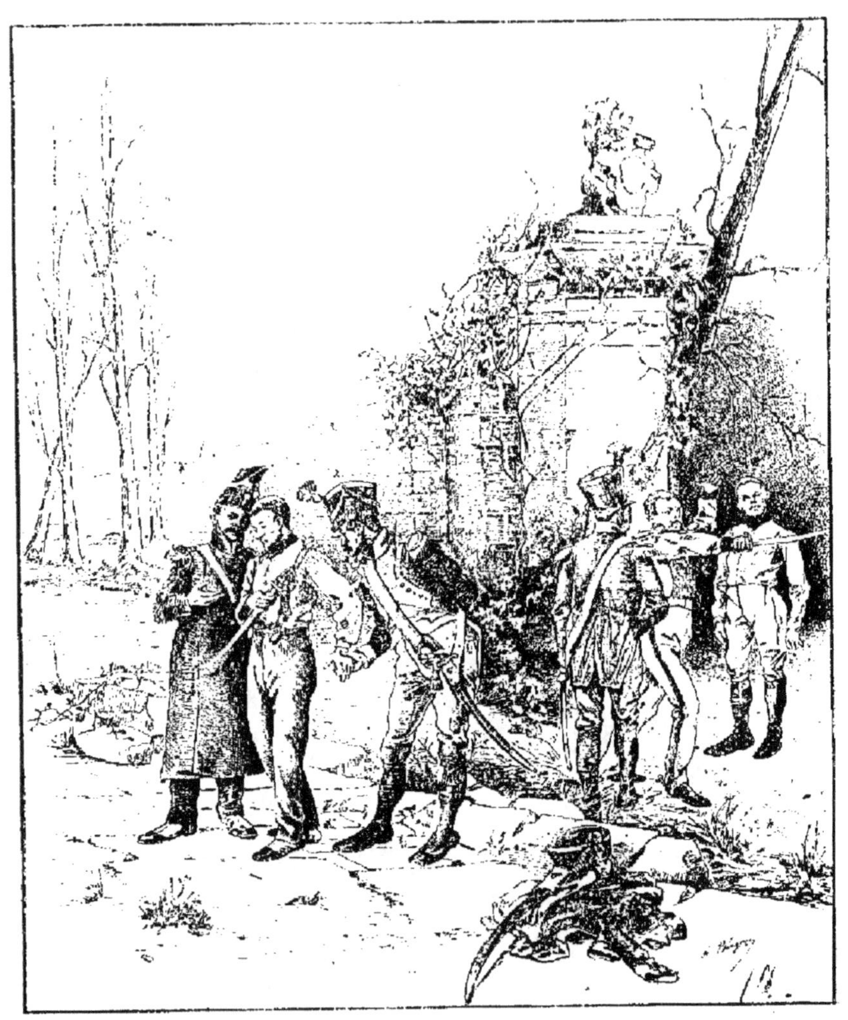

CONSEILS AVANT LE DUEL

H. DETOUCHE

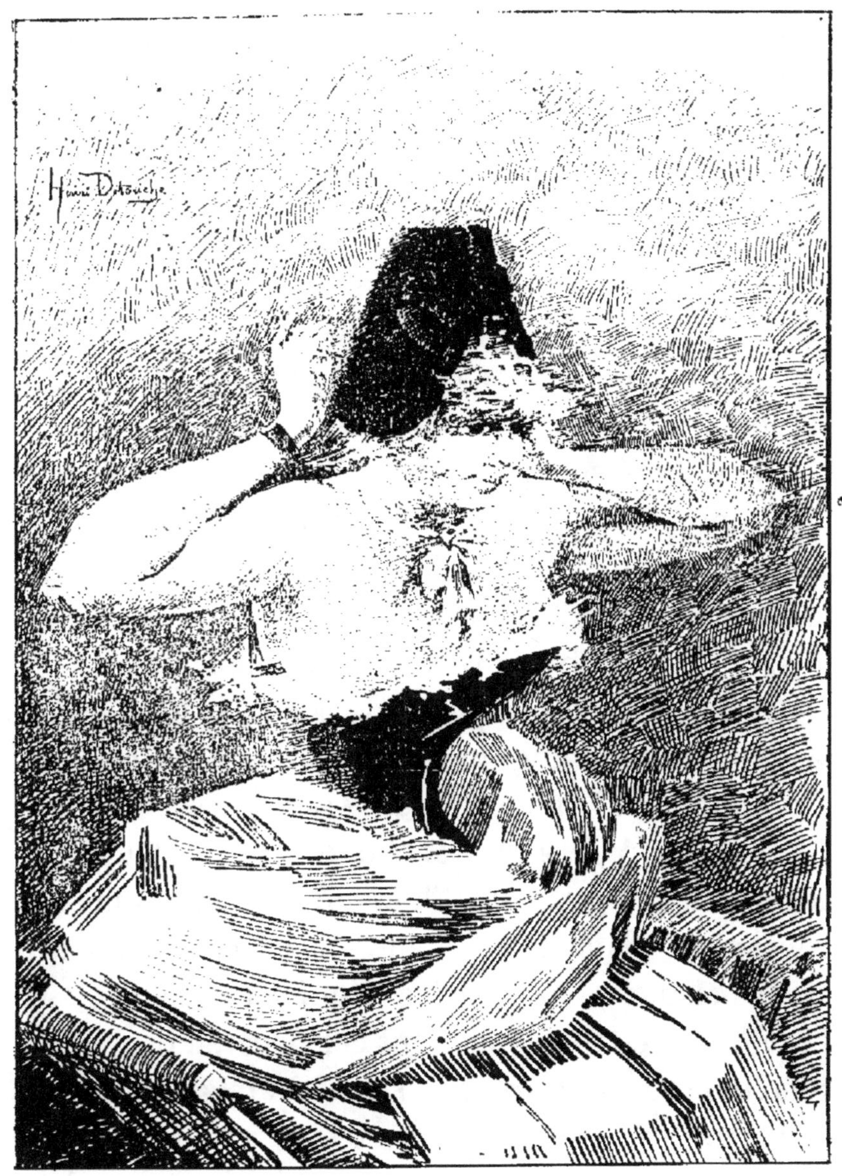

ME VA-T-IL BIEN ?

M· HENNEQUIN

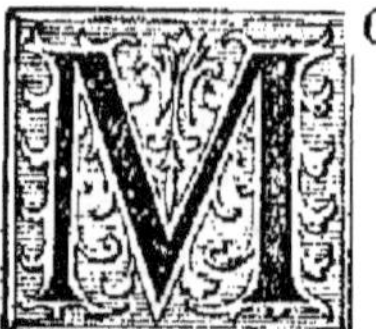ONSIEUR HENNEQUIN est un paysagiste inconnu de beaucoup de nos compatriotes ; ses dessins sont surtout appréciés en Italie, où son nom est populaire. D'ailleurs, il dédaigne la foule, les ovations ; il vit à Versailles, retiré, tranquille tout entier à son art qu'il adore. C'est de là que partent ces poétiques et délicats fusains qui font la joie des véritables amateurs.

Si M. Appian représente la force dans le fusain, M. Hennequin représente la délicatesse charmante, la douceur. Il trouve à la nature des tendresses exquises, et il les rend en poète. Voyez ce beau fusain, dont il nous a réservé la primeur.

L'artiste nous transporte à l'époque de la chasse, au bord d'un étang ombragé de grands arbres dessinés avec une grande vérité. L'air circule librement à travers les branches et agite les feuilles ; les grandes lignes de l'horizon se noient amoureusement dans le lointain. Les contours des troncs élancés, les dessins capricieux des folles branches, des rameaux, tout cela est rendu d'une touche libre et légère. Monsieur Hennequin, votre délicieux fusain me laisse une impression charmante, et je vous remercie du plaisir qu'il m'a procuré.

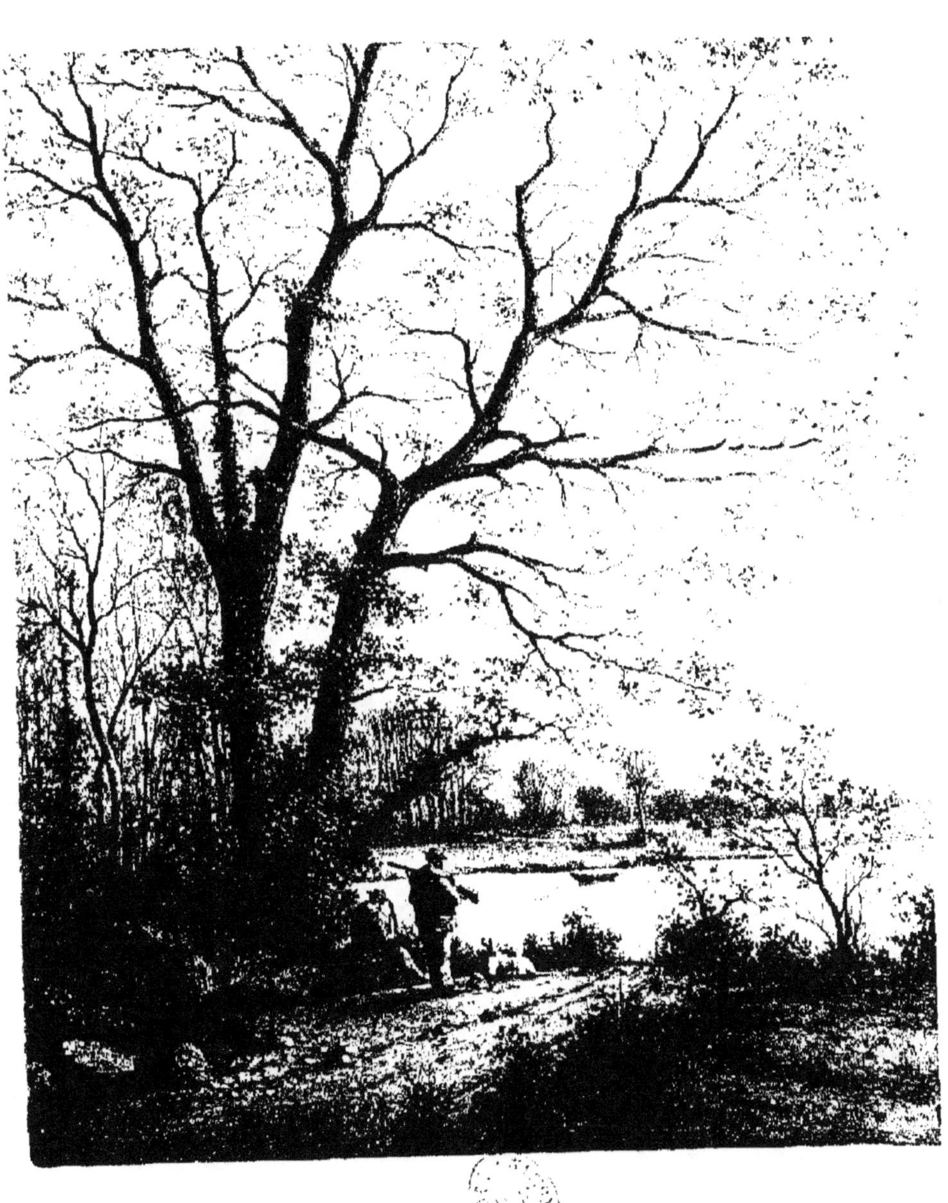

CHAIGNEAU

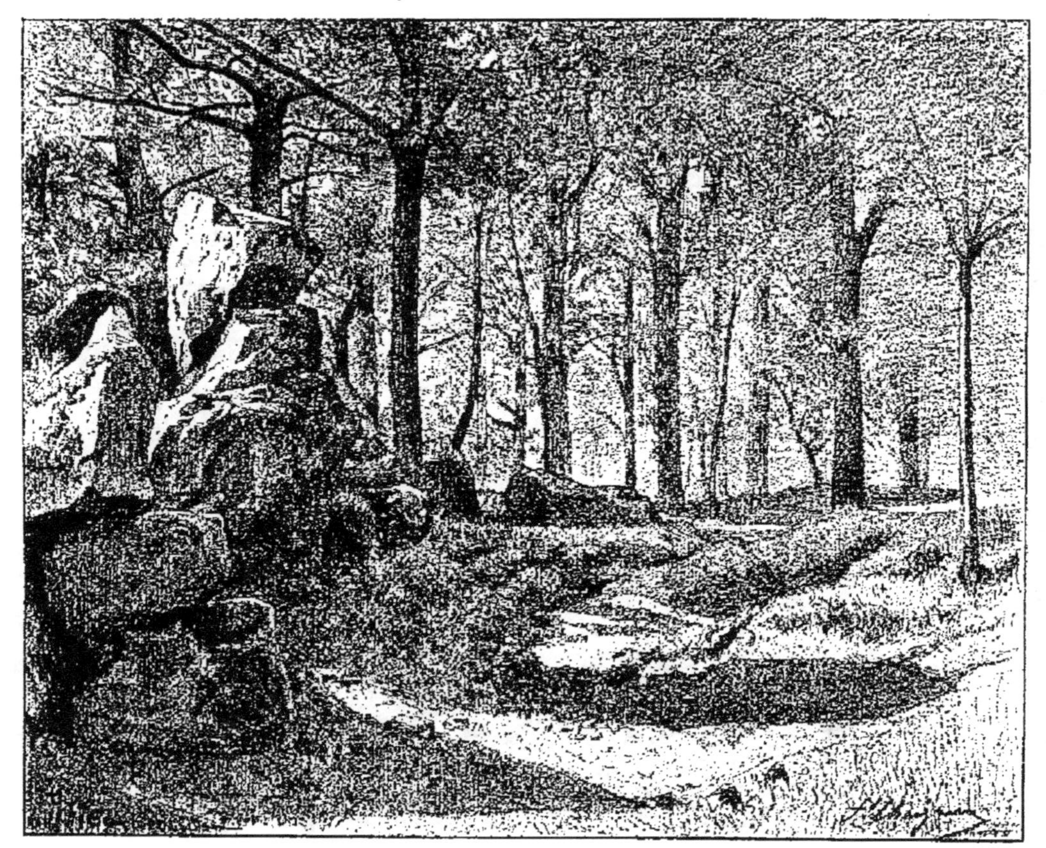

A ROYAT

ANNEMAKER

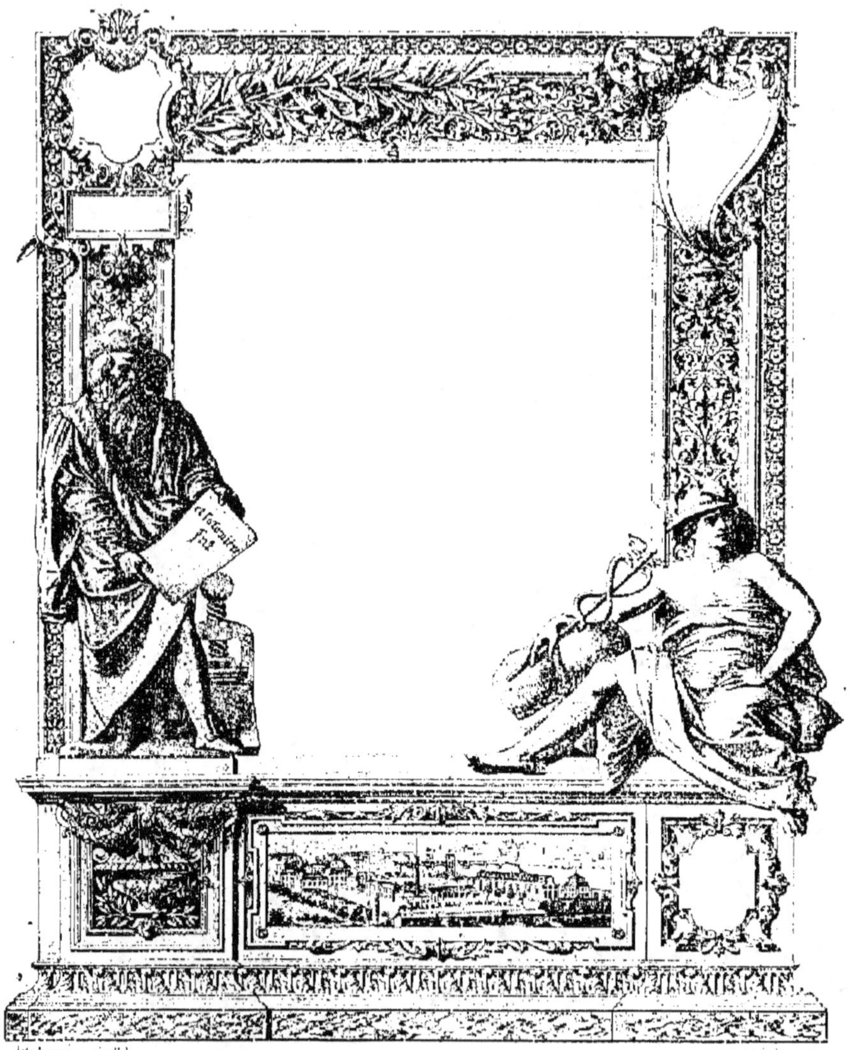

GRAVURE SUR BOIS.

PERBOYRE

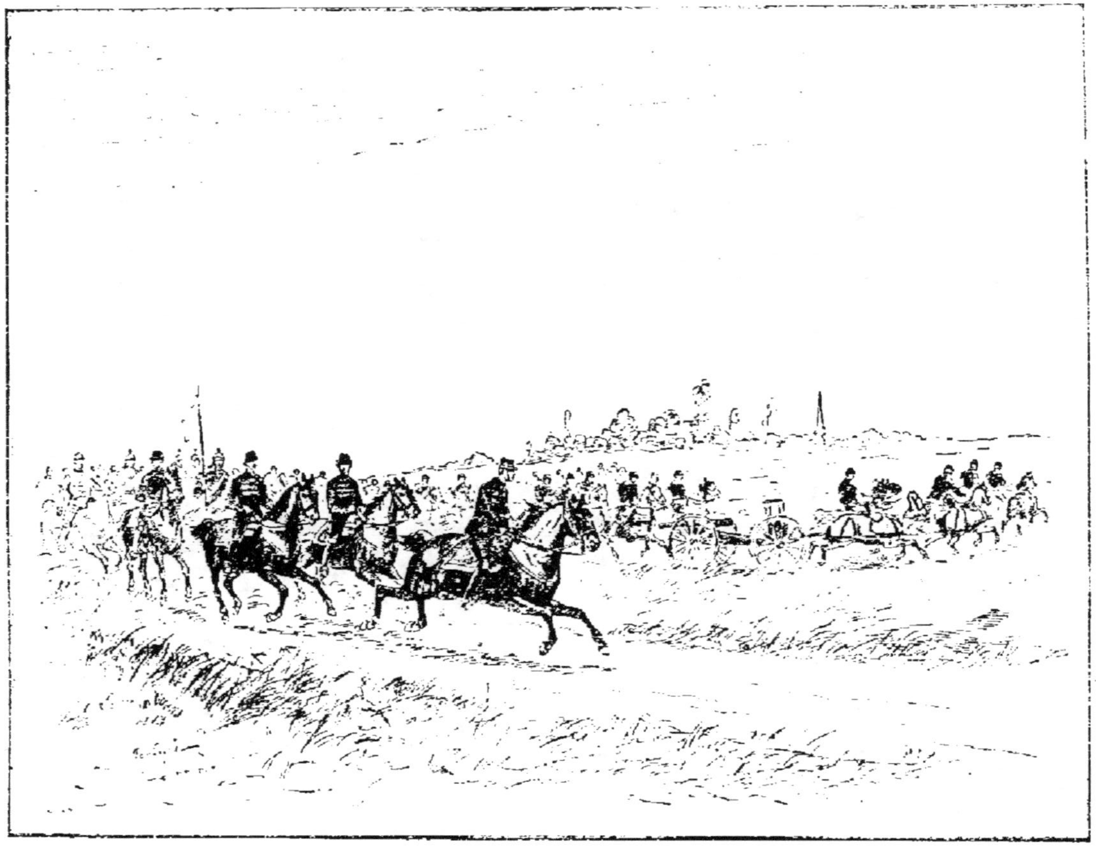

ARTILLERIE AUX GRANDES MANŒUVRES

M· MESPLÈS

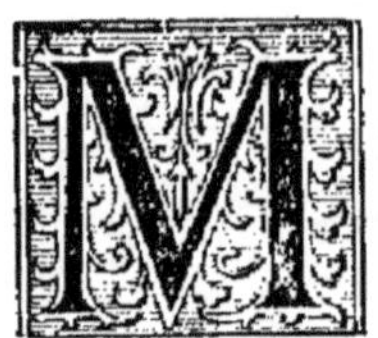

MESPLÈS est élève de M. Gérôme, mais, peu nous importe à quelle Ecole il appartient : il nous suffit qu'il soit un parfait dessinateur pour être des nôtres. A côté de son grand talent de dessinateur charmant et habile, cet artiste joint une entente sérieuse de la composition et un grand sentiment. Il voit juste et rend bien tout ce qu'il voit.

Que dois-je dire de cette splendide composition que nous offre M. Mesplès ? C'est l'apothéose de ce grand poète qui a nom Victor Hugo. Aux justes hommages qui ont été rendus publiquement à ce grand Français, M. Mesplès a voulu joindre son offrande de respectueuse admiration et, cette offrande est une œuvre de grand prix.

Victor Hugo, avec sa belle tête de penseur, est là appuyé sur sa main ; il songe probablement à de nouveaux chefs-d'œuvre. Des renommées viennent lui apporter le tribu de leurs hommages. C'est la gloire qui l'entoure, car, comme l'a dit un autre poète, M. Arsène Houssaye, en s'adressant à ce grand génie :

> Gloire aux dieux ! Gloire à toi ! Le siècle a sa lumière !
> Son couchant est plus doux que sa clarté première,
> Parce que ton soleil rayonne à l'horizon !...

Nous devons remercier M. Mesplès d'avoir bien voulu prêter à notre exposition cette belle apothéose du maître.

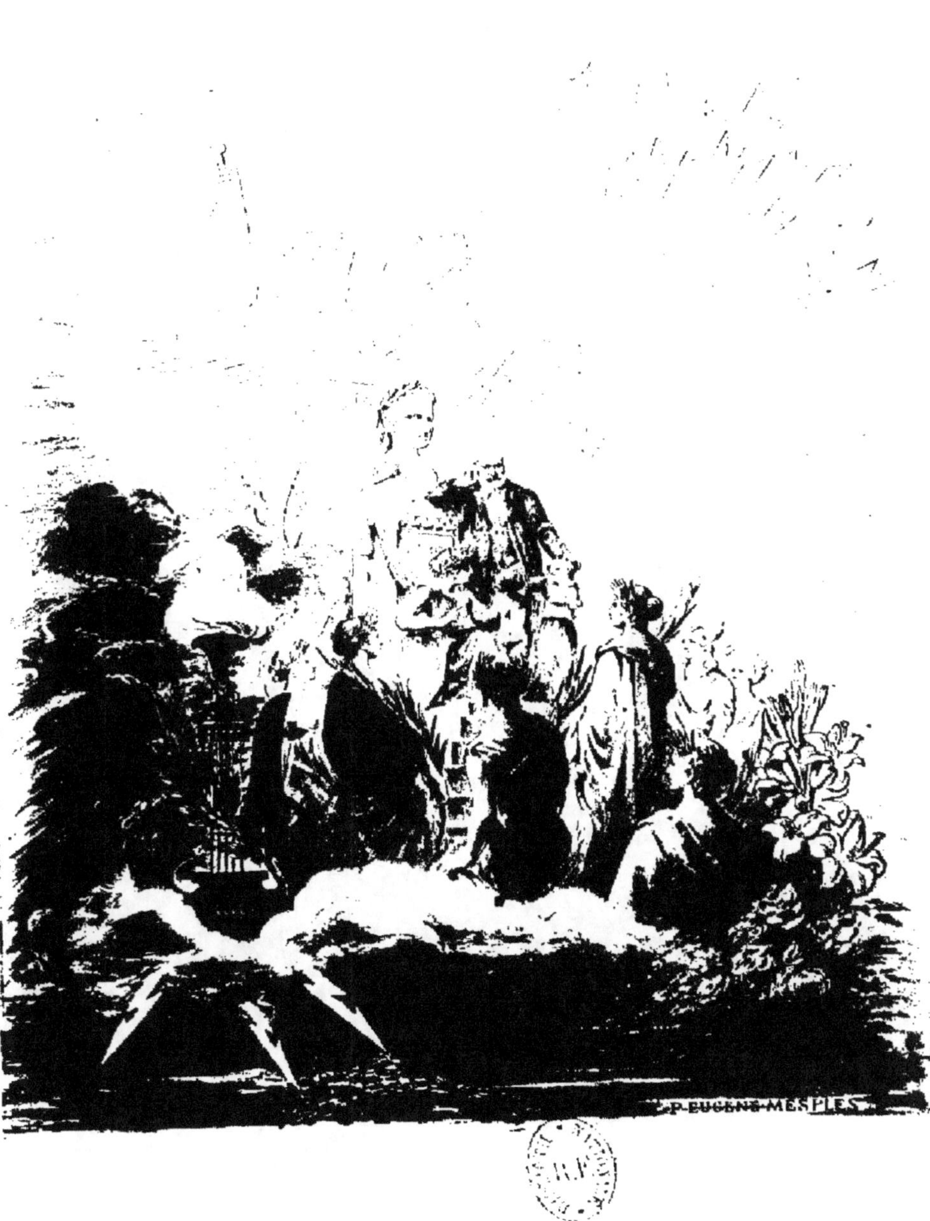
P.EUGÈNE-MESPLÈS

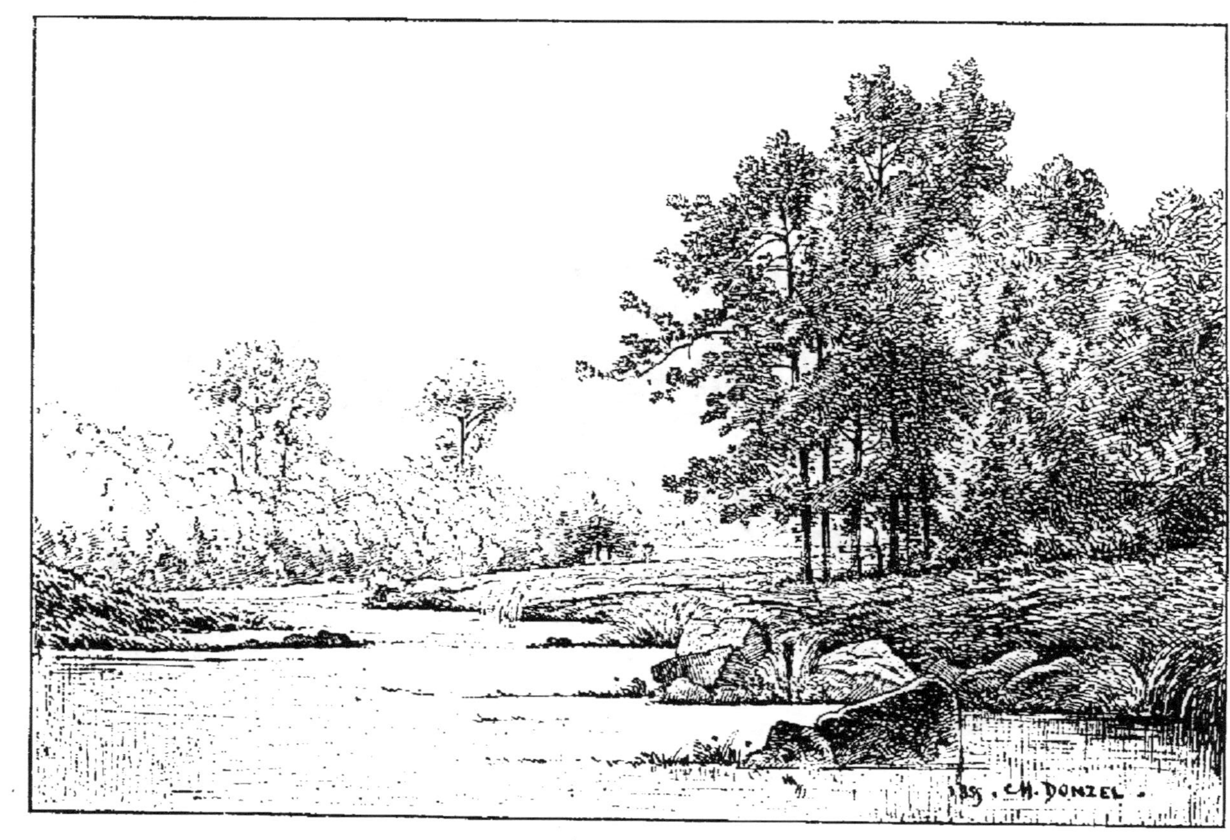

CROQUIS D'APRÈS NATURE

BURNAND

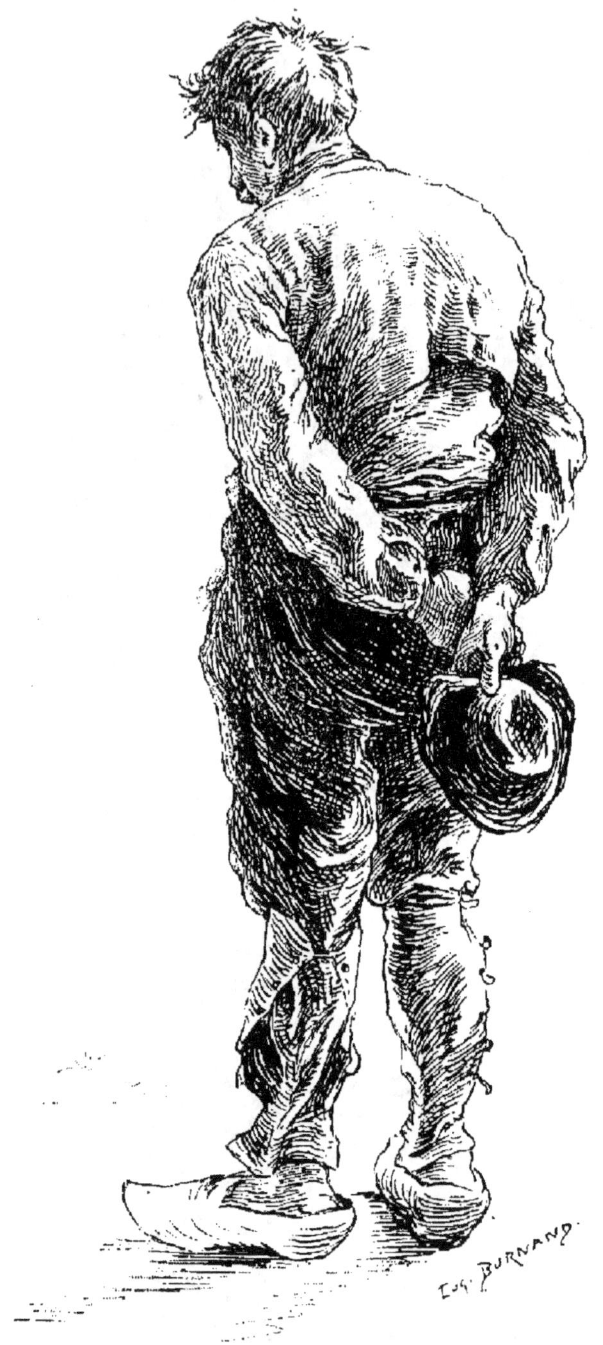

PAYSAN DES ALPES VAUDOISE

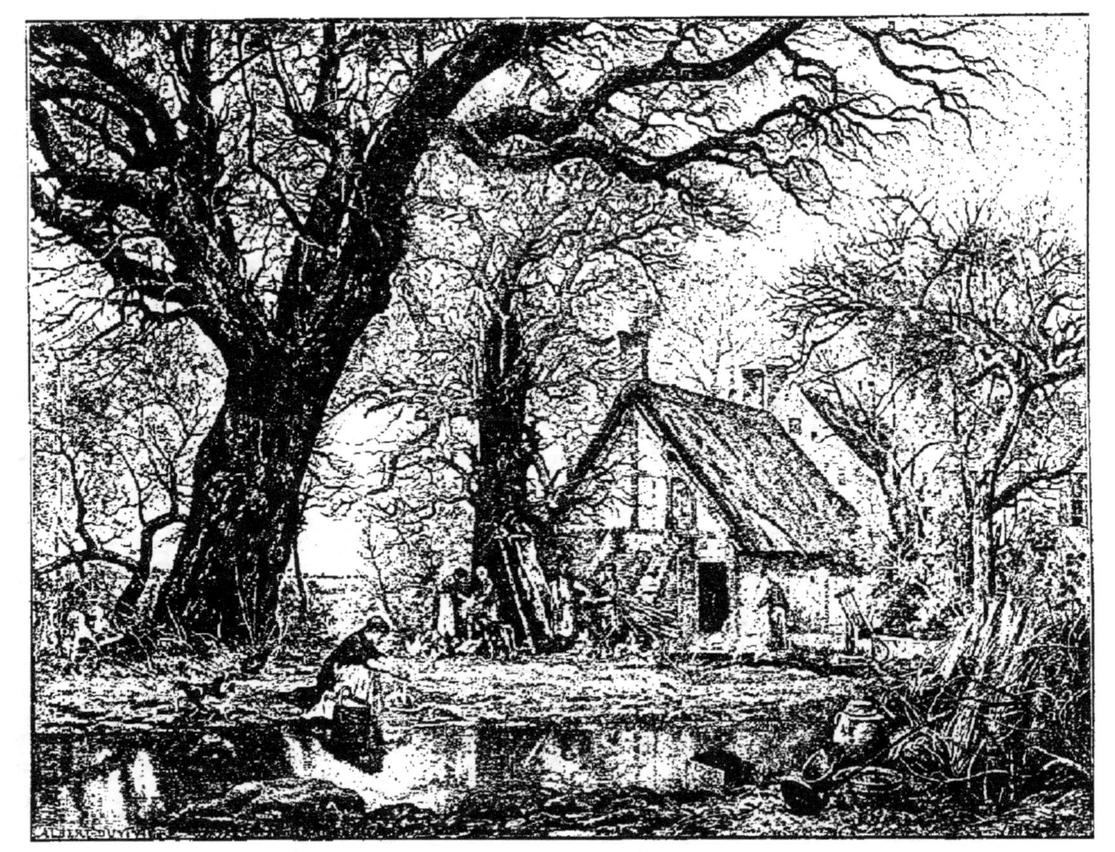

LA VICTIME DU RÉVEILLON

M· E· MATHIS

PARMI cette phalange de vaillants artistes que l'Alsace à donnée à la France, nous devons citer M. E. Mathis, qui, grâce à son habileté de dessinateur, a su donner un vif essor à la gravure, connue sous le nom de gillotage. Les éditeurs de l'édition nationale des œuvres de Victor Hugo lui ont d'ailleurs confié l'illustration du second volume de la « Légende des Siècles », pour laquelle il a fait une cinquantaine de dessins à la plume. M. Mathis sait tirer un excellent parti de sa plume. Cet Alsacien est un excellent Français, un véritable patriote on se rappelle sa composition de Strasbourg, 28 septembre 1870, exposée au Salon de 1872, au sujet de laquelle Viollet-le-Duc, lui écrivait : « Votre œuvre m'avait vivement frappé. Nous aurions bien besoin d'avoir sans cesse sous les yeux ce souvenir funeste. » Le dessin de M. Mathis est aussi serré que délicat, et ses compositions sont pleines de goût, d'imagination et surtout de sentiment, témoin sa composition intitulée « *Le dernier ami*. C'est un sujet mélancolique, qui remplit l'âme du spectateur d'une douce émotion. Le *dernier ami*, sera sympathique à tout le monde. Félicitons M. Mathis de nous avoir envoyé cette œuvre de talent.

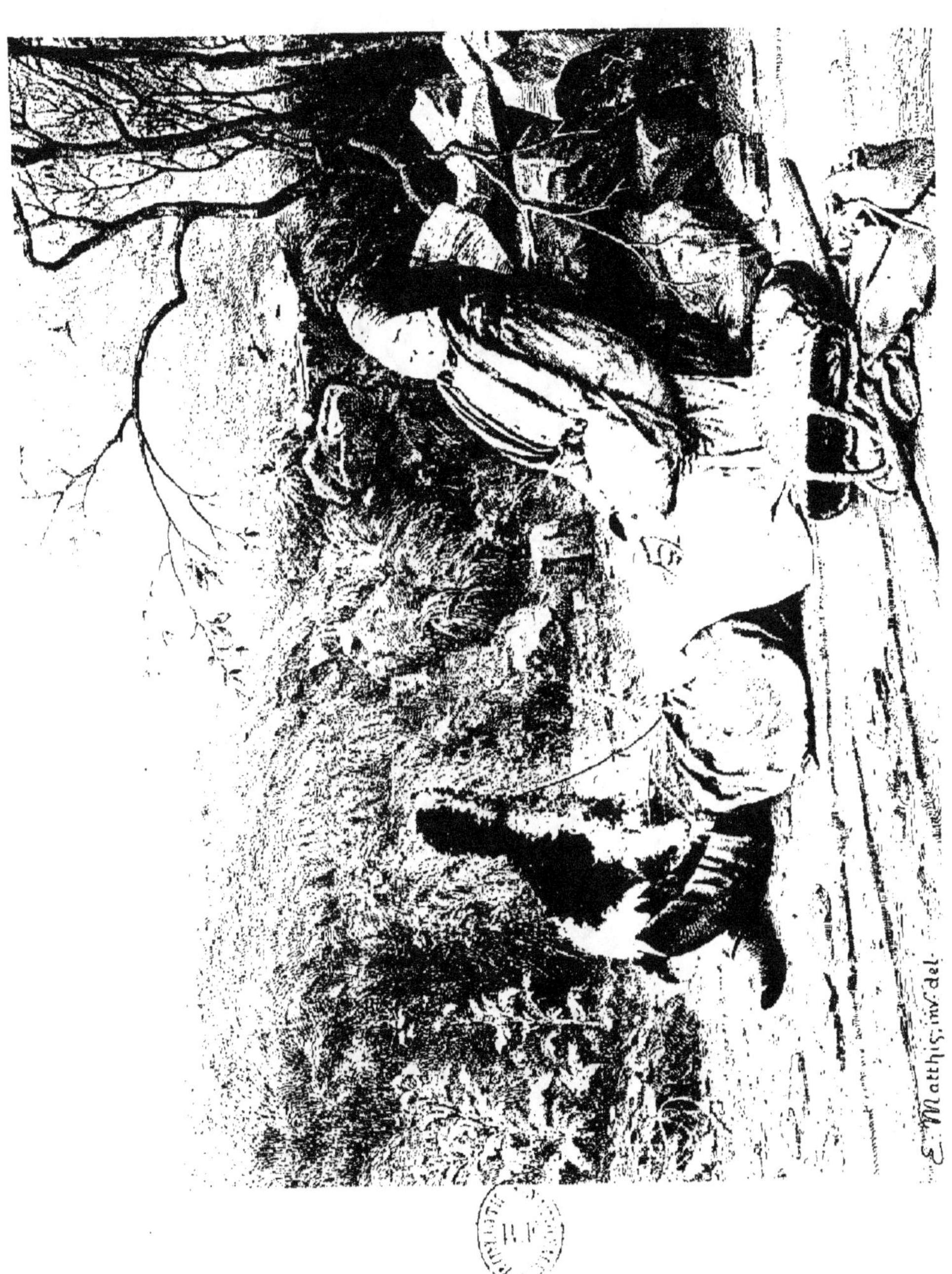

MYRBACH

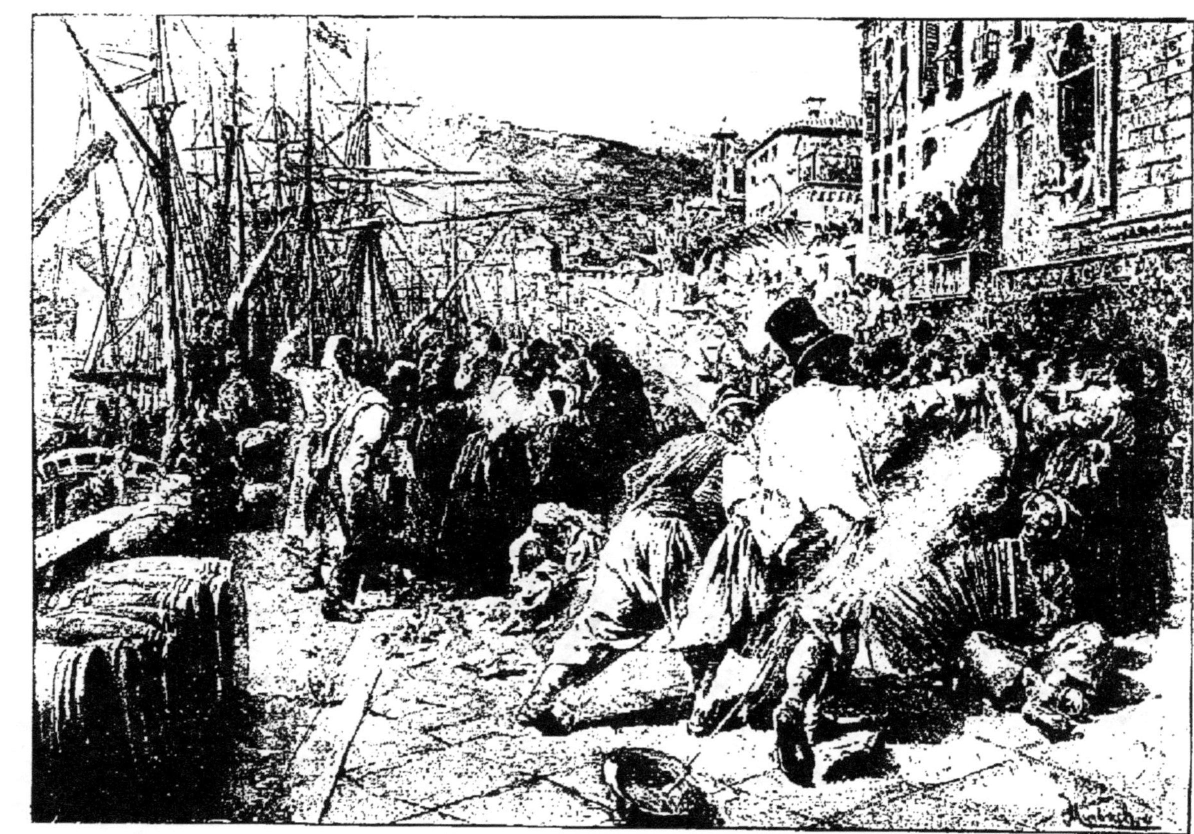

MARDI GRAS A SPALATO

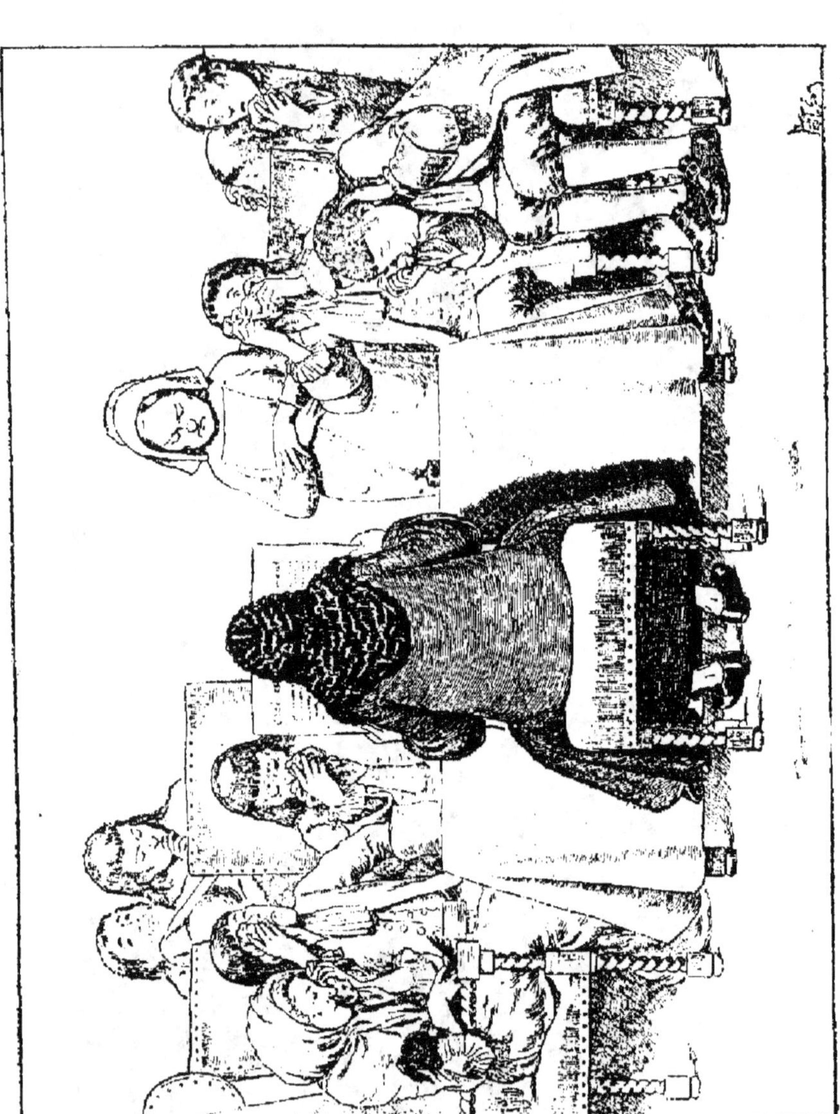

LE TESTAMENT

L. DEBRAS

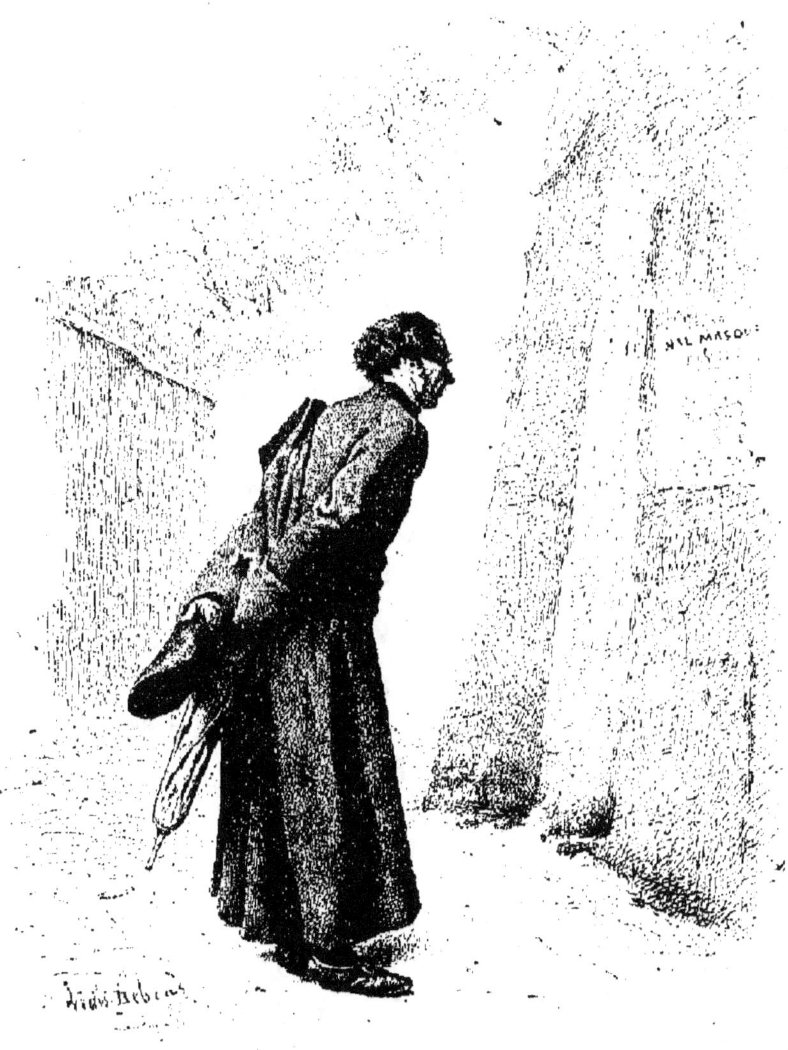

A MONTMARTRE

M. APPIAN

'AVOUE que j'éprouve quelque embar-
ras à décerner de nouveaux éloges à
M. Appian.

Il lui faut une intelligence supé-
rieure, une merveilleuse puissance de travail pour
nous donner toujours de si belles choses. Avec
quel brio, avec quelles merveilles d'exécution il
nous représente la mer, des rivages, des cours
d'eau, des arbrisseaux, des collines, des bos-
quets, des marines, des navires, des quais ; que
sais-je encore ? Son œuvre est immense. Les
fusains de M. Appian, dessinés, nous devrions
dire peints, sur papier jaune, sont caractéristiques
par leur puissance et leur chaleur. On peut dire
qu'il est le Delacroix du fusain ; ses fusains dé-
tonent comme une violente fanfare.

Le beau fusain que nous avons reproduit n'est-
il pas d'une chaude coloration, d'un effet étonnant ? La composition, toute vivante, semble im-
prégnée de ce cachet d'idéale poésie qui caractérise les œuvres de maître. Nous n'ajouterons
rien, car devant ce dessin, d'une exécution si
libre, si large, si enlevée, la critique doit rester
muette.

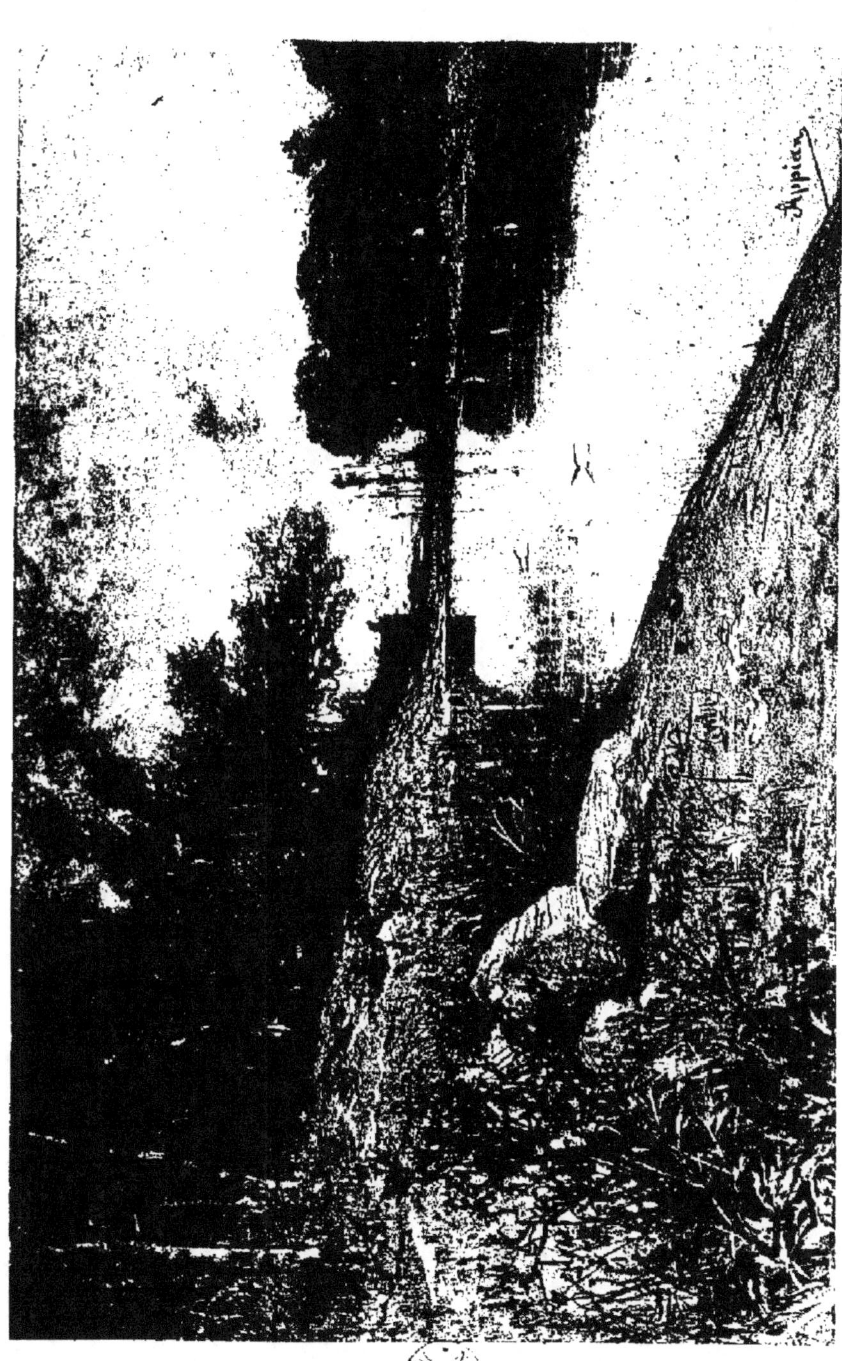

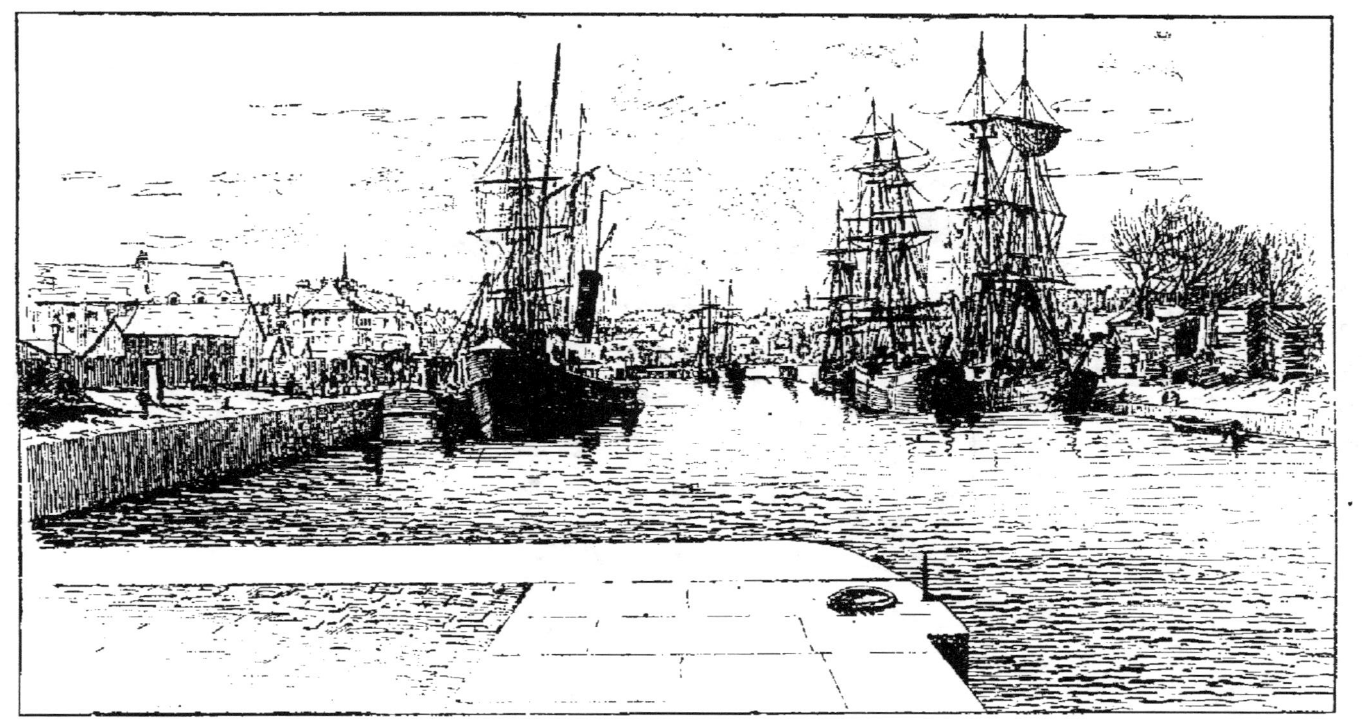

MARINE

GÉROME

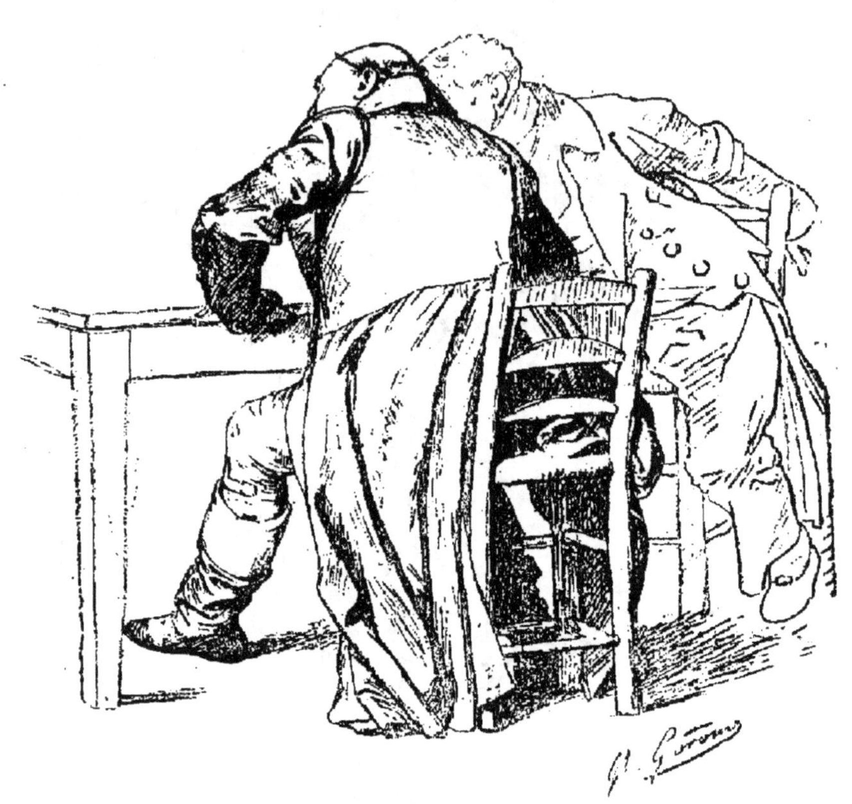

CROQUIS AU CRAYON

M. GÉROME

A critique s'acharne parfois avec une violence extrême sur les grands maîtres, sur ceux qui sont parvenus au sommet. Pour nous, quand la critique s'attaque à des artistes de la force de M. Gérôme, c'est un signe de basse jalousie, d'envie. Pédants qui applaudissez aux théories malfaisantes pour l'art, à ceux pour qui l'idéal n'est rien, qui ne voient dans la nature qu'un peu de matière, ayez dont le courage de trouver beau ce qui est beau, et de vous incliner devant les maîtres.

L'œuvre de M. Gérôme est prodigieuse ; le pittoresque, l'originalité, le grandiose la caractérisent. S'il est un peintre puissant, il est aussi un bien habile dessinateur. Comme Ingres autrefois, avec quelques coups de crayons il montre beaucoup de belles choses ; il suffit de regarder son dessin pour voir que nous ne nous avançons pas témérairement. Si nous avions un reproche à faire à M. Gérôme, ce serait celui de se montrer trop parfait et trop impeccable dessinateur.

Profitons de l'occasion qui nous est offerte de parler de M. Gérôme, pour le remercier ici publiquement d'avoir bien voulu honorer de son dessin notre Exposition, car, par là, il a voulu nous encourager et montrer toute sa sympathie pour notre œuvre.

M· CHAUVEL

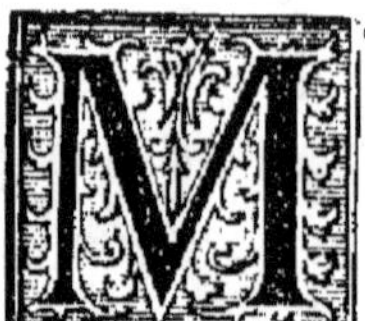

ONSIEUR CHAUVEL· excelle !dans trois
genres différents : il fait de la peinture, de la gravure à l'eau forte et de
la lithographie. Il est aussi fort dans
une branche que dans une autre, et dans chacune
de ces différentes sections de l'art il s'est toujours
montré paysagiste de talent. Du reste, il a reproduit
en lithographie quelques-unes des œuvres des
grands maîtres du paysage tels que Rousseau, Diaz,
en rien d'étonnant à ce qu'il ait gardé quelque
chose de ces grands maîtres.

M. Chauvel nous a envoyé un paysage charmant
qui est en même temps une eau-forte de premier
ordre faite avec un accent de vérité saisissant, une
connaissance profonde du paysage. Ici, rien de
forcé, de théâtral, c'est la nature prise telle qu'elle
est.

M. Chauvel a gravé sous son inflnence directe. Il
a bien rendu le calme souverain de la nature tran-
quille. Les lointains sont vaporeux comme une
toile de Corot et les arbres du premier plan font
songer à Rousseau. Avec l'eau-forte, l'artiste a
obtenu des effets aussi doux qu'avec le fusain. Par
le style, par la simplicité et la beauté de l'éxécu-
tion, l'eau forte de M. Chauvel est véritablement
une œuvre de premier ordre.

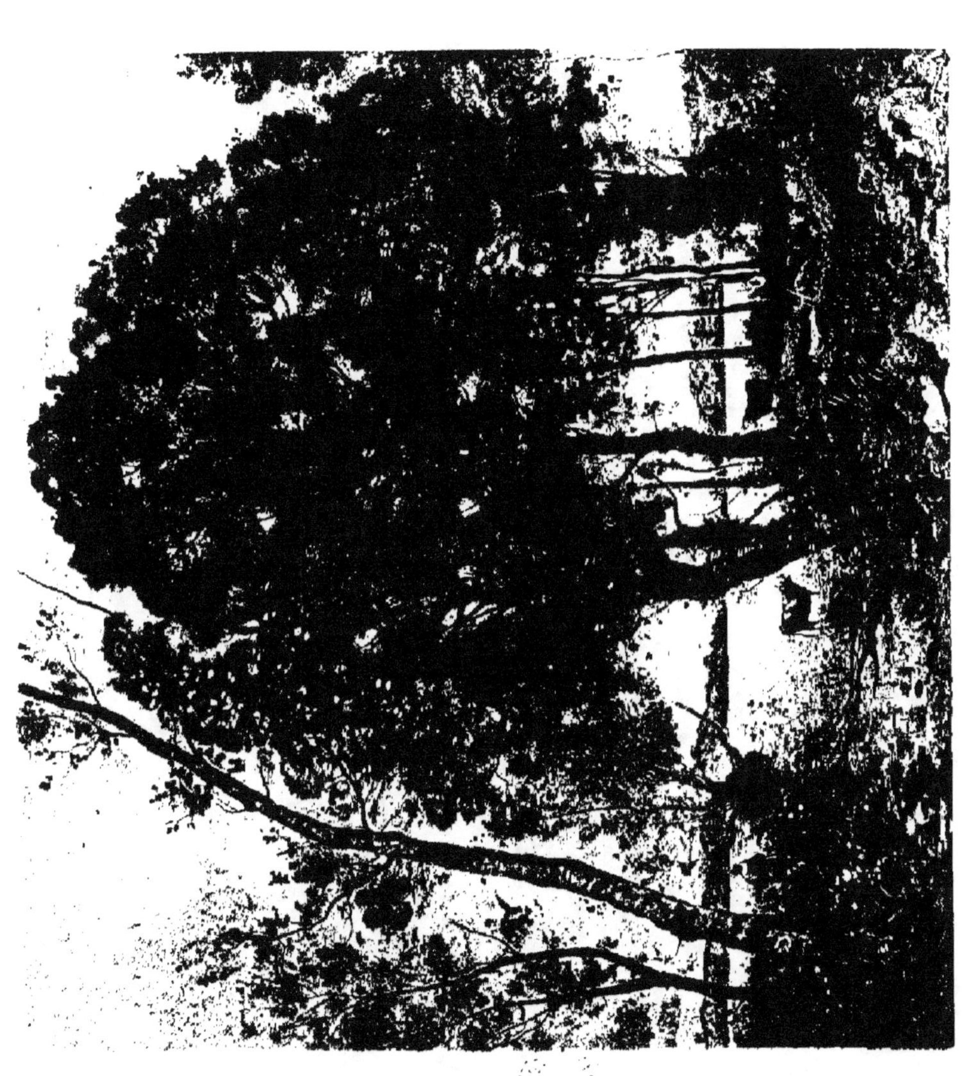

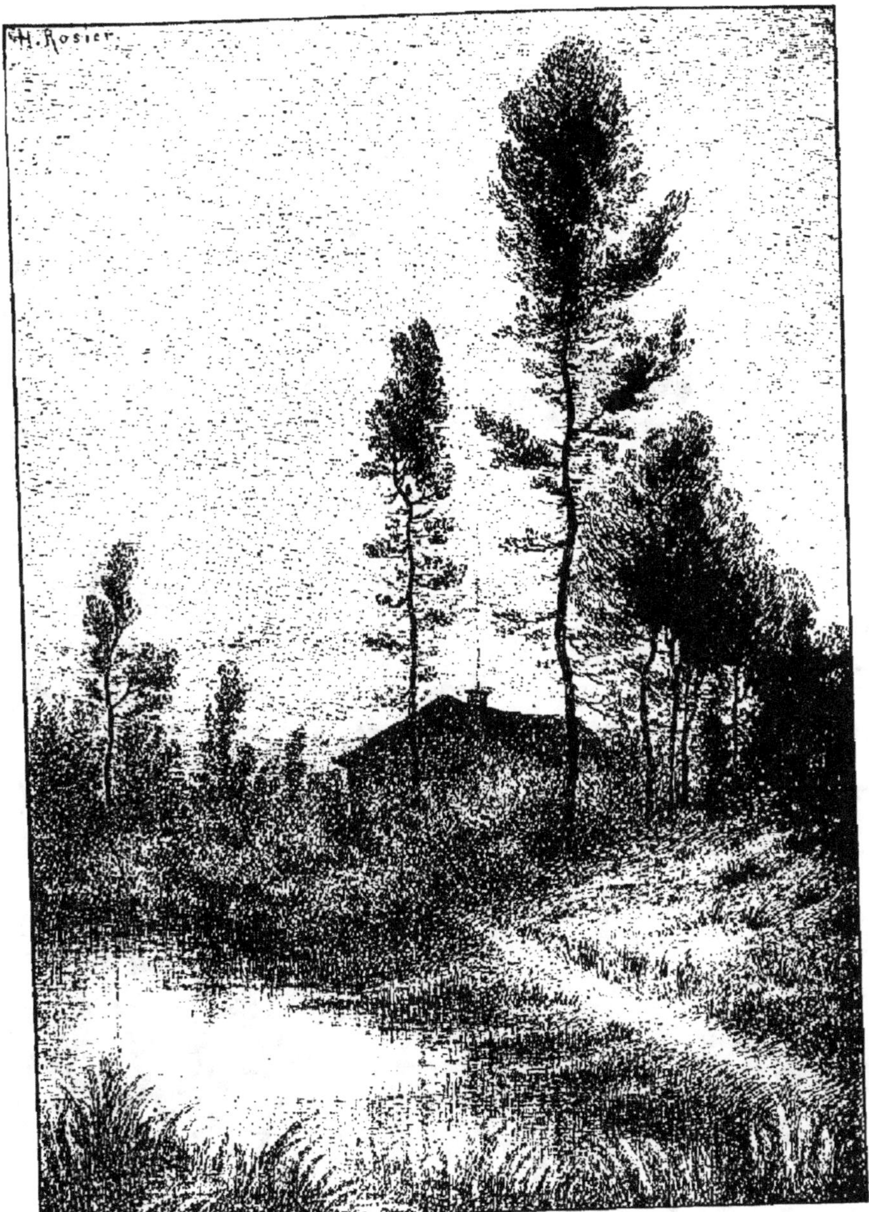

AU BORD DE L'ÉTANG DE CHAVILLE

17

J. BOUTRY

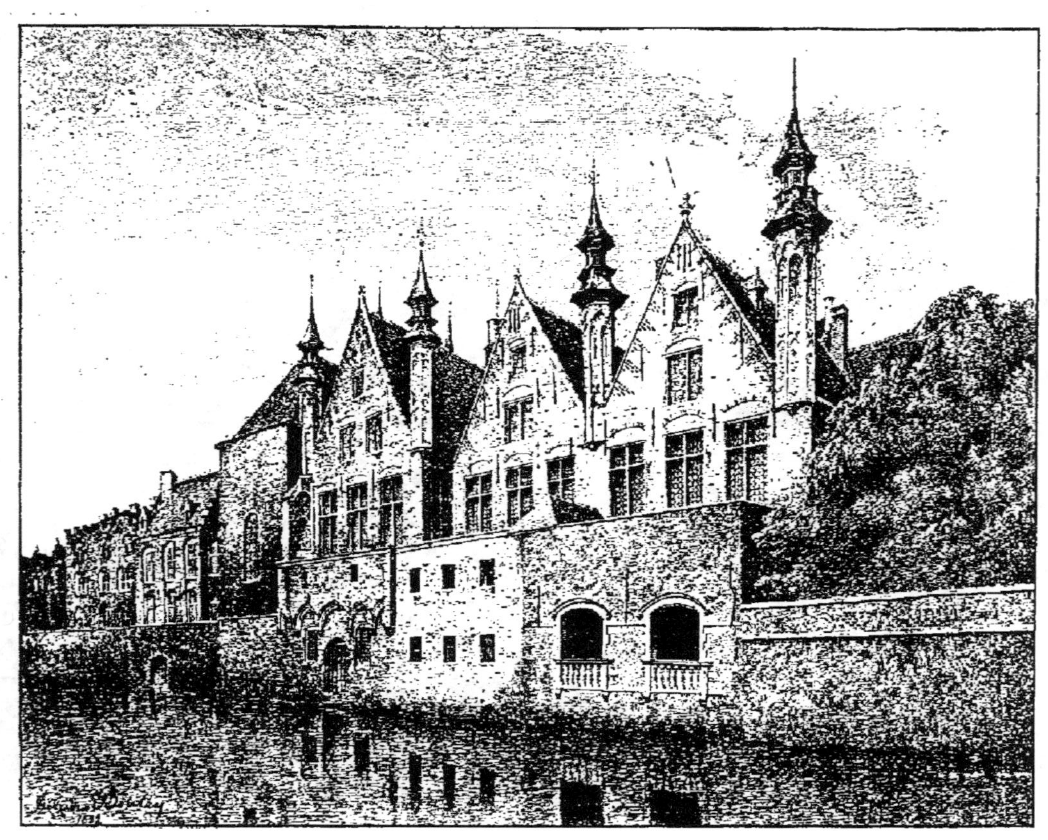

PALAIS DU FRANG A BRUGES

MONTAGNY

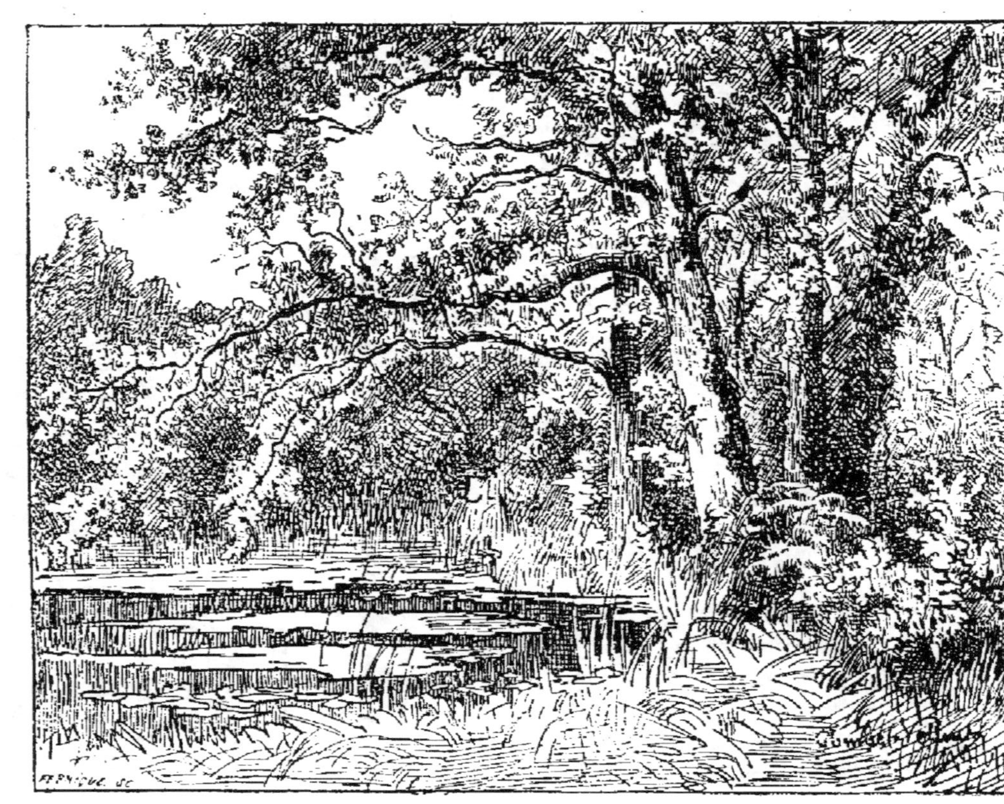

FONTAINE AU DIABLE

M. MIRIEL

ous avez vu souvent, sans doute, de magiques fusains faits sur de la toile ou sur de la soie. Ce sont des œuvres de M. Miriel. Cet artiste est parvenu par ces procédés à obtenir des effets suprenants qui ont la manière large et énergique des effets décoratifs. Ce qui caractérise les œuvres de M. Miriel, c'est à la fois la hardiesse avec laquelle il des-sine et l'impression étrange qui se dégage de ses représentations de la sauvage nature. Voyez le beau fusain de M. Miriel. La composition est simple et belle, l'exécution d'une grande fermeté. C'est une magique symphonie en deux couleurs. Le ciel orageux, assombri, se reflète dans le même ton, sur l'eau agitée d'un lac aux rives garnies de beaux arbres.

L'ombre s'étend partout, le vent secoue les branches d'un chêne touffu. Les premiers plans sont indiqués d'une manière énergique, tandis que les lointains se perdent doucement dans l'ombre ; la différence des plans est ici très visible. M. Miriel a bien su nous rendre l'aspect grandiose des sites sauvages, de la nature inculte. C'est une œuvre puissante qui le classe au rang des véritables paysagistes qui aiment représenter le naturel dans toute sa splendeur avec sa beauté étrange.

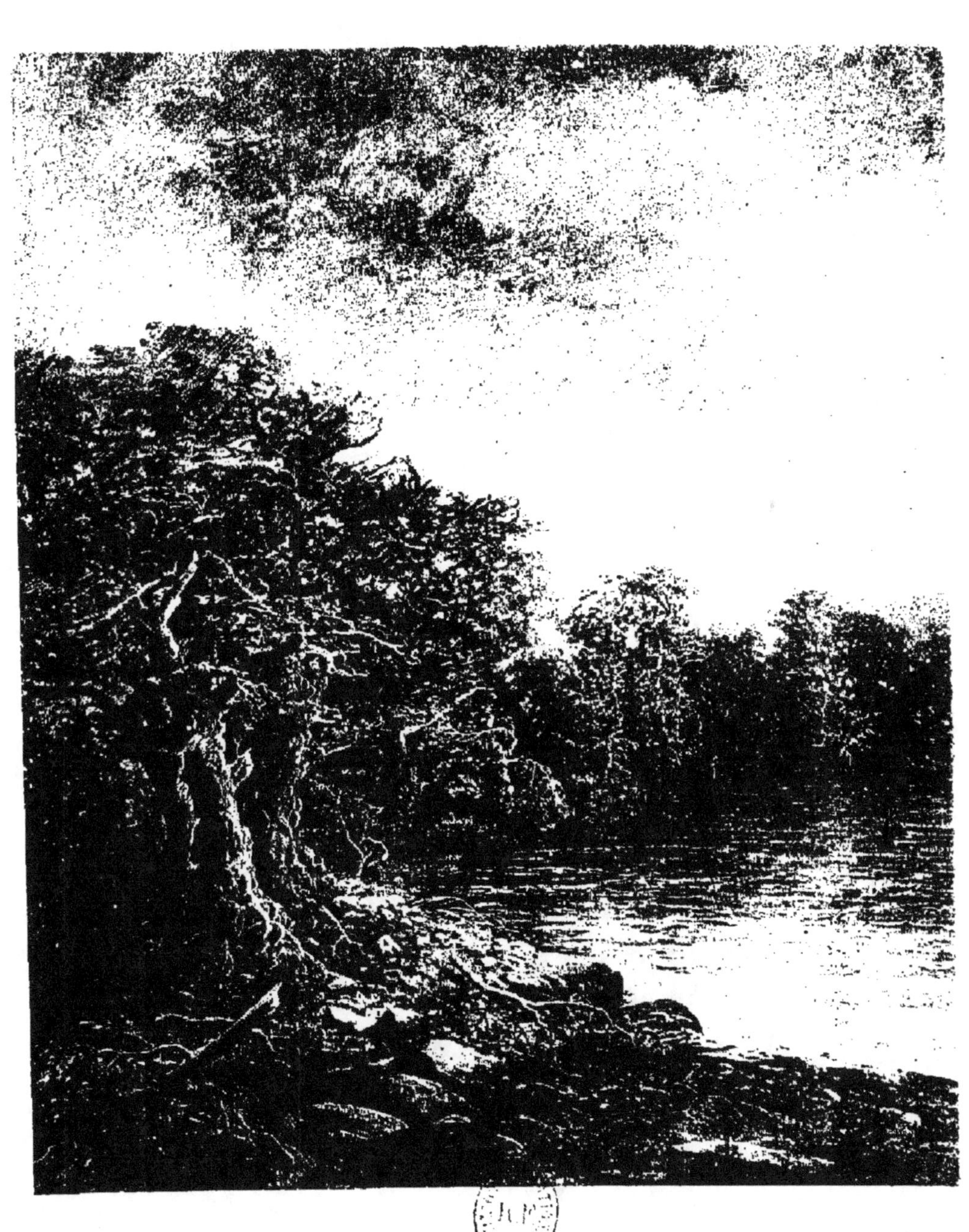

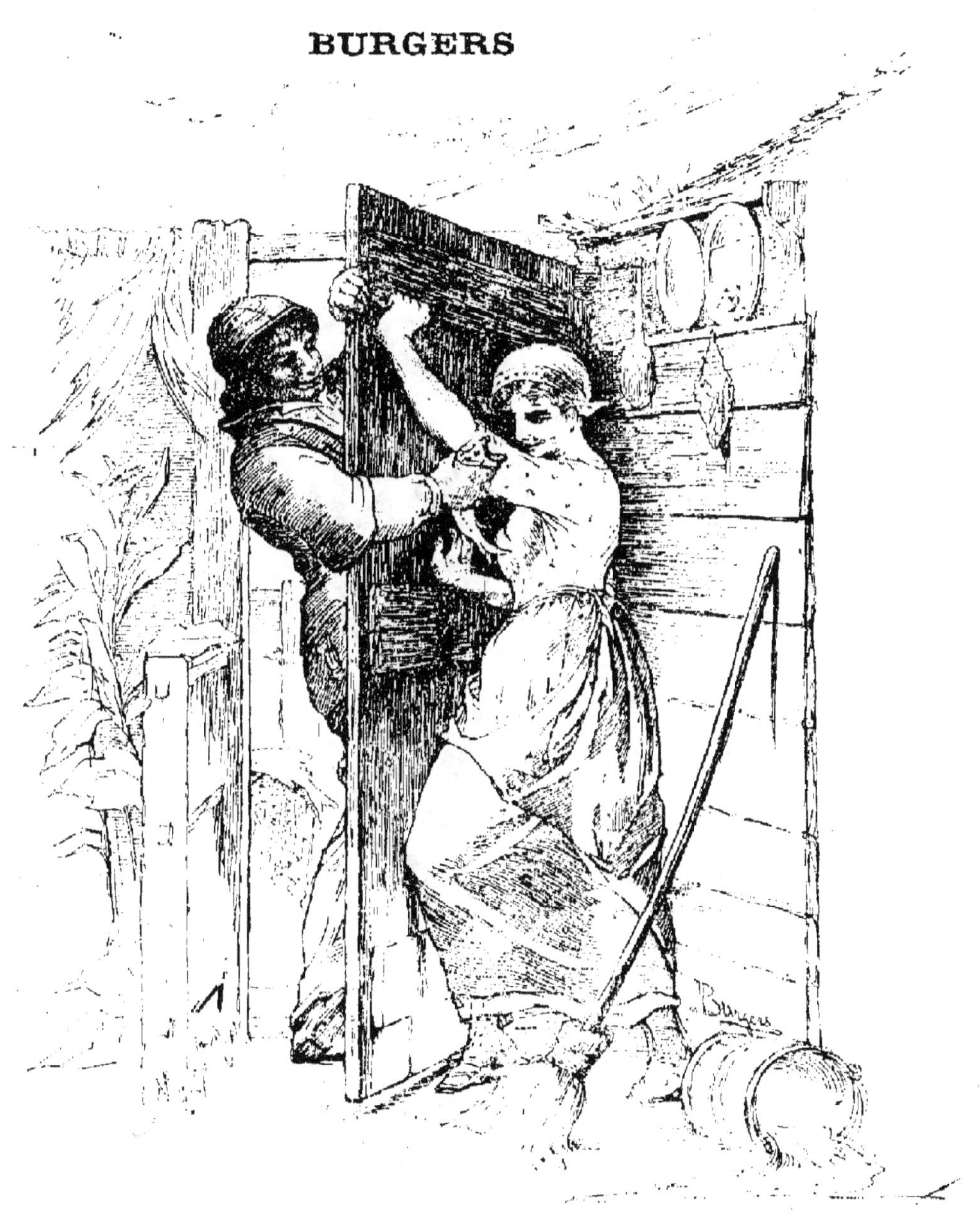

LE VILAIN !

LE MAINS

ILLUSTRATION POUR LES GUERRES DE L'OUEST

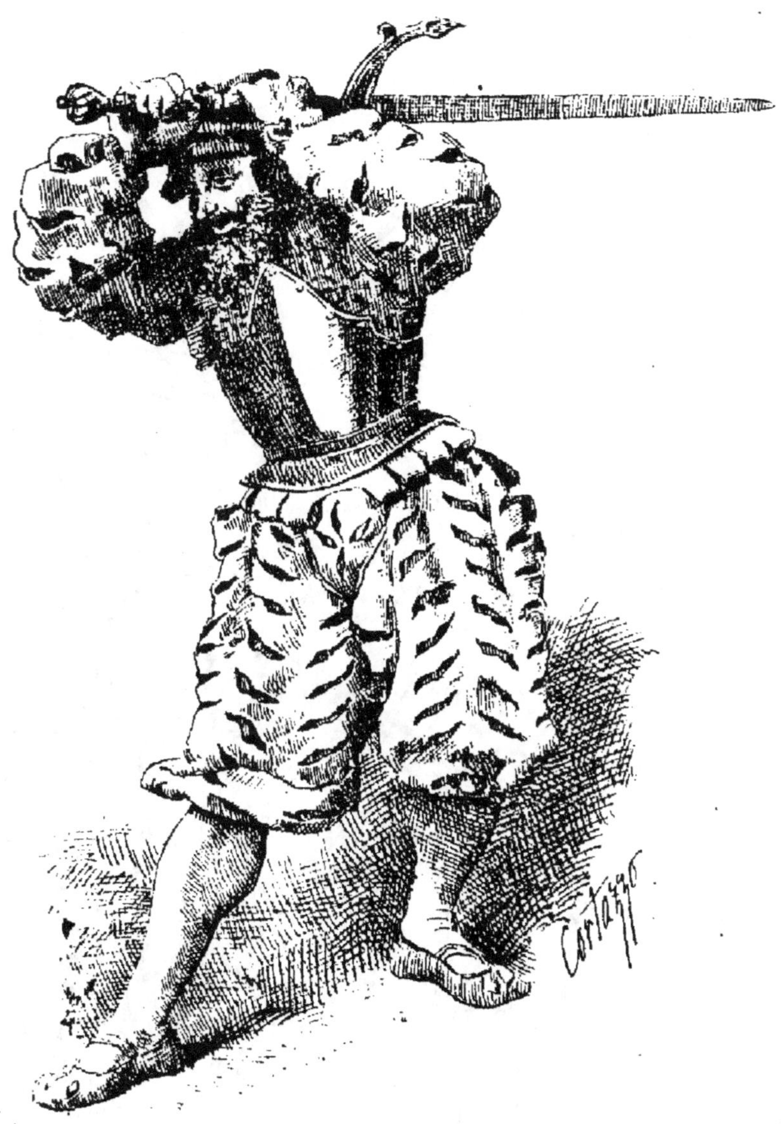

UN SUISSE

BERTHÉLEMY (Emile)

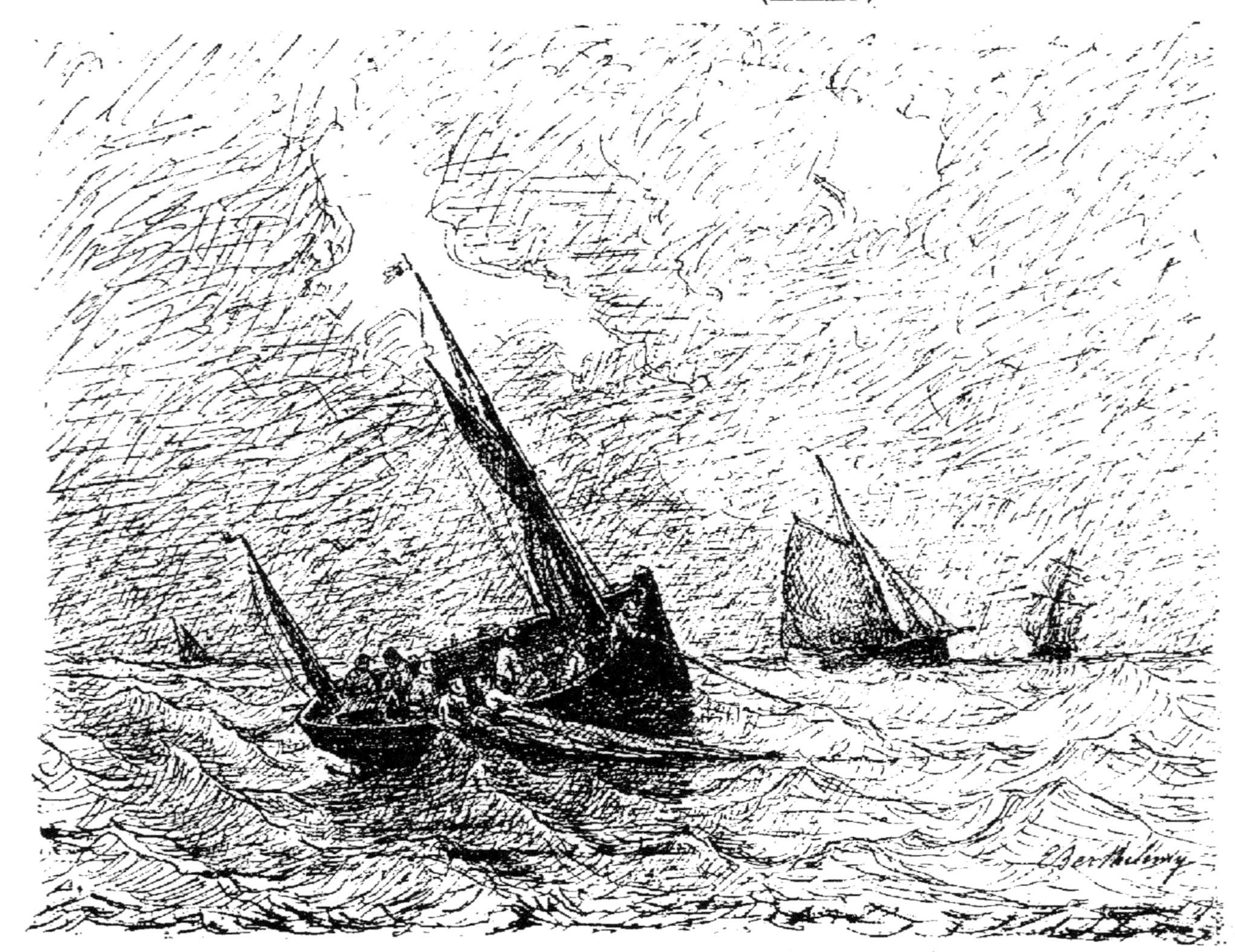

MARINE

BRIELMANN

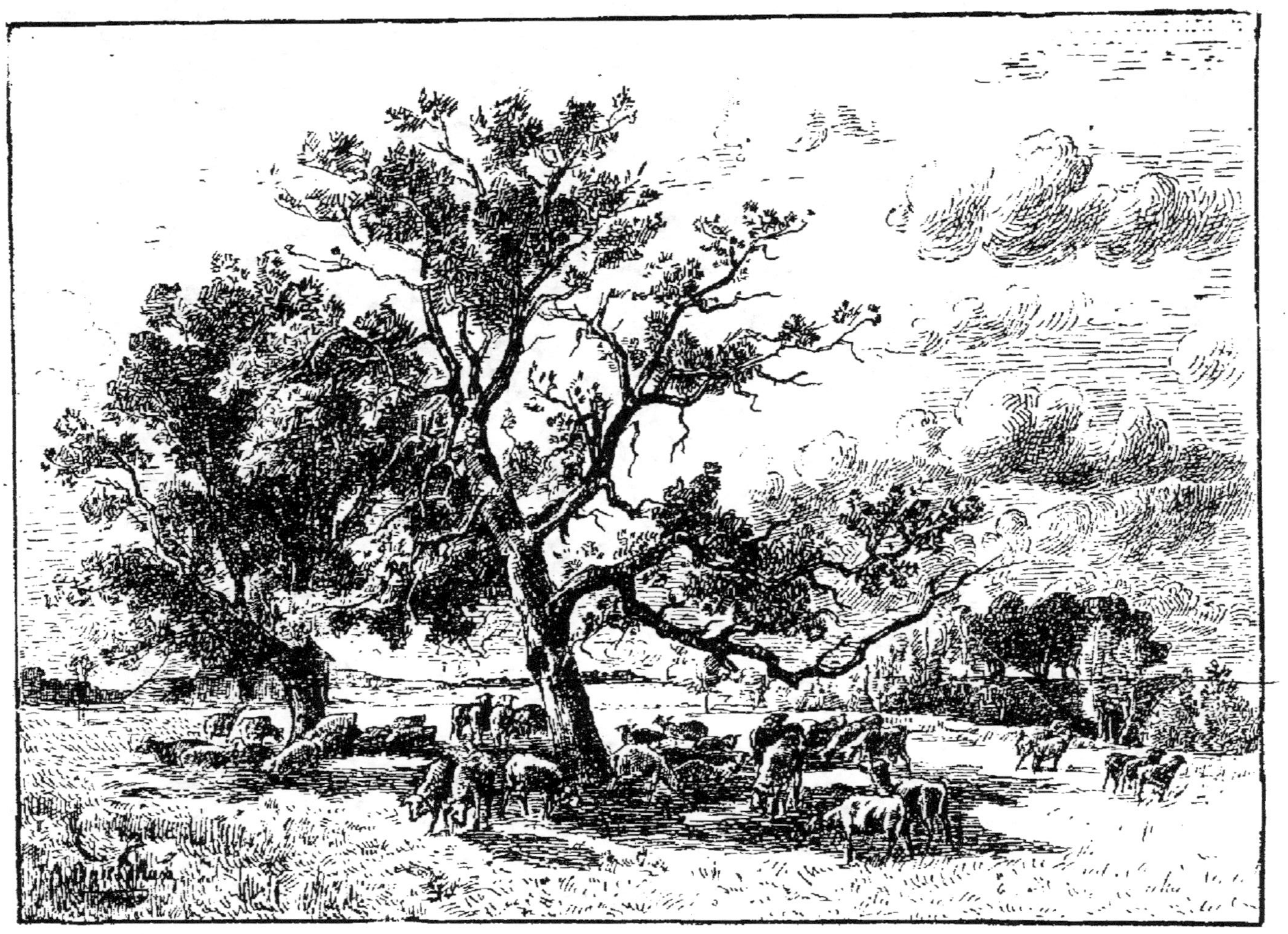

SOUS LES ARBRES (MEAULNE)

REITHOFER

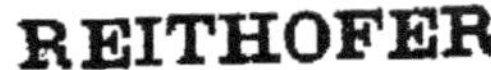

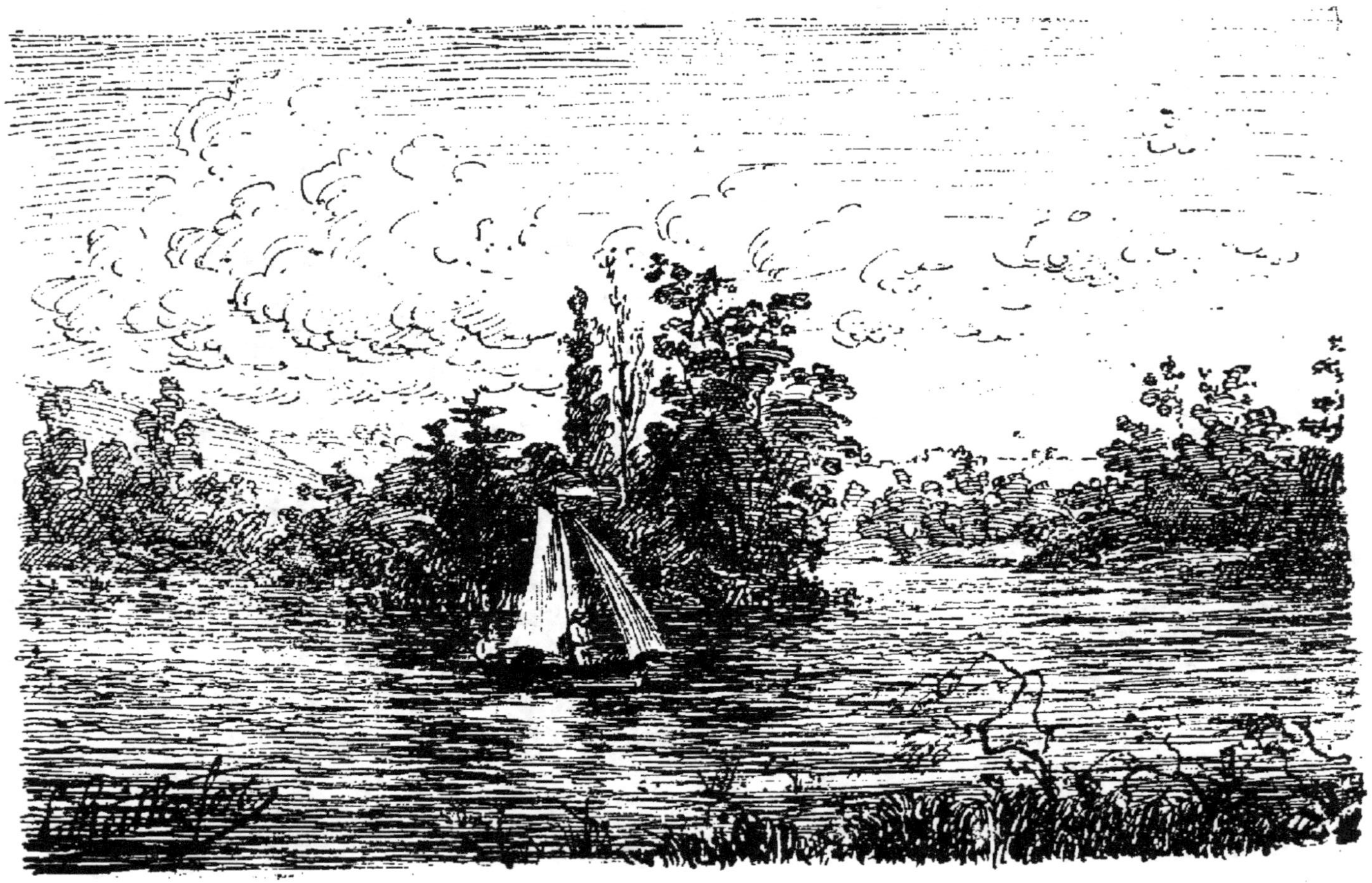

LE LAC DE LA TÊTE-D'OR (LYON)

SERGENT

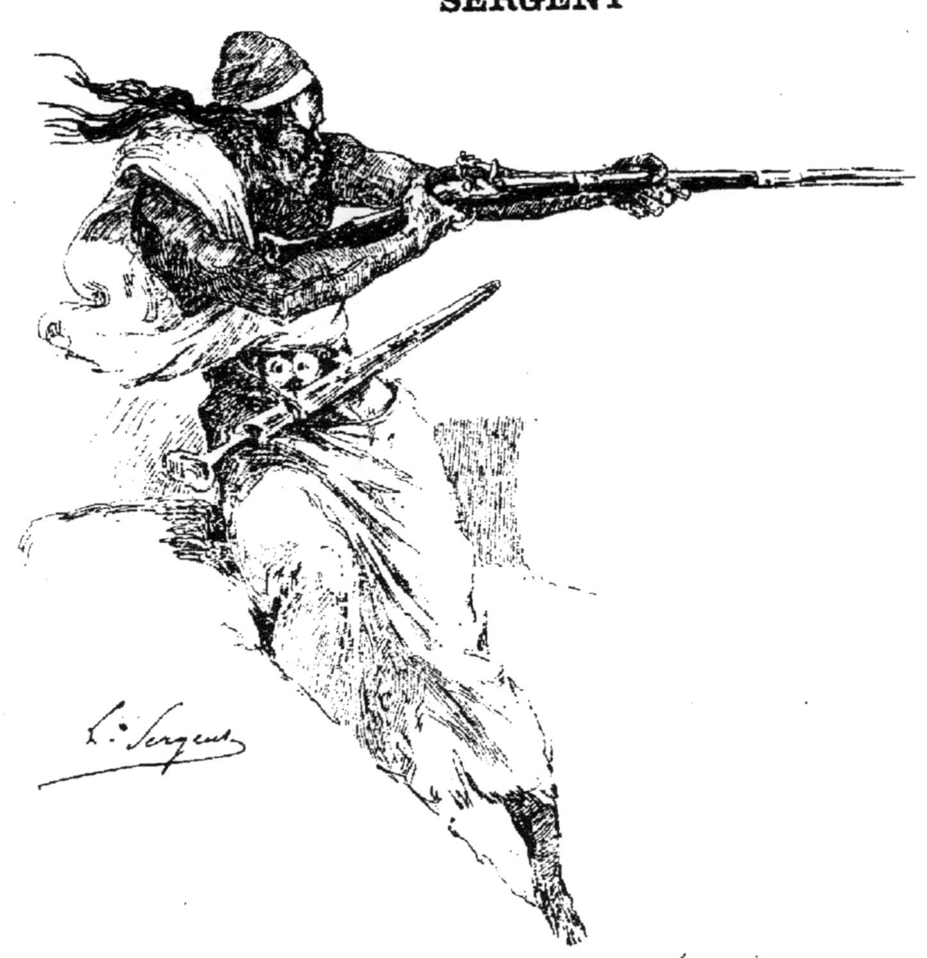

COMBAT SUR LES TERRASSES (SFAX)

TABLE ALPHABÉTIQUE

NOMS DES EXPOSANTS

SUJETS EXPOSÉS ET REPRODUITS

DESSINS — FUSAINS — GRAVURES

NOTICES

AVEC PHOTOTYPIES HORS TEXTE

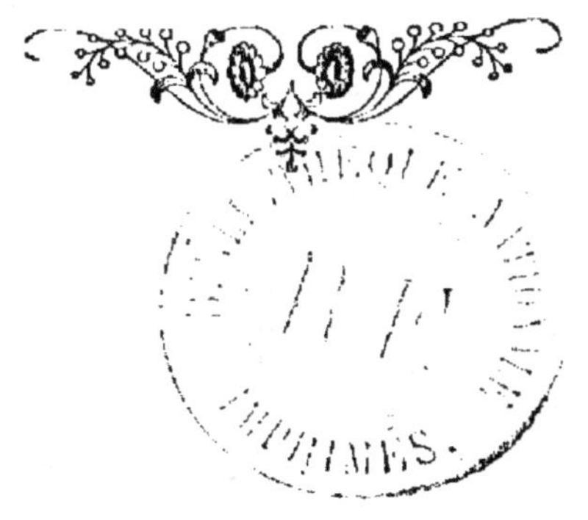

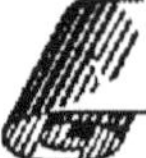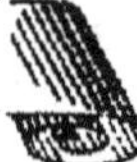

E. BERNARD & Cⁱᵉ

IMPRIMEURS-ÉDITEURS

PARIS. — 71, RUE LACONDAMINE, 71. — PARIS

PARIS-SALON

Publié

SOUS LA DIRECTION DE **Louis ÉNAULT**

Nº 1 — 1880.	Édition française épuisée.		
	— anglaise contenant 24 phototypies. . . Prix	5	»
Nº 2 — 1881.	— Contenant 25 phototypies et texte par L. Énault	7	50
Nº 3 — 1882.	— 1ᵉʳ volume contenant 40 phototypies.	7	50
Nº 4 — 1882.	— 2ᵉ volume contenant 35 phototypies.	7	50
Nº 5 — 1883.	— 1ᵉʳ volume contenant 40 phototypies	7	50
Nº 6 — 1883.	— 2ᵉ volume contenant 40 phototypies.	7	50
Nº 7 — 1883.	— Paris-Salon Triennal contenant 36 phototypies	7	50
Nº 8 — 1884.	— 1ᵉʳ vol. contenant 40 phototypies, vig. couleur	7	50
Nº 9 — 1884.	— 2ᵉ volume contenant 40 phototypies, —	7	50

RELIURE SPÉCIALE A CETTE COLLECTION A **2 fr. 80** LE VOLUME

LE DESSIN

2ᵉ ANNÉE

Revue des BEAUX-ARTS et de l'ENSEIGNEMENT ARTISTIQUE

Fac-similés par les Procédés phototypiques
De E. BERNARD et Cⁱᵉ

Cette publication paraît les 15 et 30 de chaque mois.

PARIS	ABONNEMENTS	PROVINCE ET ÉTRANGER
avec planches	—	avec planches
Un an, **30** fr. Six mois, **18** fr.	=	Un an, **34** fr. Six mois, **20** fr.

1ʳᵉ ANNÉE EN CARTON, TITRE DORÉ... PRIX : **40** FR.

NOS PEINTRES DESSINÉS PAR EUX-MÊMES

NOTICES BIOGRAPHIQUES par A.-M. de BÉLINA

Prix broché. . . . . **10** fr.

Éditions de luxe

Il a été tiré 100 exemplaires sur papier du Japon. Prix. . . **40** fr.
— 300 — sur papier de Hollande. Prix. . . **15** —

LES DIAMANTS DE LA COURONNE

Édition ornée de 8 phototypies

Un vol. grand in-8°. Prix : **5** francs

CATALOGUE ILLUSTRÉ

de

L'EXPOSITION DES ARTS INCOHÉRENTS

Prix : **3** fr. **50**